视频营销

Video Marketing

主　审　肖　凭
主　编　李辉熠　施　薇
副主编　李灿辉　张　敬　张　洁

中国人民大学出版社
・北京・

序

Preface

视频不仅是人们生活不可缺少的一部分，也是商业发展中至关重要的工具。世界范围内有52%的营销专家表示：视频是转换率最突出的内容类型之一。视频营销已成为企业树立品牌形象、开展内容传播的新媒介；快速、简洁、生动、轻量、精准、社交化成为企业实施视频营销的核心诉求。

现阶段除了抖音、快手、美拍等人气较高的短视频平台外，腾讯、阿里巴巴、今日头条、微博等各大平台也将视频设定为平台发展的核心战略之一，淘宝、京东等电商企业更是凭借短视频、直播等形式，迅速引发“爆点”。尤其是2020年因新冠肺炎疫情，短视频带货直播遍地开花，50%以上的线下实体纷纷转战线上直播，成绩斐然。截至3月底，已有32位县长通过直播销售农产品超过100万件，累计销售额超过5000万元。短视频直播使数字开始成为新农资，手机成为新农具，直播成为新农活，赋予脱贫攻坚、振兴乡村新动能。

从罗永浩直播3小时带货1.5亿元到董明珠直播30分钟带货1亿元，从薇娅、李佳琦到欧阳夏丹、王祖蓝以及“央视四子”，从抖音、淘宝直播等商业机构到央视、人民日报等官方媒体平台，直播带货正以雷霆之势向各行各业扩散，多种迹象表明一场波澜壮阔的“直播经济”正在到来。

5G的商用落地有效降低了创作者的门槛，这将进一步优化短视频用户体验，有效提升视频营销的传播特性，推动视频行业的发展。如何巧妙运用视频内容，提升视频质量，快速吸引用户广泛关注，打造“短而精致，简而生动，小而美好”的营销，成为今天企业开展视频营销的必答题。

本教材编写团队注重吸收最新的理论知识和实践经验。以营销视频创作者的基本技能需求为主线，立足于企业实际应用，从视频平台选择到视频营销定位，从视频脚本的创作到内容拍摄与制作，从移动端到PC端的视频编辑软件运用，从短视频营销到直播营销，突出了“以应用为主线，以技能为核心”的编写特点，体现了“导教相融，学做合一”的教学思想。

本教材坚持“以就业为导向，以能力为本”，优化教学与实训环节，强化视频编辑、短视频营销、直播营销等职业技能的培养，强调创新创业意识，培养学生对待工作精益求精、吃苦耐劳的职业素养，深化高品质内容生态建设，为本科院校和中高等职业院校各专业大学生及社会相关从业人员长技能、好就业奠定基础。教材配有丰富的教学资源，有助于碎片化时代的学习者进行在线学习，了解新业态、新操作，为经济增长开辟新的通道。

主审　肖凭

2020 年 5 月

前　言

Preface

2019年，短视频一枝独秀，成为移动互联网使用时长和用户规模增长最快的细分领域之一，短视频日活跃用户规模逼近在线视频的2倍。各主流视频平台通过系列产品、政策赋能和多元商业变现的行动，及时调整营收结构，流量深耕和变现也开始成为抖音、快手等短视频平台角逐的重心。短视频内容创作梯队进一步扩容，视频创作者间的“淘汰赛”已开启，创作者乃至MCN机构的生命周期都在缩短。

以短视频、直播为核心载体的内容营销，贯穿品牌营销、传播、销售、运营的各环节。“内容”成为核心变量，短视频、直播带货的崛起，为腰、尾部视频账号变现提供了新通路，有助于内容生态的持续繁荣。与此同时，刷量、刷赞之风屡禁不止，所呈现的智能化、规模化、平台化、产业化特征，极大影响视频内容产业的健康发展。如何合理运用数据驱动短视频营销健康发展，正确评估视频营销价值，成为各企业亟待解决的问题。

本书以真实项目为例，从视频营销的基本认知入手，以营销视频创作者的基本技能需求为主线，理论与实操相结合，安排了视频营销概述、视频营销平台、视频营销流程与定位分析、营销视频内容设计、营销视频的中期拍摄、营销视频的后期剪辑、短视频营销、直播营销等八个项目，通过项目目标、项目引例、分析提示、项目分析、思维导图、项目实施、同步实战等形式，帮助学习者建立对视频营销的系统认知，掌握视频营销的基本技能。

本书内容和操作任务的安排充分考虑学生的认知水平和学习能力，把握由局部到整体、由简单到复杂的认知规律。具有以下特点：

1. 体例清晰。本书以培养学习者的职业能力为出发点，围绕视频营销岗位技能需求，通过真实项目实战，使学习者体验真实的视频营销岗位工作流程，为培养企业需要的视频营销人才奠定基础。针对关键知识点与技能点设置“扫一扫”等栏目，既方便学习者阅读，也为教师丰富课堂教学活动提供支持与帮助。

2. 内容新颖。本书内容涵盖了营销视频创作者必须掌握的视频平台选择与定位、营销视频内容设计、营销视频中期拍摄与后期剪辑、视频营销推广等实用技能，为学习者掌握最新的视频营销技能、开展视频营销活动奠定基础。

3. 案例真实。本书中部分案例来自企业或教师真实运营项目，如撰写营销视频脚本中的案例来自教师企业实践的脚本内容，采用企业制作的《中一鲲出》短视频项目贯穿视频营销的后期剪辑全过程，采用短视频大V"李子柒"和淘宝直播一姐"薇娅"的案例，使学习者全面理解并掌握短视频和直播营销技能。

4. 资源丰富。本书编写团队为省级电子商务技术专业资源库建设团队，丰富的教学资源已经上传到中国人民大学出版社网站和湖南省电子商务技术专业教学资源库平台（www. icve. com. cn/hndzdsj），内容包括PPT、课程标准、教案等，学习者可以免费访问资源，在线学习。

本书由湖南大众传媒职业技术学院肖凭教授担任主审，为本书提供编写指导并负责本系列教材的统筹和审定工作。湖南大众传媒职业技术学院李辉熠、施薇担任本书主编，具体负责制定编写大纲及全书统筹的执行工作。湖南大众传媒职业技术学院李灿辉、张敬，湖南机电职业技术学院张洁任副主编。项目一、项目二由李辉熠编写，项目三由施薇编写，项目四由施薇、张洁编写，项目五由张敬、范艳军编写，项目六由张敬编写，项目七由李灿辉编写，项目八由李灿辉、施薇编写。此外，爱奇传媒工作室谢期志、周艳梅参与部分编写工作。

本书在编写过程中，得到了很多热心于高等教育的专家和视频营销实践者的关注与指导，参考和借鉴了视频营销界同人的有关文献和网络资料，谨向他们表示诚挚的谢意！

编写组

2020 年 4 月

目 录

Contents

项目一

视频营销概述

项目目标

1. 知识目标

（1）了解视频营销的概念、优势及理论模型。

（2）理解视频营销的类型、推广模式与盈利模式。

2. 能力目标

（1）能正确理解视频营销的概念，准确区分视频营销的类型。

（2）能根据企业需求选择适合的视频营销推广模式和盈利模式。

3. 素质目标

培养学习者利用视频开展营销的思维，增强学习者对视频营销的认知，提升学习者的团队合作精神。

项目引例

“抖音”成为视频营销的主流阵地

“两微一抖”已经是新的行业营销词语，在整个发展过程中，以“记录美好生活”为主旨的抖音平台已经成为视频营销的主流阵地，各大品牌越来越重视充分挖掘视频营销的作用，而不仅仅是把电视广告的内容“搬运”到抖音的平台。

1. 曝光和引流

宝马全新车 X3 的《神奇爸爸》微电影视频、法国娇韵诗的“不死鸟水精华”控水视频、vivo X21 魅夜紫配色视频等都是品牌在新产品上市之初，将抖音作为曝光和引流的一个重要平台，展示新产品的独特卖点，迅速占领用户心智的营销方式。

2. 促销和造势

京东“618”、美团吃货节、天猫购物节、苏宁易购新年活动等电商大促活动，纷纷把抖音短视频作为促销、造势的重要营销平台，为平台实现引流。

3. 长效沟通阵地

溜溜梅、必胜客等品牌纷纷通过明星和抖音达人，帮助品牌高效提升内容曝光度，加速完成前期冷启动；Adidas Neo、小米、长隆等纷纷在抖音建立企业号，搭建品牌与用户长效沟通阵地，加深用户对品牌的信赖和好感。

此外，抖音也有非常强的用户原创内容，让这个平台变得“更真实”。平台的不同模式如音乐模式、戏精模式、“撩”的模式、段子模式等也是百花齐放。

资料来源：Digitown 数字重阵．抖音短视频营销案例手册．(2018 - 09 - 05) [2019 - 10 - 24]. http://www.docin.com/p-2131750804.html.

分析提示

在抖音平台，每个行业都可以结合自身的产品和品牌特性，选择适合自身的视频营销模式，找到与移动互联网用户互动的方式。视频不仅成为移动互联网新一代的影像，竖屏广告也为营销打开了新的一扇门，视频营销不仅要顺应“竖屏优先”的趋势，还需要通过精巧的创意，不断进行内容创意的延展，谁先抢占了竖屏广告的阵地和短视频的流量入口，谁就能在未来的营销中领先对手。

项目分析

在移动互联网时代，视频已经成为人们分享日常生活的基本手段之一。视频营销生态日趋成熟，企业普遍意识到视频营销的巨大作用，迫切需要创新视频营销新模式，为企业可持续发展奠定基础。本项目从认识视频营销（任务一）入手，在深入探知视频营销类型（任务二）基础上，分析了视频营销的推广模式（任务三）与盈利模式（任务四），以期使读者对视频营销有全面的了解。

思维导图

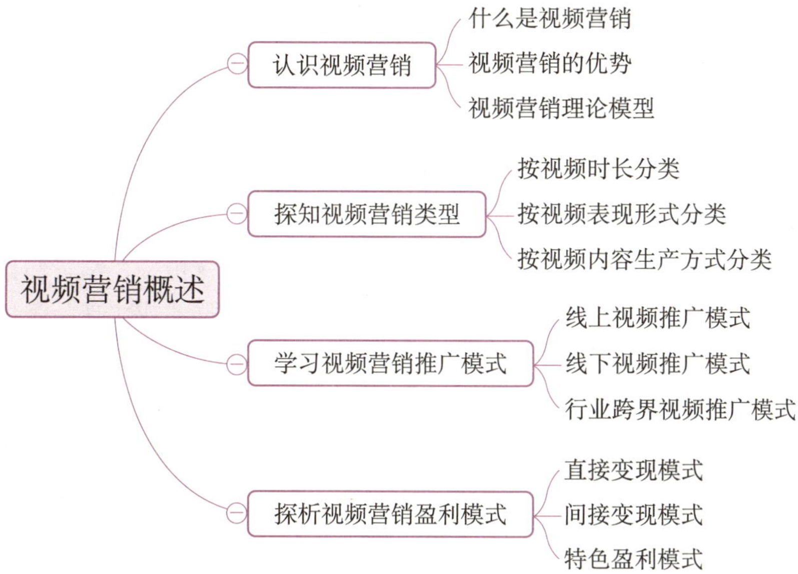

项目实施

任务一　认识视频营销

每个活在移动互联网时代的品牌，都需要用视频来表达品牌故事，无论是竖屏广告，还是应用短视频平台开展更多创意化场景化的营销活动，“视频”因其蕴藏着巨大的创意和想象空间，使很多品牌在短视频平台率先抢滩。

一、什么是视频营销

中国互联网信息中心（CNNIC）于2019年6月发布的第44次《中国互联网络发展状况统计报告》显示，网络视频用户规模达到7.59亿，占网民整体的88.8%，其中短视频用户规模达到6.48亿，占网民整体的75.8%。随着视频用户的增多，以网络视频为介质的营销活动的影响力正在不断扩大。当前我国的营销市场，电视的龙头地位依然没有被动摇。然而，电视作为视频媒体却有两大难以消除的局限性：一是受众只能单向接受电视信息，很难深度参与，二是电视都有着一定的严肃性和品位，受众很难按照自己的偏好来创造内容，因此电视的广告价值大，但是互动营销价值小。而随着互联网的发展和视频网站的兴起，人们发现网络视频可以轻易突破这些局限，于是创造了全新的互动营销新平台——视频营销。

“视频”与“互联网”的结合，让这种创新营销形式具备了两者的优点：它既具有电视短片感染力强、形式内容多样、肆意创意等多种特征，又具有互联网营销的互动性强、传播速度快、成本低廉等优势。因此，视频营销也越来越被很多品牌企业所重视，成为网络营销中采用的利器。

视频营销有两种含义：一是指视频网站如何营销自己；二是指具有营销需求的各类企业、组织机构或个人如何在网络上进行视频形式的营销。本教材所指的是第二种含义。

【扫一扫】

"乐事"短视频 UGC 创意营销

综上所述，视频营销是指具有营销需求的各类企业、组织机构或个人，从目标人群的需求或偏好出发，选择适合的视频营销平台和主题，以内容为核心，以创意为导向，通过精心策划视频内容，进行拍摄、编辑和投放，最终达到快速聚集粉丝群体或实现品牌传播、产品销售转化等根本目标的营销活动全过程。

二、视频营销的优势

（一）传播更高效、范围更广

视频营销可以借助互联网超链接的特性快捷迅速地将信息传播开去，不仅发布信息快，网民通过社会化媒体分享、转发视频，也让网络视频传播的速度更加快。一方面，社会化媒体拓宽了视频的传播渠道，浸入用户社交关系链中形成裂变式传播，使视频内容获得更多的曝光机会；另一方面，视频丰富了社交平台上的内容形式，两类平台互相促进，形成不断融合的视频传播闭环。此外，视频的高用户黏性及与社会化媒体的紧密联系，以及视频生动的表现形式，也为广告主带来了新形式的广告营销价值。形象地说，好的视频内容会"自己长脚"，靠视频内容本身的魅力，俘获大量网友，并使之成为免费传播的中转站，以病毒扩散的方式蔓延，用户既是受众群体又是传播渠道，很好地把媒体传播和人际传播有机结合起来，并通过网状联系传播出去，放大传播效应。

（二）互动性强且更便捷

视频营销不仅可以实现即时互动，而且具有更高的效率。几乎所有的视频网站都开通了弹幕、评论等功能，受众可以在观看视频内容的同时，及时发布自己的感想和反馈。而互联网又可以传输多种媒体信息，如文字、声音、图片、影像等，通过多媒体信息的交换，视频营销的互动性更强，因为有了互动，更好地实现了双向沟通。反馈的及时和互动的便捷在一定程度上可以提升营销的效率。企业和组织机构可根据受众的反应进行评估营销，进而及时进行调整，让营销的效果和影响力更佳。

网络视频的受众在观看视频时，可以利用文字对视频进行评论，其他受众也可以针对某个评论进行辩论，另外，视频受众的回复也为该节目造势，有较高争议率的节目点击率往往会飙升，造成异常火爆的曝光率，与此同时，网友可以简单表达，比如"顶"或者"踩"一下，还会把他们认为有趣的节目转贴到博客、论坛上，或者分享到微博上，或者发送给好友，让网络视频大范围地传播出去。

（三）助力精准营销

电视广告是被动观看，受众不能集中注意力，而网络视频多数是引导视频受众主动观看，关注度、黏着度更高；利用传统媒体做广告，很难准确地知道有多少人接收到广告信息，而视频广告是网络广告的一种，通过视频营销可以统计出用户的停留时间和次数，还有视频被点击数量和转载数量及评论数，以及这些用户查阅的时间分布和地域分布。这样，借助分析工具，成效易体现，客户群体清晰易辨，广告行为收益也能准确计量，有助于客商正确评估广告效果，制定广告投放策略，对广告目标更有把握。因此，一个好的视频内容可以吸引视频用户持续访问宣传页面，播放喜欢的视频，并将视频分享给朋友，形成爱好兴趣相近的群体，这样的视频营销活动因为用户的广泛参与而精彩，用户的积极参与使得他们对于营销活动承载的品牌或产品的认知度大大增强，从而能够实现精准营销。

（四）成本相对低廉

随着移动互联网技术的发展和智能手机等终端设备的普及，制作视频的成本和门槛越来越低。视频营销投入的成本与传统广告动辄投入几百万、上千万的广告费用而言，非常便宜。网络视频的制作和投放多在千元左右，视频营销相比直接投入电视广告拍摄或者冠名一个活动、节目等方式，成本低得多。因为视频营销的方式多种多样，一个小小的贴片广告都可以取得一定的营销效果，因此，比起传统的营销方式，企业选择视频营销能够节省不少营销成本。此外，视频网站的种类繁多，企业可以根据自身情况，选择投入成本更低的、针对性更强的视频平台。现在还有很多企业为达到营销的目的，招募或者征集网友自拍原创的视频短片，只用少许奖励，即可获得具有较好营销效果的网络视频。因此，视频营销不仅成本低，而且性价比更高。

三、视频营销理论模型

利用视频进行营销活动的开展，需要了解一个经典、高效的营销模型，即“AISWS”营销模型。该模式共五个步骤，即注意、关注、搜索、观看、分享。该营销模式有两个方面的特点：一是在前四个环节，用户人数会随着进程的层层推进而减少，最终真正观看视频的用户成为精准的目标用户；二是在最后分享环节能形成传播声量，为视频的进一步传播起到良好的推动作用，最终形成有效地传播推广视频的良性循环。如图 1-1 所示。

（1）注意（Attention）：该步骤的主要任务是吸引用户目光，通过线上线下的手段，引起广泛的注意，为下一阶段提供大量的用户。

（2）关注（Interest）：在引起大量用户注意的前提下，通过制造热点话题、紧跟社会趋势等方式，有效地引起目标受众的关注。

（3）搜索（Search）：目标用户关注后，会产生自然的搜索行为，达到让用户主动在网络上对视频内容链接进行搜索的效果。

（4）观看（Watch）：通过与影响力大的平台合作、设置专题页面、采用置顶方式等手段，促进最终留存的目标用户观看视频。

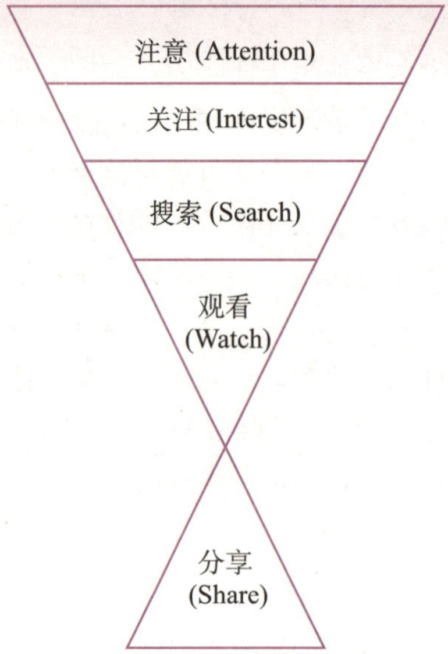

图 1-1 "AISWS"视频营销模式

(5) 分享 (Share)：在最终观看的目标用户中，鼓励其参与制作类似视频或者将视频分享出去，形成病毒式传播，使视频营销的效果达到理想化。

任务二 探知视频营销类型

移动互联网时代，视频形式千变万化，视频营销手段和方法层出不穷，视频营销的类型也多种多样。因此，我们主要从视频时长、表现形式和内容生产方式三个方面分析当前流行的视频营销类型。

一、按视频时长分类

因平台定位原因，不同的视频平台规定的视频时间长度标准不一。根据时长的不同，视频营销可以分为短视频营销、长视频营销和直播营销等不同的类型。

(一) 短视频营销

短视频是指在各种新媒体平台上播放的、适合在移动状态和短时休闲状态下观看的、高频推送的视频内容，几秒到几分钟不等。内容融合了技能分享、幽默搞怪、时尚潮流、社会热点、街头采访、公益教育、广告创意、商业定制等主题。由于内容较短，可以单独成片，也可以成为系列栏目。

根据具体的时长不同，短视频又具体分为 15 秒以下的短视频、1 分钟左右的短视频和 2～10 分钟的短视频等不同类型。其中，人们习惯性地将 1 分钟以内的短视频统称为小视频。具体如下：

1. 15 秒以下的短视频

一般为用户自我表达所拍摄，美拍、抖音等平台上此类内容较多。

2. 1分钟左右的短视频

内容比较完整，侧重对故事情节的表达，秒拍、快手上此类内容较多。

3. 2～10分钟的短视频

专业性更强，有专业的编排和剪辑，媒体属性较强，梨视频、西瓜视频上此类内容较多。

短视频营销想要满足更多用户的需求，必须依靠快速传播。而想要传播更高效，则要依赖科技的发展。随着社交软件功能的不断完善，用户也逐渐养成了分享的习惯。当用户看到一个有趣的短视频的时候，很自然地就会将其分享给自己的亲朋好友，这就完成了一次传播，而被分享者也有很大的可能将其分享给其他用户，这就使得传播以网状的形态延伸下去，从而不断扩大短视频营销的影响力。这种分享方法的快捷性，很适合用户在碎片化的时间内完成，为用户需求的满足提供了条件。

短视频时长较短，这就要求短视频营销在视频内容的安排上有较强的节奏感。为了能够牢牢吸引住用户的注意力，短视频营销的创意点必须密集，在极短的时间内使用户的情绪点能够获得多次的爆发，这样才能保证用户的感官被内容所掌控，形成良好的用户获取模式。

想要打造一个高质量内容的短视频营销活动，首先必须具备高质量的故事脚本。脚本的定位必须准确，短视频制作者需要对其有完整的规划，这样才能保证最终的成品不会偏离计划的轨道。内容的选取必须能够满足用户的需求，将用户放在第一位，这样才能确保短视频营销的持续性。

由于短视频营销的内容具有垂直性，是针对某个特定用户群体量身打造的，受众明确，所以往往一个短视频制作者或团队最终吸引而来的用户较为集中，需求具有趋同性。只要短视频营销的内容能够保证持续的创造力，就会使其一直能够获得相应的曝光度，从而实现稳定发展，最终获得长久的盈利。

（二）长视频营销

长视频一般是指电影、电视、综艺节目、晚会等具有丰富表现形式的超过半个小时的视频。主要是区别于众多视频分享网站主打的短视频，与后者多由用户自己制作不同，长视频主要由专业公司完成制作，故其版权的获得至关重要。

长视频营销主要是通过影视广告、网络视频、宣传片、微电影等多种方式，把产品或品牌信息植入到视频中，产生一种视觉冲击力和表现张力，通过网民的力量实现自传播，达到营销产品或品牌的目的。正因为网络视频营销具有互动性、主动传播性、传播速度快、成本低廉等特点，对企业来说，长视频仍然是其主要的营销阵地之一。

由于长视频的时长较长，在视频营销内容上，企业有更充足的时间构思、设计营销内容，使故事更完整，内容更有新意，同时，对视频制作者的要求相应较高，需要其使用专业的设备完成长视频的制作。

长视频所针对的受众群体，是对某一内容感兴趣的受众，用户相对于短视频而言较为稳定，因此，在吸引用户观看视频内容，最终产生购买需求上，长视频营销策略的目标会更为明确。

（三）直播营销

“直播”一词由来已久，在传统媒体平台就已经有基于电视或广播的现场直播形式，如晚会直播、访谈直播、体育比赛直播、新闻直播等。随着互联网的发展，尤其是智能手机的普及和移动互联网的速度提升，直播的概念有了新的发展，越来越多基于互联网的直播形式开始出现。

所谓“网络直播”或者“互联网直播”，指的是用户在手机上安装直播软件后，利用手机摄像头对发布会、采访、旅行、产品等进行实时呈现，其他网民在相应的直播平台可以直接观看与互动。

直播营销指的是企业以直播平台为载体进行营销活动，达到品牌提升或相邻增长的目的。2016年起，互联网直播进入爆发期，直播平台超过300家，用户超过2亿人。与传统媒体平台的直播营销相比，互联网直播营销有以下两个显著优势。

1. 参与门槛大大降低

网络直播不再受制于固定的电视台或广播电视台，无论企业是否接受过专业的训练，都可以在网上创建账号，开始直播。

2. 直播内容多样化

除传统媒体平台的晚会、访谈等直播形式外，利用互联网可以进行户外旅行、网络游戏、发布会、淘宝商品销售等多种形式的直播。

二、按视频表现形式分类

目前，比较常见的视频表现形式主要包括传统影视节目二次传播、网络视频短剧、创意视频、微电影和用户自发生产的视频等类型。

（一）传统影视节目二次传播

传统的影视节目大多只进行一次传播，但当传统影视节目中具有新闻性、讨论性、可欣赏性的内容被网站或网络用户再次发布到视频网站时，就可以进行二次传播。二次传播可以增加用户的深度交流，让更多被二次传播吸引过来的用户转而关注原本的影视节目，对用户进行广泛引流，从而提高节目的收视率和知名度等。传统影视节目的二次传播是传统媒体与新媒体的互补，彼此互相拓展和延伸，实现全方位、立体化的整合推广。一般来说，很多比较受欢迎的热门综艺节目、电视剧很容易在网络上实现二次传播。如《亲爱的客栈》在湖南卫视进行首播的同时，还联合芒果TV、腾讯视频等网络视频平台进行播放，如图1-2所示；此外，在微博等社交平台与节目受众实时互动，及时推送节目花絮，在开展有效节目宣传的同时，创新了节目二次传播新模式。

（二）网络视频短剧

网络视频短剧多是一些剧情轻松、有趣或有创意的视频集，通常有比较完整的故事情节，主要通过网络进行传播，从而达到吸引用户、传播产品和品牌的目的。网络视频短剧非常贴合互联网，非常便于与网络用户进行沟通互动，通过这种方式既可以进行品牌曝光，又可以通过短剧培养用户对品牌的喜好度和忠诚度，保持网络用户与品牌持续而良好的沟通。比如《嘻哈四重奏》《天生运动狂》等短剧，均在视频网站上获得了大

图 1-2　《亲爱的客栈》节目二次传播

量的点击播放，甚至高于传统的电视剧，让广告品牌深入人心，作为《嘻哈四重奏》投资方之一的康师傅绿茶，在其播放过程中销量一度上升了 10%。康师傅绿茶冠名《嘻哈四重奏》短剧如图 1-3 所示。

图 1-3　康师傅绿茶冠名《嘻哈四重奏》短剧

网络视频短剧的时长比较短，比较符合现在网络用户碎片化的时间特点。以网络为传播媒介，可以有效提升短剧的传播速度和宽度，保持与网络用户良好互动。网络视频短剧内容通常比较贴近生活，容易引起用户的亲近感，题材灵活，制作成本低，可以边制作边播放，充分保持与网络用户的互动，投其所好地制作出更好的内容，获得更好的传播效果。

（三）创意视频

创意视频是指内容新颖、创新的短视频，通常极富有创意、幽默感和故事性，一般时长 3～8 分钟，以网络为主要传播媒介。创意视频营销是通过创意将广告植入到一段短视频的一种营销方式，视频可以是原创拍摄，也可以剪辑而成，一个好的创意视频可以带来非常巨大的传播效果，像病毒一样传播和扩散，并通过网络快速复制给无数用户。

创意视频对内容要求较高，企业想使用创意视频进行营销，首先必须找到合适的品牌诉求点，再配合以幽默、诙谐、新奇等元素进行推广，这样才能更好地吸引网络用户的眼球。

（四）微电影

微电影即微型电影，是主要通过互联网进行传播的一种短影片，具有完整的故事情节，制作周期较短、投资规模较小，适合用户在移动状态、短时间休闲状态下观看，内容包括幽默搞怪、时尚潮流、公益教育、商业定制等主题，可以单独成篇，也可系列成剧。

微电影通常短小精美，可以围绕产品和品牌设计故事。企业在使用微电影开展营销活动时，将产品需求、品牌推广与用户的休闲娱乐相结合，既能满足用户的观影需要，又不会占用用户太多时间，让用户可以在故事情节中自然而然地对品牌产生认知。如《太平洋母亲节视频接听篇》微电影，为了更好地进行品牌宣传，其选取了三个生活场景展开描述，深入用户心中，唤起用户对母亲的记忆，进而借助视频内容让用户对品牌产生好感，树立品牌形象。

（五）用户自发生产的视频

用户自发生产的视频指用户通过互联网以视频的形式向其他用户展示与产品相关的信息，由于更具真实性，所以很容易引起其他用户的积极关注和讨论。与其他视频形式相比，用户自发生产的视频更有利于品牌与用户之间的互动，让用户真正参与到品牌传递的过程中，增加了品牌黏性，深化了推广效果。

三、按视频内容生产方式分类

按照视频内容生产方式的专业性，视频营销可以分为 UGC、PGC、OGC 三个类型。

（一）UGC 视频营销

UGC（User Generated Content，用户原创内容或用户生成内容），即普通用户自发上传视频，这类视频一般为用户自发拍摄，用于自我表达与分享，比较零散，主题性较弱，具有强社交属性。UGC 之所以受到草根用户的追捧，主要是因为其制作成本低、技术要求低、流量的吸附力强。短视频是目前对中国互联网长尾市场挖掘相对充分的应用，这一产业依靠 UGC 模式低门槛、传播快、流量大的优势，在发展初期实现用户的迅速覆盖。与此同时，UGC 视频营销也存在内容质量参差不齐、用户黏性低、变现模式不清的问题。

近两年，AR（Augmented Reality，增强现实）技术已悄然成为品牌营销的重要手段，但很多企业利用 AR 技术开展品牌营销活动，更多的是扫描特定的图像或场景，然后呈现虚拟元素，在促进用户主动分享推动更多曝光方面仍稍显不足，而分享正是 UGC 营销的最大特点。因此，将 AR 技术应用于 UGC 营销视频的创作当中，两股力量相互交错，可以开创一种全新交互玩法和视觉效果的视频营销模式。

在秒拍、小咖秀和一直播等 UGC 视频平台上，已经有了诸多典型的 AR 广告营销案例，横跨酒业、餐饮、快消、金融、日化、游戏、3C 数码、电商等多个行业。大量 UGC 的扩散，带动了数百万乃至上千万的曝光量。同时，相较于传统的广告形式，AR 广告能更好地吸引受众注意，同时以更加生动的呈现方式，加深受众的记忆，强化了品牌的形象。

（二）PGC 视频营销

PGC（Professional Generated Content，专业生产内容），即由专业机构制作并上传视频，通常独立于视频平台，这类制作成本较高，专业和技术要求较高，商业价值高，主要靠内容盈利，具有强媒体属性。

随着专业制作团队的加入，精品化的 PGC 视频内容逐渐成为视频营销的主流。据中国互联网信息中心的统计数据，从平台流量看，以秒拍为例，尽管其 UGC 贡献了 90%以上的内容量，但是从播放量看，排名靠前的 PGC 内容占比 90%；另有数据显示，PGC 内容已经贡献了腾讯的 10%、爱奇艺的 30%，优酷土豆有更高的流量占比。从用户使用来看，UGC 由于其发布门槛低，故平台一般不提供搜索功能，基本依靠推荐算法，而 PGC 则可以编辑分类，从而更利于视频传播。从变现渠道看，UGC 个人化特点突出、内容相对分散，且基于内容产生的社交关系链较弱，社群经济开发价值很低，平台难以凭此产生广告受益，而 PGC 则是带有 IP 价值和电商营销价值的优质内容，利于 PGC 制作团队实现商业化，平台还能参与分成，广告主在平台的投放也变得更加有效。

（三）OGC 视频营销

OGC（Occupationally Generated Content，职业生产内容），即视频、新闻等网站中，以提供相应内容为职业，如媒体平台记者、编辑，既有新闻的专业背景，也可以写稿为职业领取报酬。这类视频以长视频为主要表现形式。OGC 视频创作团队制作视频属于职务行为，以职业为前提，因此 OGC 视频内容的版权保护特别重要。以 OGC 为代表的网站如各大新闻站点、视频网站，其内容均由内部自行创造和从外部花钱购入版权。

由于社区更多是共同追逐一个兴趣的圈子，而 OGC 视频营销更关注的是作品本身，因此，可以围绕着作品、明星、话题形成社区圈子或群组，从而开展相应的互动营销活动。但是由于任何电视节目、影视作品的流行是有期限的，当节目或影视作品播放结束，节目受众随之也会散去，如何使 OGC 视频营销保持长久的生命力是各视频制作企业需要探讨的问题之一。

任务三　学习视频营销推广模式

随着视频营销类型的丰富，营销者可以拓展出许多不同的推广模式，创新更多更有趣的视频营销场景，给企业带来意想不到的效果。

一、线上视频推广模式

视频营销线上推广模式多种多样，最有创意的推广模式表现在 H5 和直播两个方面。

（一）“视频＋H5”模式

“H5”即 HTML5，也是指一切用 H5 语言制作而成的数字产品，通俗地说，就相当于移动端的 PPT，常用于微信中。

而“视频＋H5”的创意模式也是“H5”本身的特质之一，由于视频与图片、文字不同，它不能够随意造假，相对而言，是一个比较真实的展示企业信息的媒介，因此，如果“H5＋视频”营销能具备质感良好、吸引眼球的画面，和谐、适应场景的背景音乐，清晰的字幕和特别的音效等几个方面的特征，就能够吸引顾客的目光，从而使其深入了解企业的内涵，对企业的方方面面有比较直接的了解。

【扫一扫】

“京东双 11 达人盛典”的“视频＋H5”模式

没有一个企业是不想向顾客充分展示自己完美形象的，因此它们可通过“视频＋H5”的方式对产品、服务进行介绍。这样的效果更具说服力，能够使顾客更加相信企业，从而有力地推动产品的销售。

（二）“视频＋直播”模式

随着互联网科技和视频的不断发展，一种新型的视频方式逐渐走进人们的视野，即视频直播。作为争夺粉丝和流量的有效工具，直播不但拥有视频的直观性特征，而且互动性和即时性更强，能够有效打破时间和空间的阻碍。直播是目前较火爆的社交方式之一，同时也为企业的营销开拓了一条新的道路。

直播的优点数不胜数，因此不仅传统的视频网站开设了此项功能，还出现了专门的视频直播平台。目前，我国知名的直播平台有斗鱼直播、熊猫直播等，每个视频直播平台都有自己的特色，也凭借其强大的功能吸引了不少用户的关注和喜爱。值得注意的是，不少直播平台在发展的过程中不断扩大自己的内容、范围，不仅仅局限于直播，同时也向泛娱乐的方向发展。

直播平台之所以会开辟短视频专区，是考虑到用户有时候可能会错过想看的直播内容，而且短视频更适合移动端的用户观看，碎片化的信息接收方式更受欢迎。

【扫一扫】

“老爸评测”的“视频＋直播”模式

除了直播平台衍生的短视频板块，视频平台也添加了直播的入口，这样做的目的是让流量实现最大限度的变现，同时也是为了丰富短视频平台的盈利方式。

“视频＋直播”的创意模式是营销变现的必然选择，同时也为两者提供了更多的好处，即将短视频和直播的优势合二为一，达到双倍的营销效果。

二、线下视频推广模式

基于视频的优势，不少户外广告都采用了视频的形式，并且这种广告凭借着其稳定的传播范围和效率得到了企业和商家的青睐。

（一）社区电梯视频广告模式

社区电梯是推广视频的一个重要场景，当然也是一个颇具优势的营销推广模式。虽然这种视频广告具有资源有限且费用较高的劣势，但是还是因为针对社区用户方面的优势而让一些企业和商家纷纷投入其中。

【扫一扫】

“新潮传媒 × 脉脉APP”社区电梯视频营销

社区电梯的优势主要有广告目标对象的稳定性和刚性需求两个方面，因此，电梯视频广告的触达率和转化率都较高。

（二）“城市商圈＋直播”模式

城市商圈，聚集起来的一般是年轻、时尚和有个性的消费者，消费者属性非常明显，因而选择进行商圈视频广告营销推广的广告主也很明确，一般是针对处于时尚或科技前沿的品牌，商圈视频广告的品牌广告主主要有时尚奢侈品、高端化妆品、智能电子产品、前沿互联网科技公司等企业。

当然，无论是从商圈所处的地理优势和聚集的大流量，还是从广告主所处的发展路线来看，位于商圈内的视频广告，价格一般都比较贵。当然，在视频展现方面，也是物有所值的，一般都是通过商场内外的大屏广告来展示，能让更多的人注意到。

【扫一扫】

海岸城“智趣商圈”的网红直播间视频营销模式

此外，“视频直播＋智慧商圈”的线上线下融合视频场景的营销新创意模式，也深受消费者欢迎。

（三）城市交通工具视频广告模式

在城市交通工具中，地铁因其节约时间、避免堵车的优势，无疑是比较受大家欢迎的工具之一。而在乘坐地铁的人群中，以上班族和商务人员居多，基于此，很多广告主都选择了地铁进行视频营销推广。对广告主来说，利用地铁广告位进行视频营销推广，主要是因为：一方面，地铁广告位充足，形式多样，从而有着较大的创意发挥空间；另一方面，地铁聚集了不同层次的消费人群，广告触达率较高。

当然在进行地铁视频广告的营销推广时，营销者要注意区域化、精准化。一般来说，不同地区的地铁，其视频广告内容应该具有差异性。如湖南湘窖酒厂的视频广告，其选择的目的地就是长沙地铁，具有明显的区域性。

更重要的是，即使在同一个城市，每条地铁线由于其经过路线不同，乘客也会有着很明显的属性差异，那么，视频广告也应该进行个性化、精准化投放。

【扫一扫】

“北京地铁×酷狗直播”城市交通工具视频营销

除了地铁这一交通工具外，在交通方面，还有其他一些能进行视频营销推广的渠道，包括公交、出租和大巴等交通工具和公路、铁路等道路。然而，无论是哪一种推广渠道，其目标消费群体一般都具有共同特征，因而在投放时可以基于其群体特征进行有针对性的投放。

（四）公交候车亭视频互动模式

除了公交车上可以投放视频广告外，公交候车亭也是一个极佳的开展视频营销推广的位置。

人们乘车的时候，总是会遇到需要等车的情况，有时甚至需要在公交候车亭停留半小时左右。在候车时，人们总是会感到无聊和尴尬，这时就需要一个关注点来满足人们的视觉需求。如果在公交候车亭播放视频广告，那么，即使那个广告已经看了很多次，为了无聊时打发时间，人们一定还会去观看。

这样的短视频不仅能满足人们的视觉需求，让人们观看到有意思的画面和有趣的内容，还能进行视频营销推广。其主要的营销推广优势体现在：可以以最佳视觉尺寸展示视频内容、可以实现近距离直接接触、可以最大程度地确保广告阅读率和提升广告触达率。

【扫一扫】

“乐事轻焙”公交候车亭视频营销

此外，还可以用一些创意的方式，与候车亭的人们互动，增强视频营销推广的效果。

三、行业跨界视频推广模式

当前，视频行业也开始与电商、自媒体等新媒体行业开展跨界营销推广。

（一）“视频＋电商”模式

现在，淘宝和天猫都推出了新的营销形式，即在页面中插入关于商品介绍的视频，让用户可以更直观地了解商品的外观、用法与各种细节。很多在淘宝购物的用户都曾担心过商品的实物与图片是否一致的问题，如果商家将商品视频上传到网页，买家就无须担心了。

无论是哪一种商家，视频确实可以给用户带来最直观的产品演示，这一点逐渐被大家认识到，所以现在关于产品介绍的视频也逐渐增多。

【扫一扫】

“艾丽穿搭记”的“视频＋电商”模式

“视频＋电商”的跨界营销模式是视频和电商的双重胜利，一方面有力推广了视频内容，另一方面为电商平台吸引了更多的流量，使交易变得更顺畅。显而易见，采用视频展示商品的模式更加直观，更容易让消费者信服，因此，

"视频＋电商"是一种很有前景的营销创意新模式。

（二）"视频＋自媒体"模式

视频自媒体一方面获得了关注和热点，另一方面又赢得了实际利益，可谓名利双收。视频自媒体的发展，得益于其与生俱来的优势：一是相对于图文形式的内容而言，视频内容更加直观，也更加富有生动性；二是因为视频内容的接地气，让观众更容易接受。

当然，因为视频自媒体门槛的降低，内容的日渐生活化，各种为大众提供展示的平台也慢慢成长起来。

促使视频自媒体深受用户欢迎的原因主要有以下几个方面：

1. 内容优质

对于自媒体企业来说，无论是产品还是视频，都要注重内容的打造，优质的内容是吸引目标用户关注的保障条件之一。只有视频内容和产品是优质的，消费者才会愿意关注并尝试购买。

2. 名人效应

由名人或者有影响力的人打造的视频节目，往往更具有号召力，可以发挥更好的作用。因此，自媒体账号会利用视频等形式，打造自身的影响力，使自己成为某一领域的意见领袖。

3. 权威平台

当自媒体账号在某一领域成为意见领袖，那么，其就成为这一领域的权威，在权威的平台上发布自媒体视频，会有强大的资源后盾，推广力度也会更大。

4. 社交助力

在新浪微博、微信朋友圈、知乎等社交平台上广泛传播视频内容，引起目标用户的热烈讨论，有利于对企业的引流。

【扫一扫】

"艾美特×辣目洋子"的"视频＋自媒体"模式

（三）"视频＋跨界"模式

"视频＋跨界"的营销创意模式是视频平台兴起后较为新颖的玩法，通过跨界的方式，可以有效整合各平台资源，实现线上线下的品牌推广和营销。

"视频＋跨界"的营销创意模式目前主要有以下两种表现形式：

1. 线上到线下的跨界营销推广模式

这种模式主要指的是由线上的视频制作企业开发的线下跨界营销活动模式。例如，美食类头部 IP"日食记"，以每集五分钟的美食视频，通过展示不同场景下"一人一猫一美食"的生活方式，粉丝量超过 3500 万，每集评价播放量 2000 万，在豆瓣评分高达 9.1 分。在此基础上，日食记于 2017 年 10 月在上海南京路商圈创办了第一家实体门店，将视频中的用户引流到线下，强化品牌、增强粉丝黏性，成功实现"视频＋跨界"的营销模式转变。如图 1－4 所示。

图 1-4　“日食记”线上到线下跨界营销推广模式

2. 线下到线上的跨界营销推广模式

这种模式主要指的是线下的企业将线下的活动以视频的形式进行线上传播的营销活动模式。例如，2018 年的北京时装周活动在短视频平台“云美摄”上，通过短视频的方式进行表达，从而让北京时装周活动更接地气。这次活动中“云美摄”与北京时装周合作，携手 SHANG 1 BY SHANG YI 品牌打造了“2018 北京时装周・美摄时尚专场”，不仅进一步帮助“云美摄”短视频平台打响名气，还拉近了时装周、SHANG 1 BY SHANG YI 品牌与大众的距离，有利于商品的转化，让更多人熟悉时装品牌。除此之外，这次活动也在微博进行了宣传和推广。如图 1-5 所示。

图 1-5　“北京时装周”线下到线上跨界营销推广模式

任务四　探析视频营销盈利模式

各企业或个人投入到视频营销的洪流之中，自然是看中其未来发展及盈利趋势。其大致的盈利模式主要分为直接变现、间接变现及特色盈利模式。

一、直接变现模式

直接变现是指用视频直接获利，这种盈利模式对短视频本身有很高的要求：一是内容质量要高，二是本身传播流量要大。其变现主要有内容付费、签约独播和渠道分成三种模式。

（一）内容付费模式

几大视频网站对于付费会员模式探索具有一定成效，越来越多的创业者和投资人都对内容付费的未来充满期待。用户选择为内容付费的原因主要有版权、需求、猎奇和崇拜四个方面。

（1）版权，即“这里有其他地方没有的独家内容”。比如，几大视频网站每年砸重金购买大剧和制作优良的独家网剧，就是为了保证自己平台独播版权的丰富，从而拉拢用户付费。

（2）需求。这是一种对投资回报的比较心理，就是“我从内容中得到的回报远远大于为内容投入的成本”，这种心理通常表现在知识付费上。

（3）猎奇。人性总是对与自己的平常生活不同或者违背自己三观的内容充满好奇和探索欲望，这也就可以解释为什么越是负面离奇的八卦越能引起轰动。

（4）崇拜。即对某些人或事物的崇拜心理。这也可以理解为“粉丝经济”带来的红利。公众对于行业精英、明星似乎自然而然有一种崇拜的心理。比如，某明星开一次付费直播，自然会有他的“粉丝”进行消费。

（二）签约独播模式

当今网络上各大视频平台层出不穷，为了能够获得更强的市场竞争力，平台纷纷开始与视频制作者进行签约独播。与平台签约独播，也成了一种视频快速变现的模式。不过，这种模式比较适合运营成熟、“粉丝”众多的“视频达人”。

签约独播是一个平台与视频制作者之间互相选择的过程。视频平台为了能够更好地吸引到制作者，往往会采用高价酬金的方式。比如，2017 年 9 月花椒直播就上线了 MV 短视频功能，用户可以随心所欲 DIY 短视频并配上不同的音乐，花椒直播还宣布投入 1 亿元资金签约短视频达人；而火山短视频也斥资千万，将快手直播的知名“网红”挖来。签约独播目前是短视频平台用来争夺头部玩家的重要筹码。

而作为视频制作者，想要与平台进行签约独播，必须已经达到了一定的发展水平，或者可以让平台看到该制作者存在的发展空间。签约独播是视频直接变现方式中要求较高的一个，需要视频制作者在前期进行较多的准备。

1. 选择合适的平台

在平台的选择上，视频制作者的首要考虑就是自己的目标用户。每个视频平台都有自身的定位，因此吸引而来的用户群体也是不同的。制作者完成的视频本身就是面向某一类特定用户的，只有其目标用户与视频平台高度符合的时候才能在平台上取得更好的效果。

2. 保证视频质量

视频的质量是一个平台最为看重的。只有高质量的视频才能最大限度地吸引用户的注意力，从而保证该平台上用户的流量，避免平台出现倒退情况，这也是视频平台要与制作者进行签约独播的原因。所以一个视频制作者在选择了合适的平台后想要与其成功签约，首要任务就是要保证视频的质量。高质量的视频内容必须原创，在保证视频的原创性基础上，制作者还应该不断加以创新。创新可以使视频焕发新的活力，避免用户产生审美疲劳。

3. 展现发展空间

有许多视频平台不仅会与已经成名的视频制作者进行签约独播，还会寻找一些有发展潜力的新人进行培养。这样培养出来的新人对于平台的感情较深，等到获得知名度后也不易跳槽，不会带走用户，从而可以保证一个平台的长期稳定发展。这是一种长线投资方式，视频营销平台可以付出较少的成本而获得较大的回报。

（三）渠道分成模式

对于视频营销企业或个人来说，渠道分成是初期最直接的收入和变现手段，选取最合适的渠道分成模式可以快速积累视频制作上所需要的资金，从而为后期其他短视频的制作与运营提供便利。在不同的视频平台上针对视频本身的分成渠道主要有推荐渠道分成、视频渠道分成和粉丝渠道分成三类。

1. 推荐渠道分成

推荐渠道分成模式是指视频通过系统推荐到用户面前，根据播放量表现，视频制作者和推荐平台进行分成。比如，今日头条、天天快报等信息推荐平台，当视频制作者度过新手期后，被推荐过的视频超过 10 篇即可申请分成。不同渠道有不同的推荐算法，视频营销者要根据该平台的特性有策略地进行视频投放，增加曝光度，以达到增加播放量的目的。

2. 视频渠道分成

视频渠道分成模式主要通过视频网站的搜索推荐来获得播放量，在好的推荐位宣传会得到比较好的效果和分成。比如，搜狐视频、腾讯视频等视频网站就是靠这样的方式来与内容创作者分成的。在这种分成模式下，推荐位的获得是非常重要的，越好的推荐位就越容易被用户第一时间发现。

3. 粉丝渠道分成

粉丝渠道分成模式主要通过粉丝打赏的形式来使平台和内容创作者得到分成，粉丝数量对视频的播放量会产生很大的影响，比如，美拍就是依靠这种模式。在这种分成模式下，视频营销者想要获得高收益，就必须注重“粉丝”量的积累。

渠道分成模式中虽然存在着不同的分类，但是其能够获得收益的原因还是要依靠视频本身的质量，高质量的视频无论在哪种分类方法下都能获得较高的收益。除了质量以外，更新频率也是影响渠道分成的一个重大因素。高频率更新可以增加曝光度，从而使用户能够更多地关注该视频作品，以新带旧，形成一个完整的视频营销链条，以达成长期的发展。

二、间接变现模式

间接变现指不通过视频本身而通过一些额外的收入，达到视频价值变现的方式。由于其方式更加灵活多样，视频平台和视频营销者在其中的操作空间较大，于是间接变现成为现在短视频的主要盈利模式。其主要分为广告植入、课程培训、“短视频＋电商”、内容合作盈利四种。

（一）广告植入模式

广告植入是视频获利的最常见模式，它可以分为贴片广告、植入广告和信息流广告等三种类型。

贴片广告是传媒业最常见的广告类型。贴片广告主要是指在视频片头片尾或者中间插播的广告，还包括视频背景的广告。这种广告覆盖范围广、曝光度高，但是用户体验较差。特别是对于短视频来说，一般短视频最多不会超过 5 分钟，且用户经常在碎片时间使用手机流量观看，因此会很难容忍在短视频前放置贴片广告的行为。

因此，相比独立于视频内容外的硬广告而言，“软植入”的广告模式更受媒体和企业的欢迎。植入广告是指将广告信息和视频内容相结合，通过品牌露出、剧情植入、口播等方式来传递广告主的诉求。这种软植入模式包括台词植入、道具植入、定制植入等方式。

【扫一扫】

从《陈情令》的广告植入，看品牌如何借势影视剧 IP 营销

信息流广告是指出现在视频推荐列表中的信息流广告，也是应用较多的广告形式之一。

（二）课程培训模式

课程培训模式主要是知识型短视频变现的一种手段。其模式大致是通过视频节目积攒人气，然后利用社群经济的方式，利用课程、讲座、俱乐部等其他手段进行变现。此类模式需要视频营销者本身在某一领域具备较专业的知识，使用户从中有所收获，这样才能建立健康的短视频与用户之间的关系，保证用户的稳定性。想要通过课程培训的模式来实现视频的间接变现，首先是要确保视频的内容有一定的知识性，形成完整的知识结构体系，从而才能使用户在经过课程培训后，产生认同感，最终形成忠实用户。

（三）“短视频＋电商”模式

无论是渠道分成还是广告植入，都很容易触到“天花板”，但是视频平台中成千上

万的生活类、美妆类内容创造者有着更加广阔的变现空间，那就是内容电商模式。比如，在视频底下放一个淘宝链接，或者在视频结尾放一个导流广告，使得用户在趣味性的视频中体会到了品牌的内涵，从而对其产生了认同感，可以很容易地实现“视频宣传十实物盈利”的模式。如今，用户已经越来越习惯在观看短视频的过程中，去电商寻找同款商品进行购买，在以后的新媒体领域的发展中，短视频与电商之间的关系只会联系得越来越紧密。

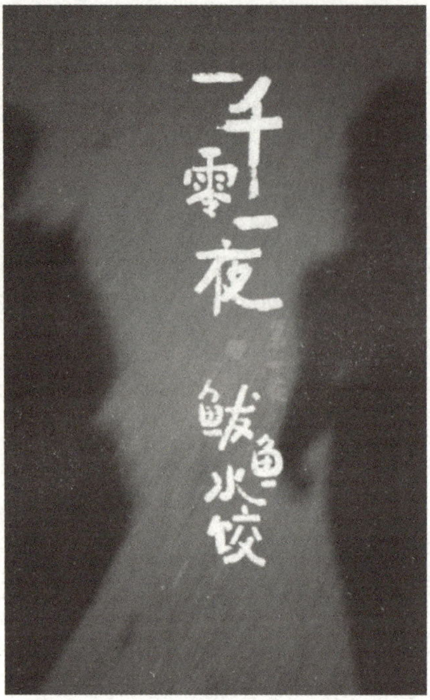

图 1-6　《一千零一夜》短视频《鲅鱼水饺》视频封面

各大平台开始建立视频与电商之间的桥梁，实现变现共赢，比如，电商平台淘宝推出了“淘宝二楼”的短视频营销策略，每天晚上 10 点上线《一千零一夜》《夜操场》等两季短视频系列剧，其精美的制作和颇具创意的内容策划广受好评，并促进了许多“小众”商家销量暴涨。如当《一千零一夜》的第一集《鲅鱼水饺》（见图 1-6）推出后，次日上午 10 点，鲅鱼水饺的销量增长了 150 倍。

短视频与电商之间的合作性盈利也需要注重自身内容的塑造和适度。短视频本身是对个人或内容的塑造过程，如果一味地想通过这个渠道使得电商方面能够获得盈利，很容易招致用户的不满，从而导致用户流失。

（四）内容合作盈利模式

内容合作盈利模式主要是平台方与专业内容制作方，如大型媒体、制作公司的合作方式，旨在寻求双方共赢。媒体与专业公司在对视频营销的把控上更加专业，而且可以联合不同的团队形成一个社群，使其能够互补，以达到最大限度上吸引用户的目的。例如，芒果 TV 和今日头条就进行了一次战略性的合作，其模式大致为：今日头条为芒果 TV 提供推荐引擎技术支持及推广资源服务，而芒果 TV 则开放旗下所有综艺节目作为今日头条旗下短视频服务的优质内容资源，通过头条号进行分发。这样的合作方式让双方各取所需，互惠互利，达到共赢。

除了媒体之外，和大型活动合作也可以为视频平台提供源源不断的丰富内容。在拍摄这些活动的相关视频的时候，可以吸引来大批对此有兴趣的用户，不断扩大该平台在用户心目中的影响力。

内容合作是一个平台与内容创作者之间互惠互利的过程。创作者所完成的视频内容本身必然有其特色才能被平台选中。而平台也是同样，必须有一定的发展度，并且前景良好，注重对本平台创作者相关权益的保护，这样才能源源不断地吸引到更多的创作者前来加入，从而推动平台更好地发展。

三、特色盈利模式

除了上述盈利模式以外，视频制作本身也是一种盈利的方式。其中最常见的分别是视频创作课程培训、视频周边支持产品及视频制作支持工具。

（一）视频创作课程培训

高水平的视频剪辑可以使视频作品脱颖而出，在最短的时间内给用户留下深刻的印象，从而提高用户转化的效率。因此，当视频的红利越来越引起人们的重视以后，如何进行视频创作就成了视频营销者的必修课。系统地学习视频的制作方法可以帮助企业、团队或个人快速提高自己的技术水平，从而通过精美的视频作品在用户脑海中留下深刻的印象。而教授视频创作课程也就成了视频实现盈利的新手段。比如，腾讯课堂中就有专业的影视后期剪辑师推出了“零基础学剪辑”系列课程，内容涵盖了软件使用、粗剪精剪、图像抠像、调色校色、渲染输出等剪辑基础技巧。这些剪辑技巧是一个视频作品在制作阶段中经常被用到的，是每个视频创作者必备的基本技能，于是腾讯课堂吸引了很多用户，达到了盈利的目的。

（二）视频周边支持产品

视频盈利不仅仅依靠付费观看或者接广告收取广告费，现在，制作周边产品也变成了视频营销常见的盈利手段。周边产品指的是以视频的内容为设计基础所制作的产品。

想要通过视频周边来实现盈利，首先要使视频本身成为一个 IP。当视频系列作品成为 IP 之后，就意味着其在网络与现实生活中具备了更强的影响力，会被更多的用户所熟知，利用其形象制作的周边产品在出售的时候也会有更高的销售额，从而获得更多的利润。

通过周边产品盈利，利用的是“粉丝”对于视频的喜爱心理，源于这种心理，“粉丝”愿意购买这些周边产品留作纪念。周边产品的销量也是与视频的人气分不开的，可以说这是视频人气具象化的表现，也是一种好的宣传方式。

（三）视频制作支持工具

随着视频产业链的日趋完善，现在很多软件公司都纷纷推出了不同的视频剪辑软件，它们的功能各有不同，从入门级到专家级应有尽有，无论视频制作者需要什么样的功能，都能够在不同的制作工具中得到满足。

视频的制作支持工具分为免费与收费两种。免费的视频制作工具具备基本的视频剪辑所需要的功能，上手简单，便于掌握，可以满足基本需求。收费的视频制作工具则功能更多，能满足专业制作视频的需求。

视频能够实现盈利是维护团队及平台持续发展的唯一方法。利润获取越多，团队所能够投入到后期制作的成本也就越多，最后呈现的效果就越好，最终形成良性循环。

【同步实战】

1. 实战目的

通过在抖音、火山等视频平台上查找视频营销案例，理解什么是视频营销、视频营销的优势，能明确区分不同的视频类型、推广模式及盈利模式，加深对视频营销的感性认识。

2. 实战项目内容

以组为单位，选择一个具体的视频营销案例开展详细分析，并进行口头汇报。

3. 实战考核要求

（1）选择的视频营销案例有代表性。（10 分）

（2）视频营销案例的类型、推广模式、盈利模式分析正确。（20 分）

（3）视频营销案例分析的要点齐全。（20 分）

（4）团队对视频营销案例分析条理清楚，把握到位。（30 分）

（5）语言表达逻辑性强，表述清晰、准确。（20 分）

4. 实战项目反思

通过对视频营销案例的具体分析，以小组为单位，举一反三，构思、规划本小组的视频营销方案。

项目二
视频营销平台

项目目标

1. 知识目标

(1) 了解视频营销的平台类型及其特点。

(2) 了解同类型视频营销平台的异同点。

(3) 理解视频营销平台选择的关键要素和方法。

2. 能力目标

(1) 能准确区分视频营销平台的不同类型。

(2) 能了解主流视频营销平台的发展现状和特点。

(3) 能根据企业需求选择适合的视频营销平台。

3. 素质目标

增强学习者对视频营销平台的认知和实践能力,培养学习者良好的资料查询与数据统计分析能力。

项目引例

2019营销盘点之三大视频营销

1. 吴亦凡在B站宣发《大碗宽面》

2017年,吴亦凡在录制综艺节目《七十二层奇楼》中的Freestyle“你看这个面它又长又宽,就像这个碗它又大又圆”的表现受到了众网友调侃和质疑。此次即兴说唱也成了B站众UP“恶搞的对象”,并制造了“大碗宽面”梗。面对此次危机事件,2019年4月吴亦凡直接在B站发布了新歌及MV《大碗宽面》,吴亦凡得体的自黑获得了众网友和黑粉的好感,让众多曾恶搞吴亦凡的人专门跑到B站道歉,“凡凡我错了”“从此成为大碗宽面粉”弹幕刷屏。据统计,《大碗宽面》MV在B站播出量超过千万,创造了B站音乐宣传的最高纪录。借助《大碗宽面》,B站不仅巩固了曾黑吴亦凡的网友,而且吸引了一大批吴亦凡的粉丝。

2. 奥迪Q8冠名微综艺《极刻出发》

2019年,奥迪Q8冠名今日头条和西瓜视频的微综艺节目《极刻出发》,邀请了韩庚、世界冠军等名人一起挑战极限运动。节目中,嘉宾们一起驾驶奥迪Q8探索美丽危险的大自然,挑战人类的极限,如挑战亚洲第一座跨国瀑布、翻山越岭、勘测危险的火焰山等。对于品牌方而言,要凸显“上天入地,无所不能”的品牌形象,与极限运动类节目的合作要比灌输式广告更具说服力。而《极刻出发》绝不放弃、超越自我的节目理念同奥迪品牌形象完美的融合，为奥迪在消费者心目中树立了良好的品牌形象。此外，节目中大量的奥迪品牌曝光镜头以及好评的嘉宾口播为品牌背书，提升了用户对品牌的记忆点和认同感。据统计，在今日头条＋西瓜视频平台上，奥迪 Q8 新车上市全网曝光超过 4 亿，全网视频播放量 4000 万，累计互动量超过 10 万次。

3. 腾讯视频《令人心动的 offer》×京都念慈菴

2019 年 10 月 30 日，腾讯视频推出律政职场综艺《令人心动的 offer》，该综艺登陆全网热搜 70 次，并引爆了多个社会话题讨论，成为众多网友的职场必备宝典。通过此节目，冠名品牌京都念慈菴获得了极大的曝光度和品牌影响力的提升。节目中京都念慈菴全方位地植入，如京都念慈菴化身“职场鼓励师”陪伴节目素人的职场成长，“念慈菴养生吧”的植入也提升了职场人对品牌的记忆点。同时，腾讯视频借助平台内产品资源，在腾讯综艺为品牌主发起线上抽取“offer 观察团”同款糖的用户活动，为节目植入主持人弹幕话题，如话题＃南南最爱乌梅味，巧妙地将品牌调性与节目内容、艺人深层次结合起来，充分发挥 IP 的协同效应，有效地提升了京都念慈菴品牌知名度与影响力。

资料来源：成功营销 .2019 营销盘点之十大视频营销 .（2020－02－17）［2020－03－04］. http：//www. vmarketing. cn/index. php/index/NewsDetail/nid/36247.

分析提示

互联网时代，视频营销趋向视频网络化、广告内容化，作为品牌与消费者连接的重要渠道——视频平台已经成为品牌营销战役的必争之地。只有选择适合的视频营销平台合作，才能给品牌带来营销效果的最大化。不同的平台有不同的调性和特质，结合平台优势，将平台形象、内容同品牌调性及产品特质融合，还可借助于明星效应将品牌软植入，带动消费者互动社交，从而将品牌理念、产品效果生动形象地传递给消费者，达到营销目的。

项目分析

信息的传播需要载体，视频从传统的电视媒体到网络平台，传播途径日益丰富多元，技术的发展也使得“互联网＋视频”的视频营销优势明显。视频的投放、展示、传播到实现营销都需要平台的支持。本项目在介绍主流视频营销平台（任务一）的基础上，深入探究了视频营销平台的选择（任务二）。

思维导图

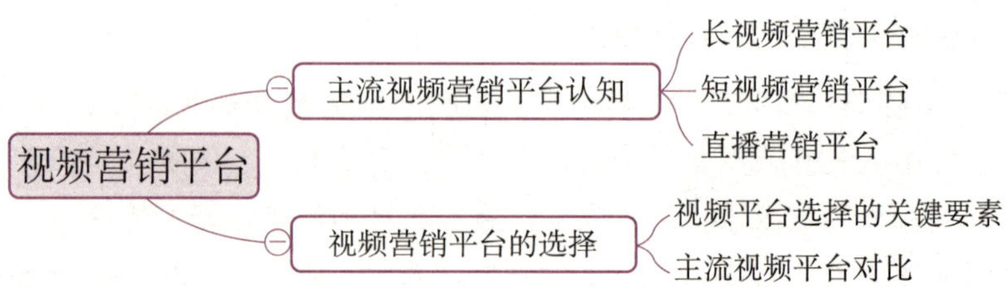

项目实施

任务一　主流视频营销平台认知

视频作为一种数据媒体需要通过平台渠道进行分发、传播，平台的好坏与是否适合直接影响了营销的效果。不同类型的视频只有搭配适合的视频平台，才能快速有效地实现品牌传播、产品销量转化，获得营销效果的最优化。而今，视频网站和短视频平台、直播平台成为视频营销的主要阵地，它们是品牌与消费者连接的重要媒介。

一、长视频营销平台

我们几乎每天都会接触视频，主流的视频网站俨然成为网络视频用户的重要观影方式。视频网站成为长视频营销的重要渠道，了解目前主流的视频网站是长视频营销的必修课。目前主流的长视频营销平台有腾讯视频、爱奇艺、优酷、bilibili、芒果 TV 等。

（一）腾讯视频

腾讯视频是腾讯科技（北京）有限公司于 2011 年 4 月正式上线的在线视频平台，有丰富的优质流行内容和专业的媒体运营能力，是聚合热播影视、综艺娱乐、体育赛事、新闻资讯等于一体的综合视频内容平台，并通过 PC 端、移动端等多种形态为用户提供高清流畅的视频娱乐体验，以满足用户不同的体验需求。腾讯视频是中国领先的在线视频媒体平台，月度活跃用户超 5 亿。

（二）爱奇艺

爱奇艺，由全球最大的中文搜索引擎百度创立，是中国高品质视频娱乐服务提供者。2010 年 4 月 22 日正式上线，秉承“悦享品质”的品牌口号，积极推动产品、技术、内容、营销等全方位创新，为用户提供丰富、高清、流畅的专业视频体验，致力于让人们平等、便捷地获得更多、更好的视频。目前，爱奇艺已成功构建了包含电商、游戏、电影票等业务在内的连接人与服务的视频商业生态，引领视频网站商业模式的多元化发展。爱奇艺品质、青春、时尚的品牌调性深入人心，网罗了全球广大的年轻用户群体。爱奇艺打造涵盖电影、电视剧、综艺、动漫在内的十余种类型的丰富的正版视频内容库，并通过“爱奇艺出品”战略的持续推动，让“纯网内容”进入真正意义上的全类别、高品质时代。

（三）优酷

优酷于 2006 年 12 月 21 日正式上线。优酷以“这世界很酷”为口号，坚持打造“阳光、真实、主流、有梦想”的品牌形象，现已成为中国互联网领域具有影响力、备受用户喜爱的视频媒体品牌。优酷网以“快者为王”为产品理念，注重用户体验，不断完善服务策略，其卓尔不群的“快速播放，快速发布，快速搜索”的产品特性，充分满足用户日益增长的多元化互动需求，使之成为国内视频网站中的领军势力。2007 年，优酷网首次提出“拍客无处不在”，倡导“谁都可以做拍客”，引发全民狂拍的拍客文化风潮，反响强烈，经过多次拍客视频主题接力、拍客训练营，优酷网现已成为互联网拍客聚集的阵营。大优酷事业群现支持 PC、电视、移动三大终端，兼具版权、合制、自制、自频道、直播、VR 等多种内容形态。以“这世界很酷”为品牌主张，优酷致力于打造从看到玩的一站式文娱酷体验，让年轻人的娱乐更阳光。

（四）bilibili

bilibili（哔哩哔哩，简称 B 站）是 2009 年 6 月推出的一个 ACG（动画、漫画、游戏）内容创作与弹幕视频分享的视频网站，其前身为视频分享网站 Mikufans，于 2018 年 3 月在纳斯达克上市，是国内领先的年轻人聚集的文化社区。B 站引领了弹幕这种独特的社交潮流，即悬浮于视频上方的实时评论功能，爱好者称其为“弹幕”，这种独特的视频体验让基于互联网的弹幕能够超越时空限制，构建出一种奇妙的共时性的关系，形成一种虚拟的部落式观影氛围，让 B 站成为极具互动分享和二次创造的文化社区。

B 站已经成为涵盖 7000 多个核心兴趣圈层的多元文化社区，经过十余年的发展，围绕用户、创作者和内容，构建了一个源源不断产生优质内容的生态系统，在 B 站，富有创意的创作者、庞大忠诚的用户群和优质内容构成了三位一体的良性循环。B 站提供了多样化的产品与服务，成为包含视频、游戏、直播、社区等服务的综合性内容平台。其中 bilibili 游戏中心成为二次元游戏的权威发行平台，bilibili 直播也成为动画、漫画、游戏内容的专业直播平台，涉及领域包括电竞、生活、娱乐等。据哔哩哔哩 2019 年 Q3 财报数据统计：B 站月活跃用户量达 1.28 亿人，18～35 岁用户占总用户的 78%。

（五）芒果 TV

芒果 TV 是以视听互动为核心，融网络特色与电视特色于一体，实现“多屏合一”独播、跨屏、自制的新媒体视听综合传播服务平台，同时也是湖南广电旗下唯一的互联网视频平台。2017 年，芒果 TV 扭亏为盈，率先实现中国视频行业盈利 4.89 亿。2018 年 6 月，快乐购（300413.SZ）重大资产重组正式获批，芒果 TV 作为湖南广电“双核驱动”战略主体之一，与芒果互娱、天娱传媒、芒果影视、芒果娱乐整体打包注入快乐购，正式成为国内 A 股首家国有控股的视频平台，同年 7 月，快乐购正式更名“芒果超媒”。

【扫一扫】

视频网站用户画像与市场分析

二、短视频营销平台

2011 年，制作分享 GIF 动图的工具“GIF 快手”上线。2013 年 7 月，“GIF 快手”从工具转型为短视频社区，APP 名称中也去掉了“GIF”，改为“快手”，由此开始了我国的短视频应用。随着移动互联网的普及以及大数据和人工智能等新技术的加速发展，短视频以极低的技术门槛和便捷的创作和分享方式，迅速赢得了用户的青睐，短视频应用也如雨后春笋般涌现。目前短视频 APP 已达上百个，开启了短视频的“百团大战”。

（一）短视频平台谱系

短视频平台已成为抢占流量的阵地，也成为移动营销的必争之地。从短视频平台的所属谱系来看，各大巨头都有自己的短视频矩阵，如图 2-1 所示。比如腾讯系的快手、梨视频、微视等，字节跳动系的抖音、火山小视频、西瓜视频等产品，百度系的好看视频、秒懂视频等，阿里系的土豆视频、鹿刻等，新浪系的秒拍、波波视频等。在短视频阵容中，字节跳动系和腾讯系势头强劲。其中字节跳动主打产品的几个短视频 APP 用户量大、知名度高。

从格局上看，短视频市场呈现“两超多强”趋势。快手和抖音占据了短视频领域的龙头地位。截至 2020 年初，快手日活跃用户数（DAU）已突破 3 亿。截至 2020 年 1 月，抖音国内日活跃用户已经突破 4 亿，月活跃用户数（MAU）突破 5 亿。今日头条旗下的西瓜视频，腾讯微视，以及美拍、秒拍、波波视频等短视频平台也凭借自己独特的平台定位，吸引了大量粉丝和流量，形成了强大的第二梯队。

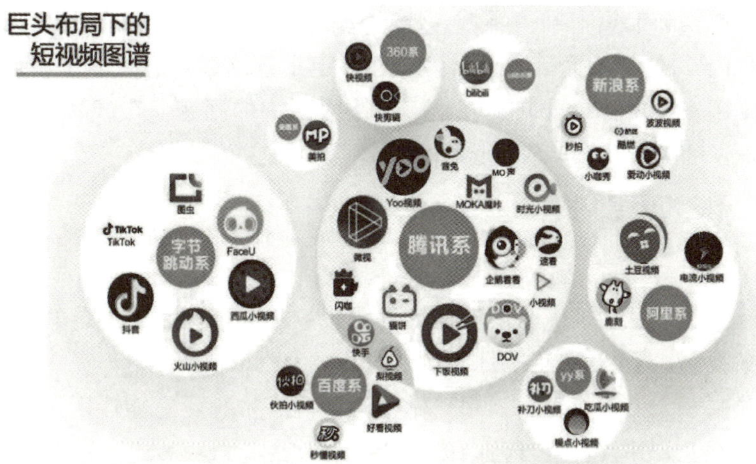

图 2-1　短视频平台谱系图

（二）短视频平台类型

每个短视频营销平台都有自己的产品定位，按照功能属性进行分类，可以将短视频营销平台分为以下类型：

1. 工具型

工具型的短视频 APP 通过提供视频拍摄、动画特效、画面滤镜、字幕及配音、视频剪辑等功能，满足使用者制作短视频的需求，以 VUE、小影为代表，这类应用包含及时的视频录制、剪辑及合成处理等功能。

2. 内容型

内容型 APP 是现阶段更为普遍的短视频应用，它能满足用户发现新鲜事物的内容需求，以与微博绑定的秒拍、今日头条旗下的西瓜视频为代表。根据内容生产方式，这类应用又可以细分为 PGC、UGC、PUGC 等种类。“秒拍视频”以专业生产内容为主，属于 PGC 服务平台，头顶部效用非常显著；“美拍视频属于 PUGC（专业用户生产内容）”类，采用PGC与UGC结合的模式，既有技术专业化的内容生产制作，也有用户自发的创作内容。

3. 社区型

社区型短视频产品主打用户社交，通过短视频内容的连接形成社交互动，以快手、抖音等为代表。通过创作、互动和分享，用户可以营造浓厚的社会氛围并吸引高黏度用户。该产品具有最高的市场占有率和最明显的引流能力。优质的内容和话题是社交型平台的核心，此类同样具有内容型APP的特征，比如抖音和快手短视频内容以用户生成为主，内容丰富多样，不乏新鲜创意。此类社区型短视频与电商相结合，比如抖音内置了商品橱窗功能，可以让用户直接跳转到第三方电商商城购买商品。短视频作为新型的沟通和展示方式，为电商带来了新的想象空间。

4. 垂直型

经过细分从“内容型”又衍化出了“垂直型”APP这一类型。“垂直”内容更加独特专一，内容更精准聚焦在某一领域。比如阿里巴巴推出的生活消费短视频平台“鹿刻”短视频APP，它以“生活消费”为中心，走垂直路线。它致力于用户购物后的真实分享，帮助用户发现并参与问答互动，解决生活中的问题。在产品形态上，“鹿刻”更像是一个电子商务导购和问答社区的综合体。

（三）主流短视频营销平台

1. 西瓜视频

西瓜视频是字节跳动推出的个性化推荐短视频平台，头条新闻里的一个视频板块，其前身为头条视频，于2017年6月8日正式升级为西瓜视频。

西瓜视频基于人工智能算法为用户做短视频内容推荐，它能让用户的每一次刷新，都发现新鲜、好看，并且符合自己口味的短视频内容。

西瓜视频是国内领先的PUGC视频平台，涵盖音乐、影视、社会、农人、游戏、美食、儿童、生活、体育、文化、时尚、科技等分类。它通过个性化推荐，源源不断地为不同人群提供优质内容，同时鼓励多样化创作，帮助人们轻松地向全世界分享视频作品。

2. 抖音短视频

抖音（Tik Tok）是由今日头条推出的一款短视频分享APP，于2016年9月上线，是一个专注于年轻人音乐短视频创作分享的社区平台，一个旨在帮助大众用户表达自我、记录美好生活的原创音乐短视频分享平台。

截至2020年1月，抖音日活跃用户数超过4亿。抖音应用人工智能技术为用户创造丰富多样的玩法，让用户在生活中轻松快速产出优质短视频。用户可以通过这款软件选择歌曲，拍摄音乐短视频，形成自己的作品。抖音上提供了全球潮流音乐，搭配舞蹈、跑酷、表演等内容形式，还有超多原创特效、滤镜、场景切换等功能，帮助用户将原创视频一秒变大片，为抖音用户打造刷爆朋友圈的魔性短视频。

抖音上的用户以一、二线城市为主，一线城市占比较重，而且短视频行业均值里，抖音一线城市占比达27%。可见抖音在一、二线城市用户占比是高于其他行业内APP

的，说明消费能力也会比较强。

3. 快手短视频

快手是由快手科技开发的一款短视频应用 APP，于 2013 年正式上线，该 APP 可以用照片和短视频记录生活的点滴，也可以通过直播与粉丝实时互动。

快手的前身为一款叫“GIF 快手”的 GIF 图片应用，改名“快手”后，从纯粹的工具应用转型为短视频社区。快手定位于国民短视频社区，记录和分享生活的平台，全球超过 6 亿用户使用，每天数百万的原创新鲜视频，快手的内容覆盖生活的方方面面，用户遍布全国各地。在这里，人们能找到自己喜欢的内容，找到自己感兴趣的人，看到更真实有趣的世界，也可以让世界发现真实有趣的自己。

快手的用户定位是“社会平均人”，即把所有的快手用户抽象当成一个人来看，他相当于一个“社会平均人”。基于此，快手将用户地域定位在二、三线城市。

4. 小红书

小红书是行吟信息科技（上海）有限公司于 2013 年推出的一款生活方式分享平台，是年轻人的生活方式平台和消费决策入口，致力于让全世界的好生活触手可及。

在小红书，用户通过短视频、图文等形式标记生活点滴。截至 2019 年 7 月，小红书用户数超过 3 亿，月活跃用户数突破 1 亿，并持续快速增长，其中 70%用户是“90 后”。2.2 亿年轻用户每日分享海量服饰搭配、美妆教程、旅游攻略、美食测评，让你轻松升级潮流生活“老司机”。小红书社区里内容包含美妆、个护、运动、旅游、家居、酒店、餐馆的信息分享，触及消费经验和生活方式的众多方面。小红书商城采用口碑营销、选品数据结构化等模式，提供优质商品。小红书是一个生活方式分享社区，标记吃穿玩乐买的生活日常，聚集国内外知名或小众的品牌，带你找到全世界的好东西。

以上四大平台的对比如表 2-1 所示。

表 2-1　常见的短视频平台对比

短视频 APP	品牌口号	关键词	特点
西瓜视频	给你新鲜、好看	年轻、新鲜、懂你	个性化推荐的聚合类视频平台，以 PGC 短视频为主，提供综艺视频、影视、新闻视频等资讯；上传视频时长不受限制，大部分视频时长为 5 分钟左右，视频内容类型丰富多样
抖音	记录美好生活	音乐、创意、社交、时尚	平台调性有趣、潮酷、年轻化；专注于年轻人的 15 秒音乐社区，主打个性化音乐创意短视频；视频内容更加新潮、个性化，用户彼此之间的关联较弱
快手	记录世界记录你	记录、普惠、分享和发现生活	平台调性有趣、接地气；去中心化，每个普通人都能展示自己、表达自己，视频风格接地气，视频内容主要为日常生活记录，社交属性强；个性算法推荐
小红书	标记我的生活	跨境电商、社区、笔记、种草	基于生活分享社区的跨境电商平台，小红书通过社区笔记累积的数据，分析出最受欢迎的商品及全球购物趋势，“种草”好物到购买一站式集成

三、直播营销平台

（一）直播平台的类型

直播，从 2015 年开始风靡全国，形成网红经济现象，直播平台种类多样，根据目前市场上各个直播平台的主打内容和属性，可以分为以下四类。

1. 综合类

目前在网络直播行业所指的综合类平台一般是集游戏、娱乐、户外等于一体的平台，目前这类型的平台在网络直播行业比较有优势，这得益于它的粉丝群体比较大。综合类平台目前知名度比较大的有虎牙、斗鱼、熊猫三家。

2. 秀场类

秀场类直播平台以女主播聊天和表演才艺为主，内容形式相对单一。例如映客、奇秀、来疯等以网红为主的直播平台。

3. 专业类

专业类直播平台有一定的专业技术门槛，内容更加专一化。诸如体育赛事、游戏电竞、财经教育等都属于专业领域的直播。比如游戏电竞直播平台主要是直播游戏电竞，以爱好游戏和在游戏方面有一定天赋的主播为主，这类型的平台主要有企鹅电竞、触手 TV 等。

4. 电商（购物）类

购物类直播在直播的过程中，消费者拥有类似于线下的真实购物体验——不仅能买商品，还能让主播讲解商品，此类型平台以淘宝直播、蘑菇街直播等为代表。通过淘宝直播，卖家直接在线直播介绍和销售产品，用户边看边买，卖家进入了专业化直播运营时代。另外，部分短视频 APP 内嵌的直播功能，也成为一种快速直播营销的潜力股，例如抖音与快手直播就得到了较多企业青睐。

（二）常见的直播平台

1. 淘宝直播

淘宝直播是阿里巴巴推出的直播平台，作为电商直播领域的领头羊，定位于“消费类直播”，用户可边看边买，不仅涵盖母婴、美妆、潮搭、美食、运动健身等范畴，还有全球购物达人带着粉丝们通过直播镜头逛商城……消费者可以通过淘宝旗下的淘宝直播频道、微淘频道直接收看相关内容并参与互动。淘宝直播与一般的直播不同，它定位于“消费类直播”手淘平台，目前，女性观众占绝对的主导地位，约占 80%。淘宝直播是一个巨大的流量和带货场所，例如淘宝直播 2019 年“双 11”全天带动成交近 200 亿，基于阿里的商城生态，为品牌主带来直接的商品转化和销量提升。

2. 斗鱼、虎牙直播

斗鱼、虎牙是垂直类直播平台的典型代表，这类平台月活跃用户数（MAU）很高，主打游戏或颜值类直播，截至 2019 第四季度，斗鱼 MAU 达 1.66 亿，虎牙 MAU 达

1.5 亿。

斗鱼 tv 是 2014 年 1 月推出的一款弹幕式直播分享网站。平台以游戏直播为主，主要为用户提供视频直播和赛事直播服务，并涵盖了体育、综艺、娱乐等多种直播内容。

虎牙直播是以游戏直播为主的弹幕式互动直播平台，累计注册用户 2 亿，提供热门游戏直播、电竞直播与游戏赛事直播、手游直播等。

3. 快手、抖音直播

快手平台、抖音平台的用户都是看网红直播的，看节目、看八卦、看美女帅哥、看搞笑等内容的，因此电商的成交很大一部分是要靠冲动消费的。对于电商直播而言，卖货的方式有两种：自己直接播和与大流量主播连麦直播，其中 KOL（Key Opinion Leader，关键意见领袖）带货能力相对较强。

直播的内容有好多种，从初出道的秀场直播到如今电商直播的跃迁，这中间经历了从图文消费时代到视频消费时代的用户内容消费习惯养成，经历了各大直播平台从风口浪尖到群雄争霸的尘埃落定，经历了中国本土电商品牌层出不穷生生不息的流量争夺战，短视频已经大规模地商业化。

任务二　视频营销平台的选择

一、视频平台选择的关键要素

在进行视频营销时，品牌主必须明确，新兴的媒体平台不断在发生变化，但是营销的初衷和本质并不会改变，即说清楚品牌是什么，它存在的目的和意义是什么，它的价值在哪里，并将这些概念清楚地传达给公众。

在此基础上，要考虑通过什么渠道和平台来触达目标群体，使目标受众感兴趣，并有针对性地制作和推广内容。因此，工欲善其事，必先利其器，选择对的视频营销平台至关重要。

（一）选择合适的视频营销方式

视频营销包括长视频营销、短视频营销与直播营销三种模式，这三种类型各具优势。长视频平台对视频时长要求宽松，可以展现较为完整的品牌故事和产品概念，借助主流视频网站大剧热剧增加用户沉浸与黏性，可以较好地实现品牌传播，但成本较高；短视频平台流量大，丰富度高、玩法多，头部 KOL 引流高，可以很好地利用用户的碎片化时间，多维度、高频率地与受众进行互动，因而在时间和空间上能够为品牌带来更高的营销价值；直播营销可以不受地域限制，低成本、高覆盖、高效率、更直观快捷地将用户带入营销所需场景，为消费者和商家带来激动人心的互动方式，边看边买的体验能使消费者像追剧一样疯狂，从而促进商品的转化，更有效地达到营销效果。

因此，在选择平台之前，需要充分考虑自身预算成本及难度，根据自身产品特点与营销目的确定视频营销方式，这样才能有的放矢。

（二）首选平台目标群体和产品目标人群相同的平台

主流的短视频 APP 各自有不同的目标群体，比如抖音的用户群体大多是一些“90后”“00 后”，主要集中在一、二线城市，消费能力相对较强，他们普遍喜欢有个性的、有创意的、可以展示自我的短视频；而快手、火山小视频（已与抖音合并）的用户群体较为类似，主要集中在三、四线城市，消费力相对较弱，分享日常的生活，更接地气更受欢迎；美拍的用户群体以注重生活品质与分享的城市年轻女性为主，她们普遍喜欢时尚潮流类的短视频，比较适合美妆类、时尚类栏目进行投放；西瓜视频主要是资讯内容，男性用户会多一些，比较适合一些科技类、汽车类、数码类栏目。不同的平台用户群体存在差异，因此，视频的首选发布平台必须确保平台本身的目标群体与产品目标群体相同，通过比较品牌与平台用户特征，比如性别、年龄、职业、所在城市、兴趣爱好、消费能力等，找到与产品目标群体重合度高的高匹配度平台，只有这样才能最大限度地聚集早期“粉丝”，做到精准覆盖，实现产品销量的提升。

（三）选择平台调性和产品定位匹配的平台

每个平台都有各自的定位和调性，有不同的产品优势。比如抖音的调性是年轻化、酷潮、时尚，而快手则更加实在、接地气，因此即使是同领域的产品，抖音更适合产品定位时尚、高端一些的产品；B 站是 ACG（动画、漫画、游戏）文化社区，以二次元、Z 时代的 ACG 调性受到年轻用户的喜欢，那么若产品是 ACG 内容，相较于其他视频网站就更适合 B 站这类 ACG 爱好者聚集比较多的平台进行广告投放。另外，根据产品定位特点，从不同行业领域的角度进行视频营销选择平台时，可以从大类上进行区分。比如美妆、女装可以选择小红书、蘑菇街、淘宝等平台；食品可以选择抖音、快手平台等平台。因此，在选择营销平台前，需要认真思考产品的定位及营销的目的，全面了解各平台调性与目标用户，看与自己产品定位是否吻合。

（四）了解各大平台综合实力及平台规则

对于平台而言，综合实力各异，自然存在不同的媒体营销价值。综合实力强的头部平台用户量大、知名度高、流量大、影响力大，对于想要一炮打响知名度的品牌而言，是不错的选择。比如视频网站的头部用户腾讯视频、爱奇艺、优酷。同时三家综合实力比较下又各有其内部优势，腾讯视频有着互通的腾讯生态产品，爱奇艺有着百度的产品支持和内容生产能力等。因此，实力强大的平台在用户基础、内容、技术、运营等方面更加成熟，能使营销质量更有保障，也有更多的创新创意空间。现有平台尤其是头部平台更加安全、可靠，从平台实力、内容资源与服务、技术等方面综合考虑和评估平台实力是必要的。

另外，视频营销时，产品想要实现在选定的平台上的有效推广，必须按照该平台的规则来进行。不同的视频平台根据自身的特点制定了相应的规则，除了基本的内容必须符合规范，内容健康、积极向上以外，选择的时候应该关注平台的主要规则，其中包括视频发布规则、内容要求、渠道分成规则、投放费用、功能权限、商品售卖等。比如：抖音初期只有 15 秒，随着产品的不断升级，后期粉丝达到 1000 个可以发布 1 分钟短视频，头部 KOL 可以发布 5 分钟视频；有些平台要求内容必须原创，比如美拍要求内容原创，且在短视频内不能售卖商品，而抖音已经有商品橱窗功能，用户可以直接点击进入淘宝购买主播视频提到的商品等。因此，需评估各大平台的综合实力，了解并遵守平台规则，结合自身的营销需求和成本进行广告投放。

二、主流视频平台对比

（一）主流长视频平台对比

长视频营销选择平台的实质就是在筛选优质内容。主流视频网站内容主要由平台原创内容、长视频内容及 UGC 三部分内容构成，各视频网站都支持用户自己创作视频内容并上传分享。长视频营销以“优质内容”为核心，内容全面性和用户体验是影响视频网站用户选择的主要因素。优质内容可以成为品牌传播的重要支点，因此“腾爱优”（腾讯视频、爱奇艺、优酷）三大视频网站重视精品独播内容建设。此外，bilibili 作为独特的 ACG 文化社区，它的独特定位与“腾爱优”完全不同，若营销产品与 B 站目标用户一致，将能很有效地传达给用户，精准找到潜在的消费者。主流视频网站对比如表 2-2 所示。

表 2-2　主流视频网站对比

视频网站	品牌口号	关键词	用户画像	特点	2019 年典型案例
腾讯视频	不负好时光	年轻、IP、生态、时尚	以“80 后”“90 后”为主，三四线城市用户较一二线略多，男女比例较平均	坚持对 IP 的多元开发	剧集：《都挺好》《亲爱的，热爱的》《庆余年》等 综艺：《吐槽大会》《令人心动的 offer》等
爱奇艺	悦享品质	品质、青春、时尚	以“80 后”“90 后”为主，一二线与三四线城市用户差距比例小，女性用户稍多	坚持科技创新与内容原创	剧集：《破冰行动》《亲爱的，热爱的》《庆余年》等； 综艺：《乐队的夏天》《奇葩说》等
优酷	这世界很酷	阳光、真实、主流、有梦想	以“80 后”“90 后”为主，一二线与三四线城市比例分布较均匀，男女比例较平均	坚持头部大剧独播	剧集：《长安十二时辰》等 综艺：《这！就是街舞》等
bilibili	哔哩哔哩 —(　゜—　゜)つロ 干杯～	ACG、弹幕、二次元、社区	年轻用户占比突出，“00 后”“90 后”总占比 61%，“80 后”占比 27%，一二线与三四线城市比例分布较均匀，男性用户稍多	“以 UP 主”为核心的专业用户生成视频内容生态，Z 时代的文化社区	吴亦凡在 B 站宣发《大碗宽面》 钉钉官方《钉钉本钉，在线求饶 》等

（二）主流短视频平台对比

根据《2019 短视频内容营销白皮书》和火星营销研究院调研数据整理中的数据，抖音和快手两大头部短视频 APP 的对比分析如表 2-3 所示。

表 2－3　抖音与快手平台对比

	抖音	快手
活跃度	日均活跃用户数 2 亿，日均用户活跃时长为 76 分钟	日均活跃用户数 1.3 亿，日均用户活跃时长为 60 分钟
用户画像	“90 后”“00 后”总占比达 91%，24 岁以下用户占比 75%；男性用户占 43%，女性用户占 57%。主打区域以一二线为核心，用户消费力较强	“90 后”“00 后”总占比达 90%，24 岁及以下用户占比 75%；男性用户占 55%，女性用户占 45%。主打区域为三四线城市，相比抖音用户，消费力稍弱
核心营销价值	有毒魔性：DAU 2 亿，日均使用时长 76 分钟 年轻潮酷：多种技术流玩法和算法推荐支持用户参与，门槛低 消费力：在一二线区域渗透率更高，算法逻辑更易于制造爆款	忠诚度：粉丝黏性高，以关注页为核心的浏览行为，转化率更高 信任度：用户对 UGC 红人具有天然的信任感，购买转化率、回购率高 温度：深度社交关系链，用户正向评价带动更多互动和转化
行业领域	游戏、汽车服务、食品饮料、服装、旅游休闲、家居用品、玩具礼品等	居家日用和食品饮料类、护肤产品等
品牌营销建议	在抖音上做“品牌”，更注重强调品牌理念、品牌态度的输出，与年轻用户深度沟通、平等对话，做用户喜欢的内容而不完全是品牌想要输出的内容；深度“种草”用户	在快手上做“转化”，更为强调产品卖点，激活快手独特的老铁经济，提升销量

注：数据统计截止到 2018 年 10 月 31 日。

通过以上平台对比，可以看出主流短视频应用在用户画像、核心营销价值和行业领域上有明显的差异，其原因是两个平台的定位完全不同。平台用户数量、转换率和创意空间是数字营销决策者在选择短视频营销平台时最关注的三个因素。因此，在选择视频发布平台时，品牌商应通过分析和比较平台的属性，综合考虑自身的品牌调性、目标用户、内容特征、产品定位、营销目标和成本做出最佳选择，切忌盲目跟风。同时，对于短视频营销，平台选择空间较大，不能局限于单一平台。根据实际情况，灵活使用平台“组合拳”，利用多个平台释放和覆盖更多的目标用户，以达到平台间的优势互补，对数据进行动态监控，因地制宜，精准施策。

【扫一扫】

兰蔻合作抖音开屏广告

【同步实战】

1. 实战目的

通过查找、分析视频营销案例，理解三类视频平台的区别及主流视频平台特色，能够区分不同的视频平台，掌握视频平台选择的注意事项和关键要素。

2. 实战项目内容

以组为单位，针对某品牌视频营销需求，查找、分析一个具体的视频营销案例，并汇报视频营销平台选择的具体策略，制定详细的平台渠道方案。

3. 实战考核要求

（1）视频营销平台分析的数据可信，思路清晰。（10 分）

（2）团队对视频平台的需求分析条理清楚，把握到位。（30 分）

（3）语言表达逻辑性强，表述清晰、准确。（10 分）

（4）团队项目的视频营销平台选择方案切实可行。（30 分）

（5）团队项目的视频营销平台方案效果好、有创意。（20 分）

4. 实战项目反思

通过对视频营销平台选择案例项目的具体分析，以小组为单位，举一反三，优化本小组的视频营销平台选择方案。

项目三

视频营销流程与定位分析

项目目标

1. 知识目标

（1）了解视频营销流程阶段及各阶段重点环节。

（2）理解视频营销筹备阶段、拍摄后期阶段和推广评估阶段的工作内容。

（3）掌握视频营销的行业领域选择，洞悉用户基本需求。

2. 能力目标

（1）能根据企业营销目的制订可执行的商业运营计划。

（2）能精准选择视频行业领域，区分目标用户，发掘用户需求。

3. 素质目标

培养学习者视频营销规划能力，增强对视频行业领域的认知，提升目标用户精准定位和需求挖掘的基本能力。

项目引例

“海底捞”与用户共同创作的视频营销

海底捞根据抖音上刷爆的“鸡蛋虾滑塞面筋”“番茄牛肉饭”“最好吃的蘸料”等被众多抖友争相模仿的网红吃法，打造出了新菜单，实现视频营销的二次分发。

1. 符合目标人群需求的视频定位

当代年轻人从小就“见多食广”，不论什么美食，都很难引起他们的兴趣。然而，一些抖音上的网红推荐、花式吃法，却能够引起他们的强烈关注，如海底捞的番茄牛肉饭、鸡蛋虾滑塞面筋、网红蘸料、海鲜粥等。当他们在抖音上看到颠覆传统、与众不同的吃法时，就会在好奇心的驱使下跑到海底捞尝试一下。于是无数的抖友纷纷到店，亲身体验，拍摄视频，上传抖音，玩得不亦乐乎。其实这些网红吃法的味道并不见得有多惊艳，但这是一个顾客“自创自嗨”的形式，他们更多的是在享受亲身参与、分享体验、引起关注、交流互动的过程。

2. 构建良好的体验营销策略

在海底捞番茄牛肉饭走红之后，海底捞的门店立刻要求前厅的服务人员在顾客到店时主动告知“抖音网红款”的做法。在服务员的强烈“安利”下，到店客人的兴趣和创造力被彻底激发了出来，海鲜粥、网红蘸料等新鲜吃法层出不穷，海底捞“抖音网红款”的隐藏菜单越变越多，玩法也越来越花哨，不管尝试成功还是手残失败，都是一种独特的参与感。

3. 数据支持的“二次套路”营销创意

海底捞通过抖音视频完播率、观后参与度、喜好度的数据分析，不仅专门制作抖音网红菜单，要求所有服务员都能详细介绍各种花式吃法，甚至还专门生产了配套制作工具，方便顾客动手尝试。这种把“顾客玩出来的产品”提升到餐厅政策层面的做法，让顾客充分体会到被尊重、受重视的感觉，他们得到鼓励，于是又有无数的抖友将海底捞的新菜单、新产品上传到抖音上，呼唤其他的小伙伴到店尝试，由此也引爆了海底捞的再次刷屏。这种就是线下反哺线上，引爆连锁反应的“二次套路”。

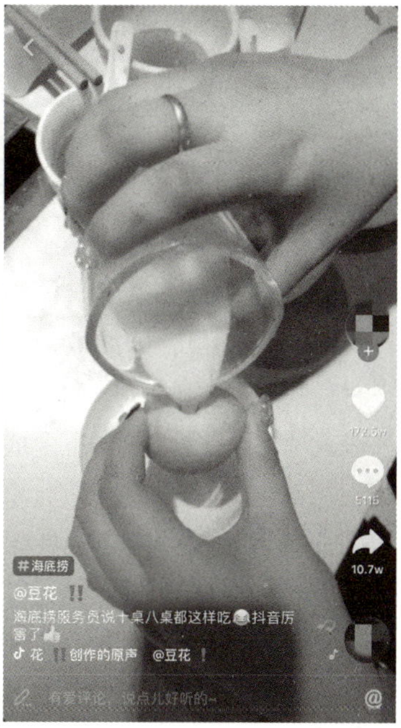

资料来源：吴双．海底捞抖音刷屏启示录．(2018-07-25)[2019-10-27]. http://www.sohu.com/a/243360443_715887.

分析提示

海底捞以敏锐的嗅觉，及时捕捉到了视频营销的商机，凭借着抖音等平台，从顾客的喜好中发掘商机，构建良好的用户体验场景，与顾客产生良性互动，在增进体验感的同时，激发用户自发宣传的二次分发效果。

项目分析

随着短视频和直播平台的快速崛起，视频营销基本形成一定的流程，各企业通过精准选择行业领域，洞悉用户需求，制定视频营销策略，最终达到促进销售、实现企业商业价值的基本目标。本项目从视频营销流程解析（任务一）入手，深入分析视频营销定位（任务二），为企业开展视频营销奠定前期准备的基础。

思维导图

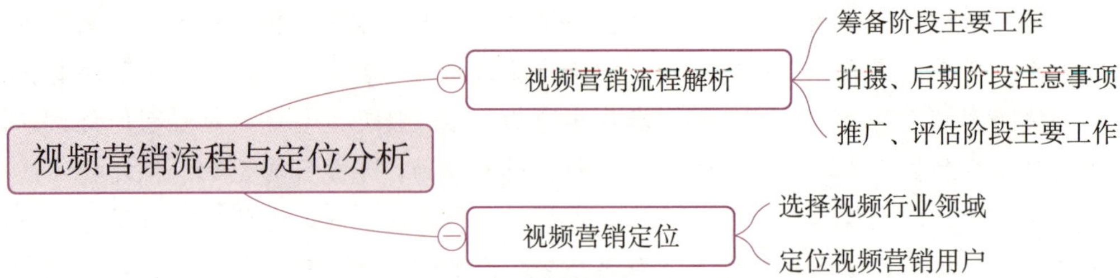

项目实施

任务一　视频营销流程解析

随着短视频、直播等平台的兴起，网络视频虽然没有必要像传统电影、电视那样精心策划和制作，但要想让视频营销的效果最大化，也并非是拿着智能手机随便拍一段视频上传到视频平台就可以做到的。

要想制作一段优秀的视频，完成一个成功的视频营销，需要深思熟虑，在做好前期准备工作的基础上，开展具体的拍摄和剪辑工作，同时对上传的视频进行推广营销，促进视频的广泛传播，最后对视频营销的效果进行分析评估，为下一次的视频营销活动开展奠定基础，达到营销的基本目标。

一个完整的视频营销流程，通常分为筹备、拍摄、后期、推广、评估等五个阶段，以及商业运营、剧本、前期准备、拍摄、剪辑、上传与优化、推广与营销、效果检测与评估等八个环节。如表 3－1 所示。

表 3－1　视频营销流程

	商业运营	剧本	前期准备	拍摄	剪辑	上传与优化	推广与营销	效果检测与评估
筹备阶段								
拍摄阶段								
后期阶段								
推广阶段								
评估阶段								

本书紧紧围绕视频营销的基本流程展开讲解，将视频营销与运营的理念与方法贯穿整个视频策划、制作、推广的全过程。

一、筹备阶段主要工作

（一）制订商业运营计划

进行视频营销是一件很严肃的事情，它作为企业在商业上的运营手段，必然有其商业运营计划，并且这个计划应该贯穿整个视频营销的始终。一份完整的视频营销商业运营计划应该包括明确商业目的、明确定位视频主题、规划投资规模以及具体的执行计划等四个部分。

1. 明确商业目的

企业所从事的一切营销活动都是有目的的，进行视频营销也不例外。因此，视频营销者在进行视频营销之前，首先得了解企业此次进行视频营销的目的是什么：是为了“追名”，即宣传产品和品牌形象，还是为了“逐利”，即刺激产品销售？不同的商业目的，企业进行视频营销的手段和方法也不同，如企业通过视频营销来提高产品的品牌形象，在选择视频创意的时候，可能更多的是考虑微电影；如果企业通过视频营销来提高产品的销售量，在选择视频操作的时候，可能更多的是考虑营销型视频。

企业在利用视频进行营销活动时，一定要事先弄清楚企业的商业目的，不然就会白白浪费资源，难以高效利用视频营销的手段。

2. 明确定位视频主题

在明确商业目的的基础上，还需要选择合适的主题，进行精准定位，这样才能够最大程度上吸引到目标用户的关注。一个营销视频的主题需要经过视频团队的精心策划，才不会产生定位错误的情况。

（1）进行市场研究。

在确立视频的主题之前，首先要进行市场研究。能够在网络中受到用户欢迎的视频，一定有其独特之处，视频营销者应该对其进行反复观看，找出其亮点并加以记录，从而了解到当下市场需求，避免选择冷门主题。

不同的平台有不同的特点，视频营销者应该对各类平台分别加以调查研究，将所得到的数据制成图表，进行对比分类，根据目标用户来选出其中的最优主题，这样才能保证视频成品可以吸引到用户的注意。

（2）考虑自身喜好。

视频营销者自身的喜好也是需要重点考量的因素之一。当一个人喜爱一件事时，就会想针对其有更多的了解，于是在自身的知识储备库中就积累了大量的素材，从而在制作主题相关的视频时，就能想出更好的内容。营销者如果贸然选择一个之前从未涉猎的主题，最终的成品很可能会因为了解不足而出现漏洞，这样会使用户在观看之后，怀疑视频营销者的专业度，从而留下不好的印象。

（3）关注用户需求。

视频的成品最终还是要面向目标用户进行宣传推广的，能否得到其认可，与主题的选择有着极大的关系。视频主题的选择必须满足其目标用户的需求，这样才能使其有观看的欲望，从而产生流量。

视频营销者需要对用户的需求进行前期调研。此类调研需要较为庞大的数据来得出确切的结果，每个数据都必须保证真实有效，这样才能避免最终结果产生偏差。营销者在进行数据处理的时候要使用科学的方法，从而在保证正确率的基础上提升效率，减少不必要的时间浪费。

3. 规划投资规模

在进行视频商业运营规划时，除了视频营销的商业目的之外，视频营销者还要弄清楚此次进行活动的投资规模是多少，例如，在哪个环节，包括拍摄、剪辑、上传、优化等决定投入多少费用。因为从视频筹划开始到视频的结束，每一个步骤都需要花费，如果没有弄清楚视频营销的投资规模，就很难将视频营销顺利进展下去，尤其是在视频拍摄的时候，会因为资金问题，导致视频无法正常拍摄，影响进度，同时，对后续的视频营销活动开展都会造成无法挽回的损失。视频营销者在商业运营计划中，必须明确各项费用的具体开支，如表 3－2 所示。

表 3－2　视频基本费用预算　　单位：万元

阶段	预算费用支出	金额
筹备阶段	故事和剧本	
	核心创作人员酬劳	
	制片办公室	
拍摄阶段	演员费用	
	工作人员费用	
	设备租金	
	服装费用	
	化妆与发型	
	道具设计	
	特效	
	外景地和设备	
	住宿与餐饮	
	交通	
	底片或拍摄器材	
后期阶段	剪辑、制作费用	
推广阶段	宣传与营销推广	
其他费用	机动费用	
合计		

4. 具体的执行计划

一份完整的商业运营规划，除了精妙的策划思路之外，还需要严格的执行计划，将每个阶段需要完成什么事情，重点工作环节是什么，都在前期进行准确的规划。

一个视频策划案的执行性与所持的资金、人员的安排以及拥有的资源都是分不开的。只有具体考虑这些实际的问题，才能做出一个可落地、可执行的方案。具体来说，视频执行计划应突出以下内容：

（1）找出问题关键。不同主题的视频方案在制定的过程中都会遇到各种各样的问题。为了确保最终得出的方案有可执行性，策划者必须找出这些问题的关键点，然后针对该关键点制订出一个解决的计划。解决的计划中需要包含策略以及实施的步骤，这样在执行的时候才可以有条不紊地进行，避免产生纰漏。

某些时候，视频的策划方案或许有不止一个问题，在这种时候，策划者就要按照重要程度来进行排列，优先解决更为关键的问题，不能顾此失彼。关键问题会决定该策划案最终究竟能否推行。

（2）充分利用资源。资源对于每一个视频而言都有着非凡的意义。一个视频营销者手中握有的资源越多，在其实施计划的时候起点也就越高。高起点可以使该视频的成品更容易取得一个好的效果。资源虽然不能决定一个视频的成败，但是却能给予其很大的帮助。

对于一个视频商业运营策划案而言，资源包含着方方面面。最基本的就是资金资源，启动资金越充足，视频所使用的道具布景就越精致，最后完成的效果也就越高级。除了资金以外，人脉也是非常重要的一种资源。广阔的人脉可以使视频在制作过程中以更低的价格来达成同样的目的，等到最终运营推广的时候，也会得到更多知名人士的推荐，从而快速吸引到用户的关注。

（3）工作化整为零。一个视频从策划到制作再到最终的运营，每一步都有着复杂的工作流程。如果没有头绪就毫无章法地盲目开展，很容易在过程中走上弯路，从而降低工作的效率。为了避免这一情况，视频策划者应该在策划方案中将工作化整为零。

视频取得良好的运营推广效果是最终的目标，在这个目标达成前还有许多工作要进行。视频策划者应该将整个工作流程分成一个个阶段，并且每一个阶段都制定一个小目标。小目标更容易达成，也会给实施者指引方向，使其以较为轻松的心态来进行每一步的工作。

（4）成员分工协调。对于最终成品要求较高的视频作品，由一个人单独完成无疑是非常困难的，在这种时候就必须建立一个团队，招募具有不同专业技能的人员共同实施，这样才能保证制作的效率。而在一个团队当中，如何分工协调就显得非常重要了。好的分工协调机制可以使工作效率更高，反之则会造成各种困难。为了能够具体分工，策划者必须在策划案中加以标明，使其有据可依。

团队成员的分工必须详细，标明每个人应该在多长的时间内完成什么工作。标明具体工作可以使成员对于自己的职责更加明确，防止产生互相推诿的情况。而规定时间则可以帮助成员提高效率，避免拖延影响最终视频成品的发布时间。

在团队合作当中，沟通是非常重要的，无论是在同级成员之间，还是在负责人与成员之间，良好的沟通都能产生事半功倍的效果。负责人在安排工作任务的时候，必须向成员讲清楚其具体要做的工作是什么，这样才能使其在操作过程中不混乱。而同级成员之间，在遇到问题的时候也要加强沟通，避免出现个人的错误影响到整个视频制作的情况。

（二）撰写营销视频剧本

在视频营销的前期筹备阶段，必须做好剧本策划和编写，为接下来的视频拍摄阶段奠定良好的内容基础。以抖音平台为例，策划一个抖音视频剧本，需要从以下几个角度入手开展。

（1）视频具体内容：设计具体剧本时，要注意内容上的结构紧凑，情节冲突与反转要在短时间内能够展现，且越短越好；规划好拍摄的镜头语言，激发观众情感，唤起观众情绪共鸣和身份认同，通过热门梗和配乐的加成，引发争议评论。

（2）封面和字幕：视频封面风格统一，字幕醒目、略带悬疑，启发好奇心。注意视频封面图片和文字设置，统一风格，打开主页以后有整齐划一的感觉。

（3）配乐/原声：视频应尽可能使用原声，原声标签也是一个重要的流量入口。在背景音乐上尽可能使用热门元素的音乐。

（4）标签：热门标签是重要的流量入口，抖音视频平台的官方活动也是通过标签来开展的，因此自创标签约等于封闭的流量池。

（5）视频简介文字：视频简介能够引发评论、点赞、互动、转发。还可以@某个特定的视频账号，做账号联动。

（6）地址定位：不同的发布地点启动播放量不一样，农村地广人稀，城镇人群多，启动播放量大。有网红地标，自带大量的流量。抖音平台上的地点展现一般出现在视频文字简介下方，这样会带来身份认同和线下偶遇的情感激发。此外，地点本身也是流量入口和流量池。

（7）更新投放时间：需要根据观众的观看时间偏好确定视频特定的投放时间。不同的视频投放时间，会带来不一样的播放量。

（8）评论区互动：评论区互动、评论、点赞，可以带来二次页面打开。神评论也是一种有获得感的体验。

（9）发布后转发转载：通过引导观众转发朋友圈、微信群、QQ空间、QQ群、贴吧等社群平台，能带来基础启动播放量意想不到的传播效果。

（三）前期准备

前期准备就是根据视频商业运营计划和剧本内容的需求，采购相关物料；准备拍摄和后期所需硬软件设备等资源。一个优质的视频营销内容的创作，离不开良好的前期准备工作。

1. 准备拍摄前期的执行内容

当视频商业运营计划和剧本内容确定之后，接下来就需要进行前期看景、写分镜头稿本、制订拍摄计划等具体的执行内容。

前期看景是写分镜头稿本的重要依据。看景相当于把现场拍摄进行简单化的演习，一个有经验的导演能熟练地将现场环境同策划脚本要表现的内容联系在一起，同时要注意现场的环境是否利于拍摄，是否能够人为调整；也要掌握参与拍摄人员的配合程度，导演要注意人员的情绪以及工作状态；拍摄现场的道具要准备充足，不要临时发现缺少某些道具。

写分镜头稿本是前期看景后所需要做的事情，根据前期看景后所拍摄的照片或视频，将正式要拍摄的镜头文字表达出来。这就需要导演和策划的沟通，有效的沟通协作能使拍摄的工作顺利进行。这样做能节省正式拍摄很多的时间，又能使拍摄更有条理性。

制订拍摄计划要同分镜头稿本的写作结合起来，这一步很重要。拍摄计划包括：被拍摄方需要配合的内容，拍摄方需要准备的内容，拍摄场景的先后顺序（根据现场光线、人员、道具的使用，演员的到位），这一步跟现场实际情况结合较紧。每一方面的内容都需要负责人考虑周全，这样接下来的拍摄工作才能做得更顺利。

2. 视频拍摄及后期剪辑所需设备

除了准备好拍摄前的具体执行内容，此阶段还需要准备的就是基础的拍摄和后期制作所需要的道具、人员以及软硬件设备。

（1）拍摄阶段的前期准备。

此阶段，除了准备好基础的道具和演员外，还需准备必须用到的摄像机、麦克风等硬件设备，如果资金紧张，一部单反就可以解决这些，如果对质量有要求，就需要购买更多的专业设备和仪器。

①智能手机。

说到智能手机，可谓是集多才多艺于一身，无所不能。无论是上网、听音乐，还是拍照片、视频，一部智能手机就能轻松搞定，这也难怪人们都对它爱不释手。摄像是智能手机自带的基本功能，一般的智能手机都可以进行视频拍摄。

那么，为什么要选择智能手机来拍摄视频呢？这是因为，用智能手机拍摄短视频具备体型轻便、方便携带，操作简单、一学就会，直接分享、功能强大等很多其他设备所无法具备的优点。

这些优点是有目共睹的，而事实也证明，现在很多的网络视频都是由智能手机拍摄出来的。例如，2019 年 1 月 25 日，苹果公司推出由导演贾樟柯用 iPhone XS 拍摄的春节短片《一个桶》，如图 3－1 所示。

图 3－1　苹果春节营销视频短片《一个桶》

再比如社交平台上的短视频，由于智能手机自带拍摄视频的功能，而且又可以直接分享到社交平台上进行共享，实时查看发布动态，从而检验自己作品的效果，因此通过智能手机拍摄短视频成了大众的不二之选。

②单反相机。

随着新技术的不断应用，新品相机的功能也日益强大，同时摄像功能也成功地被单反相机收入囊中，因此越来越多的摄像爱好者把单反相机看作拍摄日常视频的得力助手。单反相机拍摄视频是近年来比较流行的一种视频拍摄方式，主要原因是它具备相对摄像机体积较轻便、价格相对便宜，相对于智能手机画质更加专业等方面的优势。

对普通的摄像爱好者来说，单反相机是比较合适的，因为性价比高，虽然价格可能比智能手机贵，但画质相对而言也要高。总而言之，它是比较折中的选择。

③摄像机。

摄像机属于专业水平的视频拍摄工具，一般大型的团队和电视节目都要用到它。虽然它不像前面提到的设备那么轻便、易携带，但在视频效果上，还是它更为专业。

在使用摄像机拍摄视频之前，要做好相应的准备工作，因为是更加专业的视频拍摄设备，所以需要用到的辅助工具也很多，如摄像机电源、摄像机电缆、摄像灯、彩色监视器、三脚架、轨道车等。

准备好这些辅助工具后，就要开始对摄像机进行相应的调整了，主要分为四大步骤。

第一步：调整聚焦，使镜头中的图像清晰。

第二步：选择滤色片，适应不同光线条件。

第三步：调整白平衡，确保颜色的准确。

第四步：中心重合调整，可自动进行调整。

在摄像的过程中，有些小窍门可以学习，比如避免反复使用推拉镜头；在摄像完成后可多录几秒，以便后期处理等。此外，摄像机的镜头不要直接对着强光源和太阳光，这样会对摄像管造成损害。因此，在使用各种设备拍视频时，都要爱惜设备，人与设备合为一体，这也是拍摄视频的要义之一。

④麦克风。

在拍摄视频过程中，如果想要达到比较优质的效果，不仅要在画面效果上花心思，而且还要在音频质量上下功夫。除了设备自带的音频功能，还有没有什么别的方法帮助提升声音质量，让观众从音质中听出高低呢？这时，辅助工具——麦克风就显得非常重要了。

麦克风的选择关系到视频的质量高低，因此在选择的时候要仔细考虑优缺点，同时还要根据自己的具体需求进行筛选。

（2）后期剪辑阶段的前期准备。

此阶段，主要是需要一个会后期剪辑的人员，以及一些剪辑软件。建议预先使用一些市场上比较普通好用的剪辑软件或者一些视频后期编辑的 APP 工具，如快剪辑、爱剪辑、会声会影、HitFilm 3 Express、DaVinci Resolve 12、小影、乐秀等。同时学习强大的剪辑软件，如 Premiere。由于 Premiere 在后续模块中有具体介绍，此处重点介绍两款常用的视频拍摄加工工具。

①小影。

小影是由杭州趣维科技有限公司研制开发的一款集手机视频拍摄与视频编辑于一身的 APP。小影 APP 的用户以“90 后”“00 后”偏多，因该软件的视频拍摄风格多样，特效众多，而且视频拍摄没有时间限制而受到众多人的追捧。

小影 APP 最大的特色就是即拍即停。在小影 APP 上，营销者可以拍摄、剪辑视频，可以设置特效让图像呈现出不一样的效果，还可以保存没有上传的视频草稿。如图 3 - 2 所示。

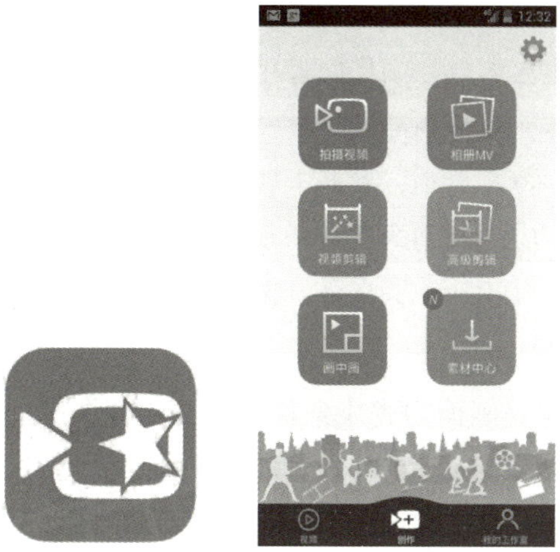

图 3 - 2　小影 APP logo 和界面

小影 APP 还有视频平台分享功能，用户可以将自己拍摄的视频上传到小影 APP 平台上，以供更多的人欣赏。此外，在小影 APP 中，还有“小影百宝箱”，这一功能可以将视频按照不同的风格与题材进行分类，用户可以在这里面下载想要的视频主题、相应字幕以及相应特效等。

②乐秀。

乐秀是一款强大的手机视频后期处理 APP。其不仅可以将图片制作成视频，并对视频进行编辑，还能将图片和视频合成，几乎包含了所有视频编辑 APP 该有的功能。

乐秀 APP 中的一些特效或专业功能，需要开通会员或成为 VIP 用户才能使用，如果不想开通会员，就无法享受更多的素材。不过如果要求不高，使用乐秀 APP 里面大量的免费素材也基本足够。如图 3 - 3 所示。

图 3 - 3　乐秀 APP 界面

二、拍摄、后期阶段注意事项

当筹备阶段工作完成后，接下来就是视频拍摄和后期剪辑、处理等具体的实施阶段。拍摄和后期阶段的具体操作方法有单独的任务内容讲解，故本任务重点说明需要注意的事项。

（一）拍摄阶段的注意事项

在拍摄阶段，除了根据前期构思规划的脚本完成视频拍摄外，还需要注意以下几方面。

1. 坚持画面的构图平衡

普通的相片摆歪了，还可以很轻易地再将它转回到水平方位上来。可要是电视机里播映的图画发生了倾斜，那就麻烦多了。因此，在每次按下录像键之前，视频拍摄者都要环视四周的环境，看看取景器中被拍摄的画面，是不是自己所需求的——这就是“构图”。

摄像的构图规矩跟静态摄影的构图规矩十分类似，不光要留意主角的方位，而且还要研究整个画面的装备，坚持画面的平衡性和画面中各物体要素之间的内在联络，调整构图对象之间的相对方位及大小，并断定各自在画面中的布局方位。

一幅完美的构图，应当做到两点：一是画面整洁、流畅，防止杂乱的布景；二是色彩平衡性良好，画面要有较强的层次感，保证主体可以从全部布景中突显出来。

2. 尽量利用自然光

光线充足是取得完美画面的先决条件，而 DV 摄像机的低照度性能较模拟式摄像机为优，阳光下的一切景象的光效都是由直射的阳光、散的“天光”和环境的反光这三种形态的光线所构成，对自然光这三种形态的把握，是再现和体现画面形象的基础。

阳光有着“天然”的改变规则和特性，在运用自然光进行拍摄时，只能遵循这种客观存在的规则，选择契合创作目的的视频拍摄地点、视频拍摄时刻和视频拍摄角度。

在同一地方，随着季节的改变，太阳在空中的方位也发生着改变；在同一季节，随着地理方位的不同太阳的方位也不同；在一天的不同时刻，太阳的方位也不断发生着改变，与地平面形成不同的入射角。

3. 尽量顺光视频拍摄

在视频拍摄时，要注意被摄物体和阳光或灯火之间的方位联络。最基本的条件就是“面向光源”，即光源是在被摄物体前面的状况。当然，如果出现失掉立体感或变成没有阴影的平面图画，可以将光线略微斜，以添加对比度。这样，就能拍照出一幅立体感较强的图画。

逆光拍照容易使人物的脸部过暗，或许阴影部分看不清楚。假如实在无可奈何，必须在逆光条件下拍照人物的话，要记住使用反光板。

4. 移动镜头要有规则

镜头的移动应当有规则，要么从左到右，要么从右到左。同样，上下、进退也都要有迹可循。摇摄形成镜头运动迫使观众随之改变视觉空间，观众对后边摇进画面的新空间或新景物就会发生某种期待和留意，假如摇摄的画面没有什么给观众可看的，或是后边的事物与前面的事物没有任何的联络，那就不要用摇镜头。

另外，摇摄的时刻不宜过长或过短。根据经验，用摇摄的方法拍照一组镜头约 10 秒摆布为宜，过短播映时画面看起来像在飞，过长时又会觉得牵丝攀藤。跟随摇摄运动物体时，摇速要与画面内运动物体的位移相对应。

5. 移动镜头要平稳

进行摇摆拍照时，必定要平稳地移动摄像机的镜头。最好使用三脚架，这样有利于拍出安稳的画面。假如用手持机，其基本姿势是：首先将两脚分隔约 50 厘米站立，脚尖略微朝外成八字，再摇摆腰部（留意不是头部，更不是膝部）。这么可以使得摇摄的动作进行得更为平稳。不管是上下摇摄还是摆布摇摄，动作应当做得平稳滑顺，画面流畅，中心无停顿，更不能忽快忽慢。要留意不要过火移动镜头，也不要在没有需求的情况下移动镜头。摇摄的起点和结尾必定要把握得恰到好处，窍门运用得有分有寸。也要防止摇来摇去，像浇花。只能做一次左右或上下的全景摇摄。

6. 合理使用对焦功能

视频拍摄过程中，拍摄者习惯选用主动对焦，但在某些特殊情况下，如隔着铁丝网、玻璃或者与目标之间有人物移动等情况时，画面的焦距不够稳定，会使拍摄的视频有时清晰、有时模糊，让人难以把握。这是因为在主动对焦的情形下，DV 摄像机是根据前方物体反射回来的讯号判断间隔或调整焦距的。此时，需将对焦状况从主动切换到手动来完成拍摄。

7. 充分把握手动功能

大多数 DV 摄像机都是“傻瓜”型的全主动设备，操作者只需打开电源，按动录制/中止键，就可以摄像自如了。但是要取得更好的视频效果，摄影者还需要学习如何正确地操控焦点、调整曝光度以及取得精确的白平衡。如果摄影者能逐步掌握一些手动功能，就可以在视频拍摄上取得更大的主动性，让 DV 摄像机变成摄影者创作的工具。

8. 围绕核心分子拍摄

视频拍摄者应当将主要的精力放在视频内容的主角身上，而不是记流水账似的面面俱到。核心人物的行为、言语和心情改变是整个视频的逻辑主线，也是吸引视频受众观看的精华段落。即便是摄制非主角的言行，也都应围绕着影片的主要人物着笔，不可喧宾夺主。

9. 注重环境与细节

由于摄像机经过镜头焦距的改变，可以更为宏观或微观地审视视频拍摄的环境，它表现的视觉空间，天然是一个由更多全景与细节交错构成的主观视觉效果。优秀的视频创作者应当是全方位的观察家，擅于用镜头捕捉神情奇妙的面孔、紧张战栗的双手、衣衫下摆的民族纹样、窗外叮咚作响的风铃以及各种一现即逝的精彩瞬间。

10. 把握视频拍摄时刻

视频拍摄动态印象时，需要在恰当的时刻移动摄像机实现完美的过渡。如一个镜头的过渡时间太短，则容易看不懂，看得很累。反之，假如一个镜头的过渡时间太长，则影响观看热情，看得很烦。所以每个镜头的转换时机把握就颇值得细心玩味。一般镜头转换时间的建议，特写 2～3 秒、中近景 3～4 秒、中景 5～6 秒、全景 6～7 秒、大全景 6～11 秒，而一般镜头视频拍摄以 4～6 秒为宜。

(二)后期阶段的注意事项

后期阶段主要工作是对拍摄好的视频进行适当的剪辑处理，使其符合营销的目标和要求。在剪辑视频过程中，剪辑师需注意以下几点。

1. 合理利用与整合素材

在视频制作领域，素材的积累与整合非常重要，合理地利用已有资源可以大大提高工作效率。短视频的后期制作需要添加音乐素材、模板素材及滤镜素材等，在使用这些素材时不要忽视版权问题。

2. 视频剪辑突出核心和重点

视频剪辑是为视频赋予第二次生命的过程。在剪辑过程汇总，剪辑师会将个人对于整个视频故事情节的理解投入其中，这就意味着最后的成片会突出哪些方面是由不同的剪辑手法决定的，所以剪辑师必须对要表达的主题有足够的理解，这样才能在剪辑过程中突出核心和重点。

3. 背景音乐与视频画面相呼应

视频的背景音乐除了能够配合画面内容的发展之外，也是视频内容的重要表现形式，在选择背景音乐时，我们要注意音乐的节奏感、音乐类型、音乐歌词是否与内容表达一致等问题。此外，在处理视频声音时，还需注意下列问题：

（1）在同一画面中，经常会出现多种不同的声音，这时就需要使其中的一种声音突出表现，以引起观众对该声音的注意。

（2）当多种声音并列出现时，应对声音的主次进行适当调节，如降低繁华街道的嘈杂声，放大视频主角人物的声音等。

（3）将不同的发声主体按照视频内容的需求进行安排，使其形成反衬效果。

（4）用同一声音对同一事物或动作进行渲染时，将声音进行此起彼伏的处理，以渲染场景的特定气氛。

（5）接应式声音交替处理，即同一声音此起彼伏，前后相继，对同一事物或动作进行渲染。这种有规律节奏的接应式声音交替经常用来渲染某一场景的气氛。

（6）转换式声音交替，即利用两个音调或节奏相似的声音制造从一种声音转换为两种声音的效果，这样既能发挥音乐的感染性，又能使观众保持对声音效果带来环境真实性的认可。

（7）有声与无声交替，无声可以与有声在情绪和节奏上形成鲜明的对比，具有强烈的艺术感染力，但是无声的场景在视频中不能过多，否则会降低节奏，失去感染力，使观众产生烦躁的情绪。

（8）在处理声音时，避免无用声音的堆砌，应发挥声音与画面结合的最佳效果。

4. 镜头的剪辑

镜头的剪辑主要包括分剪、挖剪、拼剪和变格剪辑。

（1）分剪。即将一个镜头分成两个或两个以上的镜头使用。该方法可以增强戏剧性，调整不合理的时空关系，制造紧张气氛和悬念，提高节奏感。

（2）挖剪。即将一个完整的镜头中的动作、人、物或运动镜头在运动中的某一部位上多余的部分挖剪去除。这种剪辑方法是为了达到动作的连续性和鲜明的节奏感。需要注意的是，动作被挖剪后，要让人感觉到是一个完整的动作，而不应产生跳跃感或缺少一部分的感觉。

（3）拼剪。即将一个镜头重复拼接，是在镜头不够长、补拍又不可能的情况下运用的一种剪辑手段。

（4）变格剪辑。即剪辑师为了达到剧情的特殊需要，在组接画面素材的过程中对动作、时间和空间所做的超乎常规的变格处理，造成对动作的强调、夸张和时间、空间的放大或缩小，是渲染情绪和气氛的重要手段，可以直接影响视频的节奏。

5. 尽量少用转场特效

视频的转场特效应该用在前后镜头画面，色彩相差过大或者故事发生重大改变的时候，起到一种承接的作用，在使用时应尽量与视频内容本身相贴合，做到浑然一体。滥用或错用转场特效容易打断观众的视觉思维，扰乱故事的节奏。

6. 片头和片尾体现变化

片头和片尾是视频中承上启下的桥梁和纽带。片头是视频开场的序幕，片尾是视频结束的尾声。片头和片尾是不可或缺的有机整体，是一个视频作品的重要组成部分，它们既互相区别，又互相联系。片头通常以引出视频的主题开始，把观众带进故事；片尾则以回顾、渲染视频主题结束，回应片头，引发观众思考。因此，视频的片头和片尾要体现出变化。

三、推广、评估阶段主要工作

视频制作完成后，还需要进行上传、发布与优化、推广与营销、效果评估。

（一）推广阶段核心工作

1. 明确目的，选择平台

企业在平台上投放视频时，最重要的是明确自己的推广目标。要达到什么目的，就选择与之相符的平台。推广目标一般以打响品牌和提升品牌理解度为主。

当企业以打响品牌为主要目的时，则一般选择影响力强的视频网站平台，如腾讯、新浪、网易、搜狐等。

当企业以提升品牌理解度为主要目的时，则选择与视频内容紧密联系的平台，原因在于这些平台的用户黏度强、忠诚度高。

2. 高端品质赢得保障

视频平台价值的高低是以视频平台本身的质量为基础的，质量在这里可以分为“质”和“量”来看，对于平台而言，“质”代表平台的影响力、关注度、综合环境（广告、编辑、宣传等）、专一程度；“量”一般指浏览量、点击率、转发量、收入成本、退出率等。

一般来说，只要视频平台的质量有保障，这个平台也就具有了投放的价值和资格，因此，视频平台的价值也是企业在进行高效营销时需要考虑的因素之一。

随着时代的进步和技术的发展，现在很多具有强大公信力的视频平台，都已经通过与其他视频平台达成合作，共同记录用户的浏览情况，分析总结收视大体情况，在看准的平台进行视频营销等方式，掌握了针对推广、高效营销的技术。

此外，还有一种简单明了的“四问法”，可以帮助企业进行视频的精准投放，即谁会来看、在哪里看、要看什么、会看几次。弄清楚这四个问题，也就能够进行视频的精准投放了。

3. 不同类型视频分别推广

视频的类型对于视频的推广效果而言，是一个相当重要的影响因素，因为不同类型的视频产生的效果不同。如果想要使推广方式的效果达到最佳，目标人群喜爱的程度更高，就应该根据用户的喜好来使用不同的视频类型进行营销。比如，广告类型的视频直接展示产品卖点，适合销售产品类型的视频；而微电影类型的视频则更重视故事情节和情感的氛围，适合宣传品牌形象的视频。

4. 根据人群共性有效宣传

在进行视频推广的时候，应该考虑不同的人喜欢浏览什么类型的视频网站。显而易见，我们不能随意地将视频放在不对口的平台上进行推广，这样做的成效不高。

根据人群共性开展有效的视频宣传，首先，根据企业营销目的，明确精准的目标受众，并对目标受众特征进行精确分析和定位，了解其偏好的平台；然后，根据目标用户的特征和偏好，选择合适的视频投放平台，根据平台提供的功能，全力打造以定制内容为主的视频节目。

5. 视频营销推广策略

在明确视频投放平台和方法的基础上，营销者还需要开展视频整合、互动的营销推广策略，用引人入胜的视频营销活动，实现最终需要达到的目标。

（1）整合营销推广策略。

在移动互联网时代，每个用户使用的移动平台都不相同，根据自身的习惯和兴趣爱好，有的人喜欢用微博分享喜怒哀乐或者时事新闻，有的人喜欢用 QQ 聊天，有的人喜欢逛贴吧看帖子，有的人喜欢看视频，还有的人喜欢在豆瓣上写日记分享感受。

正是因为移动端的繁杂性和人们使用习惯及行为的不同，才导致单一的视频营销很难取得很好的效果。因此，企业必须和其他移动平台进行整合才能达到营销推广的目的。比如可以在企业的网站上开辟专区，大力吸引目标客户的关注；还可以跟主流的门户、视频网站合作，提升视频的影响力。

【扫一扫】

“美拍”视频整合营销推广策略

对于互联网与移动互联网的用户来说，线下活动和线下参与也是重要的一部分。因此，企业需要通过互联网与移动互联网上的视频营销，整合线下的活动、线下的媒体等，进行品牌传播，使视频的线上推广达到更加有效的效果。

（2）互动营销推广策略。

视频互动营销推广是一种比较常见的形式，其显著的特点就是可以让用户与视频中的内容展开互动。用户只需轻轻点击手机屏幕上的互动图标，就能参与这种生动有趣的互动，而企业也可以通过这种方式进行视频营销，用新奇有趣的内容来吸引用户的注意，参与到活动中来。

以抖音平台为例，该平台提供了点赞、评论和转发三个互动的方式。

点赞：当用户对视频内容或观点非常认同时，用户会以点赞的方式表达自己的观点和意愿，企业可以通过吸引点赞的方式，引起目标用户的关注。

评论：当视频的内容有争议性时，用户会有发表意见的愿望，这时评论的功能既给用户提供了表达意愿、想法的窗口，又给企业了解用户的观点，为企业从评论中挖掘有价值的内容提供了平台。

转发：转发的功能对于视频营销者来说非常重要，这一互动方式，为扩大视频营销的影响力奠定了基础，只有对用户来说非常有用的内容，才会引起其转发视频到其他社交平台的愿望，从而积极与友好地就视频进行互动。

【扫一扫】

“蒙牛”视频互动营销推广策略

（二）评估阶段核心工作

1. 视频播放量

视频播放量是直接判断营销效果的数据之一。一般而言，在视频网站上观看视频都会显示一个播放次数的具体数字，也就是固定周期内视频文件的播放次数，视频播放量的大小决定了视频影响力程度的高低，同时也间接影响了视频营销效果的好坏。

此外，还有不少影响视频播放量的因素，比如内容质量、视频投放时间、传播平台、播放次数等。

2. 用户观看反应

用户在观看视频时或观看完视频后对视频的反应，同样也是衡量视频营销效果的重要依据。具体的形式有以下四种：

（1）平均和完整播放时长。此数据比较客观，代表了用户真正观看了视频的情况，对于分析视频营销效果更加有利，同时也更加精准。

（2）视频收藏量。该数据代表了用户对视频的喜爱程度。如果视频内容优质，又能击中痛点，其收藏量就会增加。

（3）顶或踩的数据。这个数据简单直观地表达了用户的喜好。对用户来说，操作简单、便捷。代表用户对视频内容的基本态度。

（4）评论视频次数。评论的指向性更强，用户可以用文字表达自己的感受，同时展示对视频内容的感受。在分析视频评论时，需要关注两个重要因素，一是视频评论的数量；二是视频评论内容的指向，即究竟是好评多，还是差评多。

3. 行动影响程度

行动影响程度是指用户在观看视频后衍生出的一系列与视频相关的行为。这个数据是后续测量营销效果的结果数据。

这些行动影响程度包括以下行为：

（1）下载。视频下载量的大小体现了用户对其喜爱程度的高低，下载是较为直接的一种视频衍生行为。

（2）转发分享。是指用户在看完视频后，自发地与他人分享视频的行为，这是视频开展病毒式营销的关键。

（3）导向网站。是指用户在看完视频后，直接点击广告页面，然后来到广告主所想要导向的网站页面的行为。这为产品的直接销售奠定基础。

（4）看后主动搜索。是指用户在观看完产品相关的微电影或者宣传片后，会去浏览与产品和企业相关的网页的行为。

同时值得注意的是，用户在看完视频后进行搜索的这种行为也受一些要素的感染，比如品牌的影响力度加大、视频的内容足够优秀以及视频富有创意等。

4. 视频拓展效果

对于视频效果而言，既包括在观看过程中产生的效果，也包括在观看完视频后产生的拓展效果。这种拓展效果虽然出现得不是那么及时，但对于企业的品牌、口碑树立的作用是无可替代的，主要体现在品牌的认知度、品牌的好感度、购买意愿以及品牌的联想度等。

任务二　视频营销定位

在理解视频营销流程的基础上，我们明确了视频营销的首要任务是：明确行业领域，进行精准的目标用户定位分析，为制作符合用户需求的视频内容做好前期准备。

一、选择视频行业领域

目标市场定位指的是为使一个商品在目标消费者心目中相对于其他同类竞争产品而言占据清晰、特别和理想的位置而进行的安排。视频营销者如果想要创作出吸引目标用户关注的营销视频，就必须明确其市场定位，明确其与其他同类视频相比的独特性，这样制作出的视频才有足够的竞争力。

（一）选择视频制作方向

在真正制作视频之前，首先要明确自己的制作方向，然后寻找到已经获得成功的同类型营销视频加以学习，以其作为目标，分析对方的视频为什么能够获得成功，以及对方的视频中还存在哪些不足，从而建立起一个自己的视频制作模式，避免走弯路。

一般来说，选择合适的视频制作的方向，主要从自身出发和从行业出发两个方面入手。

视频营销者在确定视频制作方向时，要先从自身考虑，选择喜欢或擅长的方向，在有所偏重的情况下，把特长与兴趣二者结合起来进行运营，这样才能保证视频营销者能够有持续的内容输出，并最终获得成功。

在清楚自身实际情况后，视频营销者还需要考虑要推广的产品的行业属性。如果打造的视频内容与产品行业属性完美契合，那么是能在运营商那取得更好效果的。

具体来说，根据产品行业属性打造视频内容，要达到能够精准定位有需求的用户、获取流量、自然地切入品牌、获取用户对品牌的信任、用户转化率高等效果。

基于产品的行业属性来打造优质的、专业的视频内容，可以在积累流量的同时，让用户关注品牌和产品，最终实现视频的营销目的。

对于视频目标的选择，还应该注意以下两个方面的问题：

1. 避免大热题材

热门题材虽然受众群体较广，但是其中的竞争也同样激烈。同一个主题的视频有太多的营销者选取，这就导致了在该主题上创新的难度增大。一方面，大热题材由他人发起并掌控，跟风的视频难以打开观众市场；另一方面，大热题材的流行时间非常短暂，等视频制作完成，热门风潮已经消退，直接导致难以打开市场的局面。

视频营销者在选择目标视频时，还是应该按照其目标用户的需求进行。经典的视频内容和形式可以有更长久的生命力。

2. 避免生搬硬套

每一个视频营销者在筹划视频内容时，都要从自身条件出发，扬长避短，这样才能制作出一个成功的视频，这就意味着目标视频中不是所有的优点都适合自身的视频内容制作。学习目标视频是一个丰富自身阅历的过程，在这个过程中必须根据自身条件进行把控，想要制作出一个能打动观众的视频，就必须挖掘出自己真正擅长的方面并予以展示。

学习别人的视频制作方法并不是走捷径，这需要大量的数据才能整理出其成功的共性，是一个前期积累的漫长过程。此外，由于视频类型多种多样，企业为达到不同的目的，在选择目标视频的时候一定要慎重考虑。目标视频的选取要与自己最终的目的趋于一致，尤其是在感情色彩方面，例如：想要推广产品，最好选择较为轻松的视频形式；想要塑造内容本身，则不妨选取较为严肃的视频形式。目标视频的选取对于最后的视频成品质量有很大影响，视频营销者必须经过前期的调查研究、数据分析之后才能最终做出决定。

（二）确定视频分析维度

在收集了一定量的同类视频相关数据之后，视频营销者就应该开始对这些数据进行分析，这种分析必须按照自己的视频制作构想有针对性地进行，想要做到全面的分析，就必须确定视频分析的维度。

1. 目标维度

目标的确立是视频制作最基本的部分，有了目标才能够对后续的内容进行安排。目标的确立需要思考“你希望视频达到什么样的效果”“为了达到这个效果需要做哪些准备”“视频制作的经费预算”等系列的问题。

对于企业来说，开展视频营销的核心目标来自两个方面：

（1）旨在曝光品牌。也就是说，品牌主把更多的精力放在了如何为品牌造势和提高曝光度上，从而让更多用户对品牌形成认知。

（2）旨在精准获取粉丝和促进销售。特别是一些电视企业，通过视频内容来获取忠诚的客户，并推动其进一步消费和购买企业的产品。

不同时期的企业视频营销的目标也会有所不同。以一个化妆品行业的营销者来说，在最初开展视频营销内容打造时，一般以曝光产品品牌或者获取精准粉丝为主，而当聚集一定粉丝基础后，其打造的营销视频内容，一定是围绕促进产品销售为主。

2. 信息材料收集维度

在确立下目标之后，视频营销者所要做的下一步工作就是收集信息材料。信息材料的选取必须切合视频营销者所选取的主题。只有切合主题的内容才不会令观看者产生脱节感。

仍以化妆品行业的营销者来说，其可以选择的视频内容方向有：品牌产品的广告、产品的使用功效对比、化妆技巧展示等。无论是哪一方面的内容，所要收集的素材资源内容一定都会与化妆品相关，这样才更能吸引用户关注和购买。当然，视频营销者还可以基于自己所经营的化妆品偏向，如美妆品、护肤品、美发盘发等，在化妆技巧展示等视频内容分享上有所偏重。抖音 APP 上与化妆技巧相关的用户和视频如图 3－4 所示。

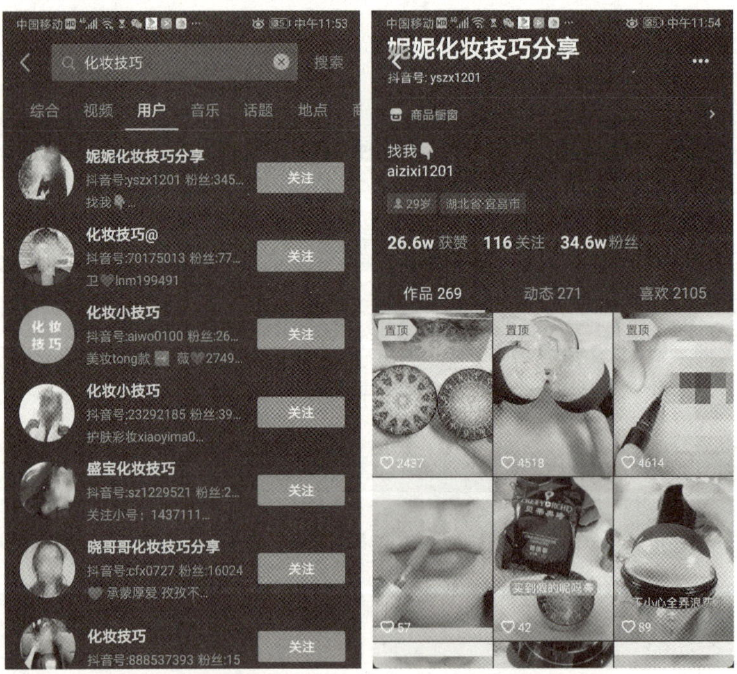

图 3－4　抖音 APP 上与化妆技巧相关的用户和视频

此外，在信息材料的收集过程中，还要注意的就是版权问题。有版权信息的材料不能乱用，以免发生法律上的纠纷。这些素材最好由视频营销者进行拍摄录制，或者购买版权，这样虽然前期投入比较大，但是减少了风险，避免产生在视频投放之后，因为版权问题而被平台强行要求下架的尴尬局面。

3. 观点表达维度

每一个视频都必然会体现出视频营销者的观点，很明显，视频营销者在视频素材的选取上必然要与这个观点相匹配。

观点本身是不存在对错的，但是却存在是否符合大多数观众想法的这一问题。能被大多数观众所认同的观点，才能使视频传播得更广，才能使受众群体的范围最大化，所以视频观点的选择，尤其是在一些持有不同观点的两方冲突较为激烈的话题上，视频营销者还是应该更加谨慎。

概念指的是将事物的本质特点抽象出来加以概括的一种表达方式，是人类对事物的客观认知的主观表现。由于概念的这一特性，每个人对于相同事物的概念可能会有不同的认知。在制作视频的过程中，必然要提到很多事物或者现象，对于这些事物和现象，营销者本身会有一个概念认知，但是这种认知是否与观众所持看法相同，还有待商榷。所以视频营销者在视频中提起一个概念之前，必须对概念背后的深层次含义加以解析，这样才能避免令观众理解产生偏颇。

4. 问题预测维度

在视频的制作过程中，必然会遇到各种各样的问题，作为视频营销者，在问题发生之前就应该做出相应的预测，针对问题提出多个解决预案，绝不能等到问题发生后再想办法，否则会导致视频制作周期延长，对于人力物力都是极大的消耗，甚至严重的情况下，还可能会导致整个视频制作的失败。所以视频营销者在开始着手制作之前，必须有全局观念，防患于未然。

要准确预测视频营销中可能存在的问题，需要利用一些平台对数据进行收集和分析处理。比如，“飞瓜数据”可以为视频营销者提供详细的抖音短视频平台上的用户情况和运营数据，为营销者选择方向奠定基础，如图 3－5 所示。

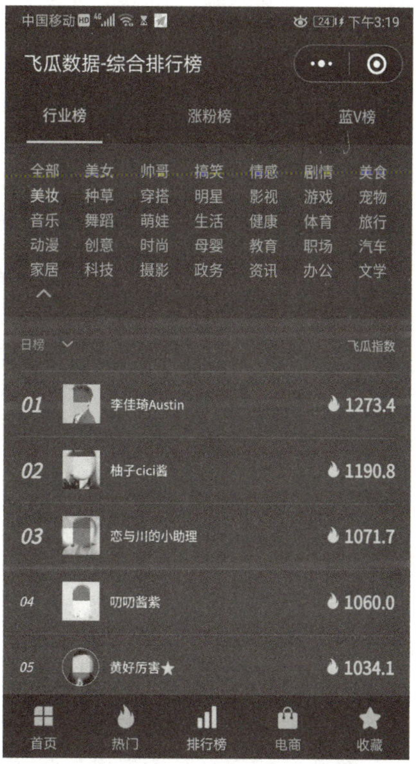

图 3－5　“飞瓜数据”美妆类排行榜

5. 结果预判维度

在视频制作的问题上，很多人会忽略考虑结果的重要性。结果是一个视频制作者在制作视频这一行为上所要达到的最终目的，这就意味着制作者在过程中的全部行动都要为这个结果服务。

简单来说，如果制作视频的目的是想要提升

品牌曝光率，那么内容的组织核心点是产品本身，而如果目的是要获得大量精准粉丝，那么就必须更多地考虑粉丝的看法和喜好，每一种结果都是有得有失，需要视频营销者自己取舍。

分析归纳整理是在着手制作视频之前每一个制作者都必须经历的阶段，掌握系统的视频分析方法可以令视频营销者能更全面地看待问题，在众多的视频拍摄方案中，挑出风险最低、回报最高的那一个，大大提高制作视频的效率。

（三）明确垂直领域

在明确了视频制作方向以后，还需要对所选行业有更深入的了解和分析，以便确定自身账号要着重关注的垂直领域，做好更精细化的运营。通过进一步分析与所选行业领域方向相关的评论词云和热门视频，并从中找出自身所要运营的行业方向的垂直维度特征，最终根据特征确定垂直细分领域。

1. 分析抖音用户印象

可以查阅飞瓜数据后台提供的评论词云数据，营销者只要点击左侧中相应的评论词或在右侧上方的搜索框中输入关键词，在右侧搜索框下方即会显示与该评论词相关的评论内容，从而具体了解相关行业领域的抖音号评论最多的词汇有哪些，直观、清晰地知道某一抖音号在用户心中的印象。如美妆类抖音号“宫坊彩妆培训机构”的评论词云（见图 3－6），从词条中不难发现，用户评论最多的词是“好看”“漂亮”，且这样的评论内容是基于视频中的人和妆容、发饰来说的，高颜值的播主和好看的妆容、发饰获得了用户的赞赏和青睐。可见，在打造美妆类视频时，人与物的颜值都很重要。

图 3－6 “宫坊彩妆培训机构”评论词云

2. 总结视频亮点与优势

视频营销者在飞瓜数据提供的“播主视频”页面点击相应的视频，可以了解视频的具体内容，并从众多点赞量高的视频内容中，总结各个抖音号的视频亮点和优势，从而为自身账号的内容运营提供方法和借鉴。比如，从美妆类播主“妮妮化妆技巧分享”抖音号的“播主视频”中，不难发现其绝大多数视频内容是粉底液的使用效果和推荐，如

图 3-7 所示。

3. 确定账号的运营垂直领域

对视频营销者来说，有了相关行业领域的评论词云、热门视频等抖音号数据信息后，大致对抖音视频平台上该领域的视频产品有了比较全面且清晰的认识，然后就可以从自己了解的情况出发，确定自身账号的垂直细分领域并进行运营了。如从上述美妆账号的分析可以看出，在抖音短视频平台上，用户对颜值高的视频内容有着浓厚的兴趣。基于此，营销者可以在确定自身运营方向时，着重推出一些视频高颜值、模特高颜值、布景高颜值、特效高颜值等方面的内容，以吸引潜在目标用户的注意。同时注重从内容方面着手，专注于某一题材，进行更加垂直化的、深入的视频拍摄，只要用心运营和不断积累，经常推出优质视频内容，必然能成功。

此外，飞瓜数据除抖音号的分析外，还涉及快手、bilibili、微视、秒拍等视频平台的数据分析。

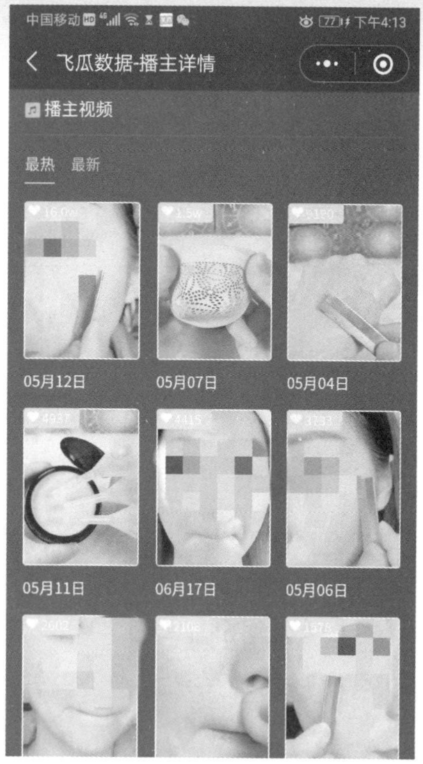

图 3-7 “妮妮化妆技巧分享”播主视频

二、定位视频营销用户

对于视频营销者来说，洞悉目标用户群体，是后期营销中进行精准推送和更快获取流量的关键。

（一）视频目标用户画像

用户画像是指将一系列真实的用户数据抽象地虚拟成一些用户模型，然后对这些用户模型进行分析，找出其中共同的典型特征，细化分成不同的类型。再根据这些细分出来的用户画像进行用户需求分析。建立用户画像实际上是将用户标签化的一个过程。

在进行用户画像分析之前，营销者首先需要借助“飞瓜数据”等数据平台，选择数据标本进行分析。通过对样本数据的分析，具体了解所要进入的行业领域的粉丝详情。仍以美妆类的视频来说，我们从飞瓜数据的播主行业排行榜中，选择“乐乐化妆分享”“宫坊彩妆培训机构”“妮妮化妆技巧分享”三个抖音号，作为数据样本，确定好要分析的抖音号以后，营销者可以单击每个抖音号右侧的“详情”按钮进入相应页面，然后在“数据分析”页面即可了解该抖音号的粉丝详情。如图 3-8 所示。

（二）视频用户基础属性分析

1. 用户性别占比属性

行业不同、视频内容不同，那么，该抖音号用户的性别分布也会存在一定的不同点。营销者要做的是：从这些共性的性别属性中，确定自身要运营的视频平台账号的目标用户群体的性别属性。

营销者要基于不同视频平台的用户性别分布情况，制定不同的营销推广策略，增加

图 3-8　用户画像分析所选的抖音账号

更多适合目标用户的相关内容。例如，“乐乐化妆分享”“宫坊彩妆培训机构”“妮妮化妆技巧分享”三个抖音号的用户性别分布中，均以女性为主，但“宫坊彩妆培训机构”抖音号的女性用户占到近 90%，如图 3-9 所示。可见，在账号上指明企业信息，对吸引精准目标用户将起到非常大的帮助作用。

“乐乐化妆分享”性别分布

“宫坊彩妆培训机构”性别分布

“妮妮化妆技巧分享”性别分布

图 3-9　三个抖音号性别属性分布

2. 用户所属年龄属性

一般来说，视频账号的用户年龄段与其所属平台关系密切，了解了某一类视频用户的年龄情况，就可大致了解该视频平台的用户年龄情况。

了解用户年龄有助于营销者进一步理解用户的喜好，为营销者合理安排视频内容，力图打造出符合用户偏好和能满足用户需求的内容奠定基础。如“乐乐化妆分享”“宫坊彩妆培训机构”“妮妮化妆技巧分享”三个抖音号的用户年龄分布中，大部分账号的用户集中在25～30岁和18～24岁的年龄段，其中“乐乐化妆分享”的用户在18～24岁的年龄段占比更是高达75%以上。这表明，三个抖音号的用户年龄大多在18～30岁，偏向年轻群体。如图3-10所示。

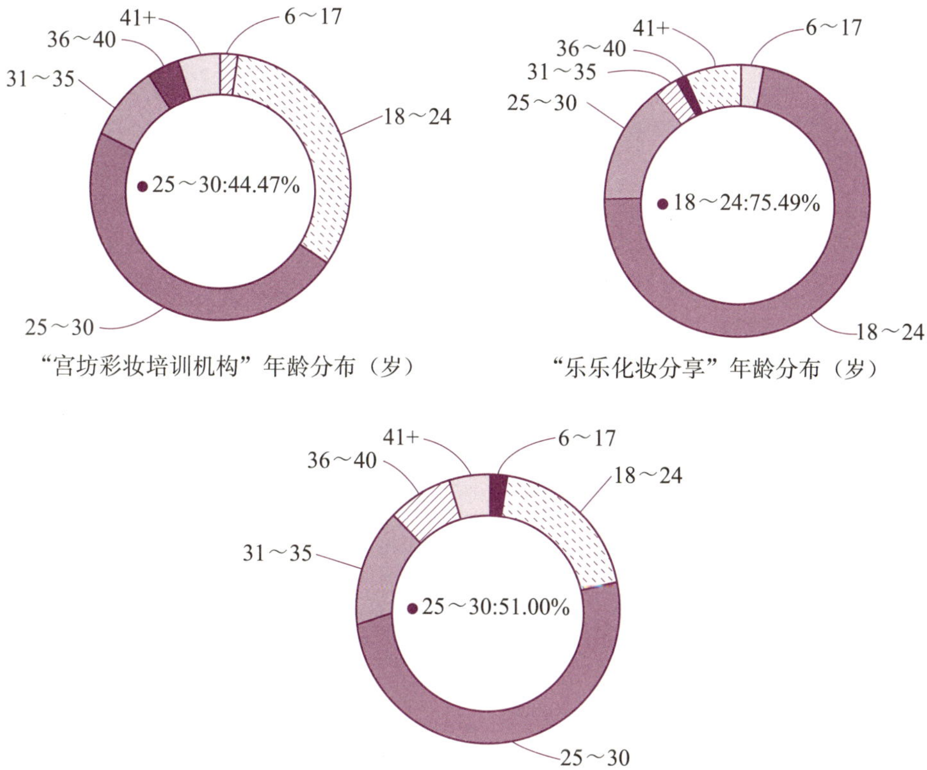

“宫坊彩妆培训机构”年龄分布（岁）　“乐乐化妆分享”年龄分布（岁）

“妮妮化妆技巧分享”年龄分布（岁）

图3-10　三个抖音号年龄属性分布

3. 用户所处地域属性

通过飞瓜数据平台提供的地域分布情况，营销者可以基于省份和城市的用户属性和工作、生活，进行资料的收集和整理，还可以基于抖音号的“同城”功能进行城市切换，观看这些地方比较火的视频内容。

对用户的地域分布情况进行归纳总结，安排一些目标用户可能感兴趣的内容，可以吸引更多精准用户的观看。如“乐乐化妆分享”“宫坊彩妆培训机构”“妮妮化妆技巧分享”三个抖音号的用户地域分布中，“省份”分布图显示占比最多的都是广东省，且都在12%以上；“城市”分布显示占比排名前十的大部分是经济发达城市，特别是“北上广深”和“成都”“重庆”六大城市，在这三个抖音号的用户地域分布中都出现在了前十的排名中。如图 3－11 所示。

地域分布 省份 | 城市

名称	占比
广东	13.59%
江西	12.86%
河南	9.95%
河北	7.28%
吉林	7.04%
山东	6.55%
江苏	5.58%
北京	5.34%
陕西	3.88%
重庆	3.64%

地域分布 省份 | 城市

名称	占比
重庆	5.49%
北京	4.30%
上海	3.80%
成都	3.12%
西安	2.95%
天津	2.78%
苏州	2.19%
深圳	2.19%
广州	1.94%
合肥	1.86%

“乐乐化妆分享”地域分布

地域分布 省份 | 城市

名称	占比
广东	13.41%
浙江	7.34%
四川	6.96%
江苏	6.77%
河南	5.82%
湖北	5.06%
湖南	4.62%
安徽	4.55%
福建	4.43%
广西	4.05%

地域分布 省份 | 城市

名称	占比
上海	3.92%
广州	3.76%
杭州	3.36%
重庆	3.12%
成都	3.04%
深圳	3.04%
武汉	2.24%
北京	2.24%
苏州	2.00%
合肥	1.84%

“宫坊彩妆培训机构”地域分布

地域分布 省份 | 城市

名称	占比
广东	12.18%
江苏	7.34%
浙江	6.77%
四川	6.01%
湖北	5.24%
河南	4.96%
福建	4.88%
贵州	4.56%
云南	4.40%
安徽	3.79%

地域分布 省份 | 城市

名称	占比
北京	3.60%
广州	3.48%
成都	3.43%
深圳	3.31%
上海	3.09%
苏州	2.98%
重庆	2.81%
西安	2.75%
宜昌	2.30%
杭州	2.13%

“妮妮化妆技巧分享”地域分布

图 3－11　三个抖音号地域属性分布

（三）视频用户其他属性分析

除了对用户的基本属性分析以外，营销者还应该从视频用户的整体出发，了解用户职业、消费情况等动态数据，以便于对其有更为全面的了解。

1. 用户职业属性

从视频平台来说，不同的平台，聚集的用户情况有所差别，比如，抖音用户大多数是 30 岁以下的年轻人，且以 20～28 岁的用户居多，而这一群人极有可能是刚毕业的大学生和踏入社会不久的用户。官方数据显示，在职业方面抖音用户主要是白领和自由职业者。例如，“男生穿搭风向标”抖音号随便一个短视频的点赞量都有好几千，有的甚至高达几十万，该抖音号的视频内容都以干货为主，就是教人如何穿搭才能更美，如图 3－12 所示。而这些内容正是刚踏入社会职场的大学生所需要的。可见，视频内容是否符合目标群体需求非常关键。

图 3－12 “男生穿搭风向标”抖音号视频内容展示

2. 用户消费能力

根据易观智库提供的数据显示，在消费能力方面，抖音用户更多的是中等消费者，其次是中高消费者。

这类消费群体都有一定的消费基础和消费能力，且因为社会阅历和生活经历，关注生活品质，愿意尝试新鲜事物，更容易产生冲动性消费，因而是易达成成交的一群消费者。如图 3－13 所示。

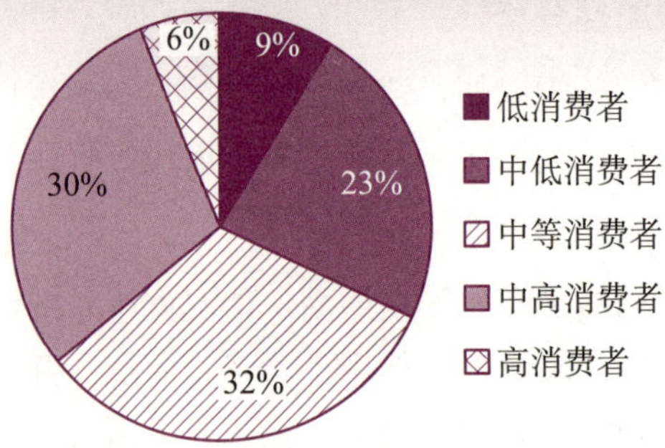

图 3-13　抖音用户消费能力占比分布

【同步实战】

1. 实战目的

通过在抖音、西瓜等视频平台上开展具体的视频商业运营计划，理解视频营销流程，为自己选择合适的视频行业领域，对目标用户进行精准定位分析。

2. 实战项目内容

以组为单位，在抖音、西瓜等视频平台开展具体的行业领域分析，并围绕小组项目产品，开展具体的目标用户定位，并进行汇报。

3. 实战考核要求

（1）视频营销的行业领域选择、目标人群定位精准。（10 分）

（2）团队对视频营销流程的理解条理清楚，把握到位。（30 分）

（3）语言表达逻辑性强，表述清晰、准确。（10 分）

（4）团队项目的视频商业运营计划切实可行。（30 分）

（5）团队项目的视频商业运营计划有创新、有创意。（20 分）

4. 实战项目反思

通过对小组的视频营销流程的分析，以个人为单位，举一反三，构思自己的视频营销流程和具体的市场定位。

项目四
营销视频内容设计

项目目标

1. 知识目标

(1) 了解爆款视频内容的特色、结构和题材选择。

(2) 理解视频营销内容素材收集和创作技巧。

(3) 掌握视频营销的脚本撰写。

2. 能力目标

(1) 能根据企业目标人群需求打造适合的爆款视频内容，撰写合适的脚本。

(2) 能根据企业需求开展视频内容素材的收集和创作。

3. 素质目标

培养学习者根据目标人群需求打造爆款视频内容的设计基本技能，增强脚本撰写的能力，提升视频内容素材收集和创作的能力。

项目引例

方太智能油烟机“油烟情书”视频营销内容设计

在 2017 中国国际厨电展上，方太推出《油烟情书》视频，用油烟讲述有爱的事，在消费者和广告圈中炸开了锅，引来大量转发。

1. 好的立意与角度，自然能打动别人

油烟最被老生常谈的是它的危害，这也是大家都注意到的。所以很多营销文案，都会聚焦于如何避免油烟的伤害。但大家也忽略了，有油烟是有人在为你做饭：回想一下，你家里是不是也有一个人每天为你下厨，这个人是爸爸、妈妈、伴侣，是家里付出最多的人，但他的付出也最容易被忽视。这个营销视频里，方太点破了油烟背后是一个下厨人饱含的深情，让人们看到柴米油盐里的爱，也提醒大家要更懂家人的付出和心意。这就是方太《油烟情书》营销广告文案的特殊切入点，使其在一个老生常谈的营销主题里，打开了新的潘多拉。过去的视频营销广告内容文案都热衷于通过“刺痛”的方式和消费者沟通。而方太相反，从“伤害”中找出“温暖”，引导用户去关爱他人。

2. 真实的故事内容，恰当的镜头语言，带入感动情绪

视频内容根据真实故事改编，一对夫妻在 50 年中写了 1800 多封情书，将这些书信作为舞台背景，去演绎他们柴米油盐的半生情路。根据视频脚本的故事设定和人物对白，方太采用了“人在信中，跃然纸上”的美术设定。男女主人公游走在信上，故事也

在字里行间慢慢展开……剧情的推进和信中的内容完美结合，相互配合塑造情绪，十分精妙。《油烟情书》视频按照剧情和对白的需要，解构和重组了许多参考元素：《黄金时代》和日本PILOT签字笔海报的构图方式、MUJI海报那样的极简意境、《山楂树之恋》和《金婚》中的生活细节……当这些动人的情绪共同被融入视频，变成流动的影像，瞬间把观众情绪拉回到两位老人柴米油盐的岁月浮光之中，引人回味。富有创意的镜头语言，加上具有温度的对白，看完会被带入感动的情绪中，最后“你做饭时升腾的油烟，就是你一天三封回我的情书”这句话一出，这种情绪更是达到峰值。

3. 创意实物化，扩大品牌影响力

方太做了一件大胆的事情：他们上门收集用户油烟，制成油墨，真的印刷了一本《油烟情书》！68封书信，209页，书中所精选的书信来源，有名人大家也有寻常人家；有堪称经典的情书，也有珍藏至今不曾面世的家书。翻开书页，日常生活里的平凡点滴在书信里被笔者反复叙述、细细描摹。在中国国际厨电展上，方太的展位上直接将用油烟制作情书的全过程呈现在人们面前，同时，在油烟机展厅，出现了书店中的阅读场景；人们还可以通过现场互动获得《油烟情书》。油烟情书的主题还被搬上江苏卫视的“阅读阅美”栏目，让更多人感受到柴米油盐中寄托的美好情感。

资料来源：数英DIGIALING. 相识15周年纪念日，胜加给方太写了一封“油烟情书”.（2018-09-05）[2019-10-24]. https：//www.digitaling.com/projects/23818.html.

分析提示

方太的《油烟情书》视频，将日常生活中最平淡动人的细节凝练出来，刺激着藏在用户记忆中的温情。而这种关心消费者日常生活，提倡平凡日子里的爱也不应该被忽视，每一种爱都是伟大且值得被珍藏的态度，也符合方太的品牌理念：因爱伟大。事实证明，正能量的内容，只要有好的立意和角度，洞察够精准，就能被消费者所接受。

项目分析

在“眼球经济”的大背景下，总共只有一两分钟甚至几十秒长度的短视频，让品牌用来“留住”受众的时间，恐怕只有短短的几秒钟。要想在有限的时间内吸引更多的用户，视频营销者需要在内容上下功夫。本项目从打造爆款视频内容（任务一）入手，深入分析了营销视频脚本的撰写（任务二）和营销视频内容技巧（任务三），为视频营销者拍摄、剪辑营销视频奠定前期基础。

思维导图

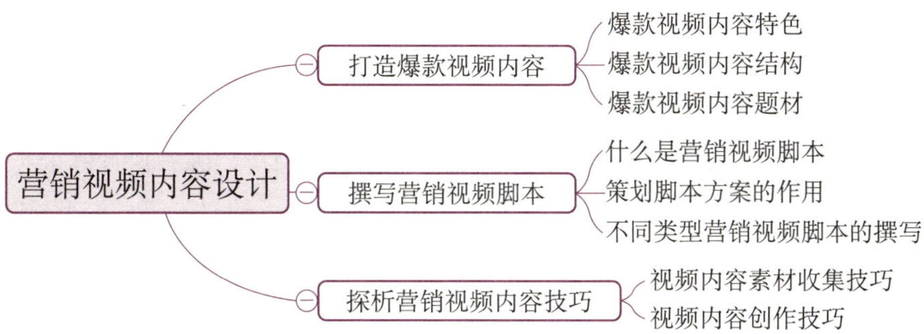

项目实施

任务一　打造爆款视频内容

视频作为一种更直观、更真实的内容形式，在感染力方面明显比图文要更胜一筹。而要想让视频发挥出更大的推广效果，就需要在视频内容题材上下功夫，打造出受众欢迎、让用户点赞的爆款内容。

一、爆款视频内容特色

网络视频具有用户自主选择的特征，用户可以很容易地自主选择观看一个视频，也有可能很快地选择放弃观看这个视频，因此，视频营销的成功必定需要制作高水准的内容。

（一）趣味性与隐藏性并存

视频要想达到理想的营销状态，其内容必须能勾起受众的兴趣。因为趣味性强的视频能给人带来很多欢乐，并能促使观众自主转发、分享、传播视频，甚至亲自去体验拍摄视频并分享。而站在企业角度来说，视频的内容应该围绕企业文化、产品价值或者品牌形象等方面来展开。有的企业因为担心带有营销属性的视频难以让目标受众感兴趣，就故意设置一个吸引眼球的标题以求得用户点击，但是，如果视频内容与标题不符，很容易让受众产生受骗的感觉，所以视频中一定要有诙谐、有趣的情节或者其他能够让消费者感兴趣的内容。最好的办法是，挖掘用户最希望看到的因素，或者用有趣的内容讲述品牌故事，这就决定了视频内容具有隐藏广告属性的一面。简言之，视频内容生产要做到趣味性和隐藏性并存，这样才可能牢牢抓住视频受众的眼球，并最终实现营销目的。

【扫一扫】

OPPO与《明星大侦探》深度融合，打造"破案神器"

（二）专业性与草根性并存

目前，网络视频内容生产模式主要有专业内容生产（PGC）和用户生产内容（UGC）两种模式。PGC模式强调版权内容和专业的制作团队，如爱奇艺、腾讯视频、芒果TV等都是属于PGC模式的视频网站。UGC模式则更强调草根原创性和自由分享的特性，如优酷、抖音、火山等都是属于UGC模式的视频网站。

与主流媒体不同，UGC内容的取材不受外在环境的约束，既有从百姓的生活记录到情感、生活的理解感悟，也有从草根角度对焦点话题进行的讨论等，因此选题精到、贴近草根的UGC内容在视频市场上更具优势。此外，各视频平台对原创内容的巨额补贴，也直接刺激了内容生产者。短短数月，粉丝过百万的短视频原创作者呈井喷式增长。

在视频质量方面，随着专业人士的涌入，也让UGC逐渐向PGC进化转变。而现在最为热门的则是MCN（Multi-Channel Network）模式，该模式的本质是一个多频道网络的产品形态，将PGC内容联合起来，在资本的有力支持下，保障内容的持续输出，从而最终实现商业的稳定变现。MCN模式团队包揽优质内容生产、渠道运营推广、后期商业孵化等全部环节，模板化的机制帮助视频内容生产方更好地变现。

（三）聚焦性与情感性并存

借用热点事件吸引视频受众眼球，借用视频的热度谋求关注，最终获得经济效益，是当前视频营销的主要内容之一。而情感很大程度上影响着人们的思想和行为，视频营销也要用"心"去营销，通过与观众的心灵沟通渗透品牌信息，吸引受众。

【扫一扫】

"佳洁士"与"吃货掌门人"节目的内容融合

二、爆款视频内容结构

用户的时间往往是有限的，视频的长度虽短，但是如果迟迟不能进入内容的高潮，同样会使用户难以看下去。再好的内容如果不能被看到，也同样是毫无意义。为了避免这种情况，制作者应该通过一些技巧，使视频在开篇处就能快速进入高潮，吸引用户的目光。

（一）非剧情类视频内容结构

对于非剧情类的视频内容，视频营销者应该在开头就介绍出本期视频的目的，以期达到快速引起用户兴趣的效果。为了保证用户能够持续看下去，还可以在开头设置一个悬念，并且在之后通过语言等行为不断加深此悬念，以使用户产生好奇心，从而始终保持观看的欲望。例如，淘宝直播上粉丝数排名第二的当红主播，也是抖音上迅速蹿升的超级网红李佳琦，其直播带货视频内容均是直奔当期视频主题，突出产品卖点开展营销推广。视频中，李佳琦一般会选取一套口红进行试色，涂完后再向粉丝推荐他觉得好看的色号，从展示包装到亲自试色，整个过程中，通过不断强调、洗脑，引起粉丝购买欲望。简单、直接的开场，亲身示范产品使用后的效果，结合极具煽动性的语言，使其在2019年的“天猫双11”活动中，创造了推出39款商品、5分钟“封神”、3000多万围观、巅峰主播榜第二、个人销售额超10亿的傲人成绩。

（二）剧情类视频内容的“三幕剧”结构

剧情类、故事类的视频内容，需要在故事的开篇就制造一个小高潮，牢牢抓住用户的眼球。这在叙事结构上与影视剧是类似的，也就是影视剧中常见的“三幕剧”结构。

“三幕剧”内容结构就是把整个剧本切分成“交代—危机—高潮”三个板块，各版块在剧本中所起到的作用各不相同，相互结合在一起形成一个剧本结构的整体。

为了使用户能够快速进入视频内容的高潮，视频营销者在剧情结构的安排上，要注意一定的章法。视频的时长较短，在剧情的安排上也应该注意到这点，快速地切入关键点可以使得剧情更加紧凑，避免叙事结构混乱。视频的内容分为两大主体，一个是人物，一个是故事，人物决定故事，而故事也会影响到人物。

在人物的塑造方面，在开篇就要快速介绍主要人物的具体情况，指出其在此刻所面临的困境，这就是在开篇制造了一个该如何解决这个困境的小高潮，使用户在一开始就可以快速进入内容高潮，心中怀着对于这个悬念的疑问坚持看下去。对于人物的具体设定，视频营销者在策划阶段就必须完成，这样在故事的写作上，才不会和人物的性格背景相脱离，避免使用户在观看的时候产生违和感。

在故事的塑造上，虽然为了能够叙事清楚，需要经过一定的铺陈，但是太过具体的铺陈会使得这部分变得冗长，令用户丧失观看兴趣。为了能够更加快速地进入高潮，对于故事的背景介绍，可以采取在后续发展中进行倒叙或者闪回的方法。在开篇处直接进入时间发展的最关键点，使得用户产生兴趣，并且故事发展的节奏在开篇处也要尽量加快，从而调动起用户的情绪。

人物与故事是相互呼应的关系，想要能够使用户快速进入内容高潮，这两个部分的设计缺一不可。视频营销者在策划阶段就应该将内容发展的时间轴列出来，这样可以使整个内容更加连贯完整，有更高的艺术价值。从手法上也可以学习一些经典电影的惯用手法，这样可以使最终完成的视频作品更加专业。

三、爆款视频内容题材

（一）饱含正能量

人们总是会被各种情感所感动，特别是那些能够激励人们奋发向上的正能量，更是激起受众感动情绪的重要原因之一。例如，勇于救人、善于助人的英雄事迹，对于有着“大侠梦”、心存仁义和匡扶正义的受众来说，就是一个激发人感动情绪的事实所在；历尽辛苦的成功的创业之路，对于处于低潮期和彷徨期的年轻人来说，更是激发

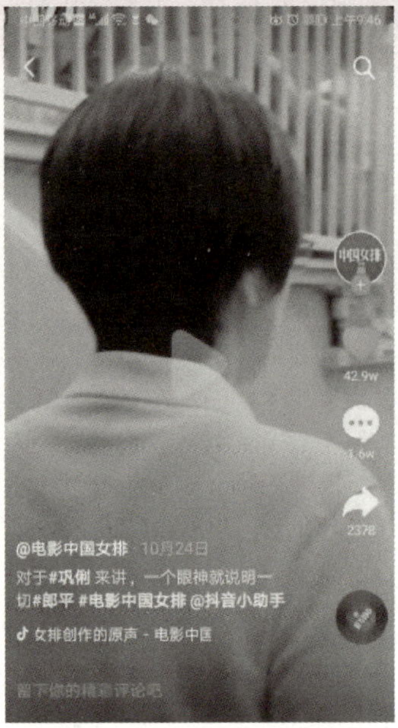

图 4-1　《夺冠》电影正能量宣传视频

人奋起的指明灯……如此种种，都可作为爆款视频内容题材，点燃受众心中的信念之火，从而坚定、从容地走好人生路。

此外，对于描述充满正能量的人的视频，也能激发受众正义感，再配上振奋人心的音乐，触动人的感动之弦，使人不由得内心澎湃翻腾。例如，《夺冠》（原名《中国女排》）的宣传视频，以巩俐饰演郎平为切入点，结合中国女排从 1981 年第一次获得世界杯冠军到 2019 年取得十一连胜的视频，作为一个生活在祖国阳光下的人，看到这样的视频，是不是感觉特别骄傲和自豪呢？心中油然而生的激动情绪是这类爆款视频推广效果的缩影。如图 4-1 所示。

对于受众来说，视频平台更多的是作为一个打发无聊、闲暇时光的所在，吸引了众多人关注。而运营者可以针对视频平台上的人数众多的用户群体，多发布一些能激励人心、感动你我的视频内容，从而让无聊变“有聊”，让闲暇时光也充实起来。这也是符合视频平台的内容发展之路的。

（二）具有高颜值

关于“颜值”的话题，从古至今，有众多与之相关的成语，如沉鱼落雁、闭月羞花等，除了表示漂亮的含义之外，还附加了一些漂亮所引发的效果在内。可见，颜值高，还是有着一定影响力的，有时甚至会起决定作用。这一现象同样适用于爆款视频打造。当然，这里的颜值并不仅仅是指人，还包括好看的事物、美景等。

从人的方面看，除了先天条件外，想要提升颜值，有必要在自己所展现出来的形象和妆容上下功夫：让自己看起来显得精神，有神采，而不是一副颓废的样子，这样也是能明显提升颜值的；先化一个精致的妆容后再进行拍摄，更是轻松提升颜值的便捷方法。

从事物、美景等方面来说，完全可以通过其本身的美再加上高深的摄影技巧来实现。如精妙的画面布局、构图和特效等，就可以打造一个高推荐量、高播放量的视频。

（三）干货的内容

干货视频内容指的是一种可以为用户提供有用、有价值的知识和技巧的视频。相对于纯粹用于欣赏的视频而言，干货类视频有着更宽广的传播渠道。一般来说，凡是欣赏类的视频可以推广和传播的途径，也可以用于干货类视频推广和传播，但是有些干货类视频可以推广和传播的途径，却不适用于欣赏类视频推广和传播。

一般来说，干货类视频内容主要是介绍一些有价值的知识。例如，关于汽车、茶叶等某一行业方面的专业知识，这对于想要详细了解某一行业的用户来说，是非常有用的，也是有兴趣观看下去的。例如，易车网为需要买车的用户推出了新车视频、易车直播、试驾评测、玩车秀车、交通事故、汽车知识等专门介绍和讲解汽车知识的视频，方便用户对所想买的车有一个直观的了解和认知。如图 4-2 所示。

图 4-2　易车网的汽车知识视频

另外，一些介绍历史、文学常识的视频，对人们来说，既有干货内容，又具有一定的欣赏性。

所谓“实用性”，着重在“用”，也就是说，用户看了视频内容后，可以用在实际的生活和工作中。一般来说，实用性视频内容是介绍一些技巧类的实用功能。以茶叶为例，如果说介绍茶叶类别的是知识性的干货内容，那么告诉大家一些炒茶、沏茶和清理茶具的方法和小技巧，就是实用性的干货类视频。图 4-3 所示为如何清洗茶具的视频。

图 4-3　如何清洗茶具的视频

（四）充满爱意的内容

在日常生活中，人们总是会对能让人产生归属感、安全感以及爱与信任的事物所感动。例如，一道能让人想起爸妈的家常菜，一个习以为常却体现细心与贴心的举动等。这些都是能让人心生温暖的正面情绪，当然，它们也是最能触动人内心柔然之处的感情，且是一份能持久影响人内心的感情。而视频作为一种常见的、发展迅速的内容形式，可以反映和影响人们的生活和精神状态。

例如，百事可乐推出以宇航员为主角的微电影贺岁大片“2019 把乐带回家之摘星者”，一改 2018 年温情搞笑的风格，将视线聚焦在那些春节像宇航员一样无法回家和家人一起过节的人，寓意这些都是为了梦想打拼的“摘星者”。通过微电影唤醒了人们的情感共鸣，通过 H5 则记录着每个人的情感表达，诠释“无论去往多么遥远的地方，我们的身后，永远是家的方向”的理念。这个广告片上线不足两周，播放量迅速增长至近 5 亿。如图 4－4 所示。

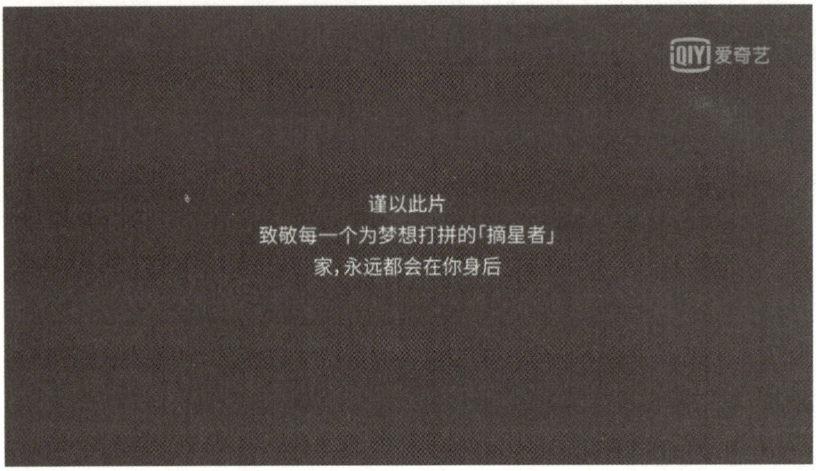

图 4－4　百事可乐“2019 把乐带回家之摘星者”视频

（五）主体萌态内容

当前，“萌”作为一个特定形象，奠定了其在用户中的重要审美地位，同时也得到了很多用户的喜欢，无论男女老少群体，都有它的忠实粉丝。更不要说在视频这一碎片化的内容中，瞬间的“萌态”和具有“萌态”的事物，是能一秒吸睛的，“唯萌不破”说的就是如此。

特别是在抖音平台，以“萌”制胜的视频内容类型非常多。总的来说，包括以下三种类型。

（1）可爱的萌娃萌妹。这是众多妈妈发布视频时所要展示的骄傲，小宝贝们随便一个语音、一个动作、一个笑颜，都能温暖众多用户的心。

（2）毛茸茸的猫狗等小动物。这也是众多用户喜爱的，它们能在很大程度上保证活动高流量，特别是在选取的卖萌场景和角度足够好的情况下。

（3）各种各样的展现萌态的玩偶。这是众多年轻女性和小孩喜欢的，然后配以生动、形象的内容说明和故事，更能吸引人关注和购买。

其实，除了抖音平台外，其他短视频平台也有众多营销者选择以“萌”制胜。另外，在平台方面，还出现了一些专门以萌为特色的应用。如 Faceeu 激萌、萌拍 MoeCam、萌颜等。

（六）拥有高超技艺

对视频营销者来说，如果你拍摄的视频内容是专注于某一类事物，且视频中展现的内容体现了主人公和其他人（物）非凡的技艺，那么，这一类短视频也是非常吸引人的。例如，抖音上很多展现超凡刀法的视频，如用西瓜雕刻出复杂结构的物体，都是操作者在工作和生活中经过长期训练才能做到的，体现了内容的专业性和技艺的精深，如图 4－5 所示。当然，这类爆款视频并不是所有人都能打造出来的，只适合在某一领域有优势和特长的运营者，如钻研雕刻的厨师等。

图 4－5　西瓜雕刻视频

（七）搞笑情节的内容

在视频平台上，人们在无聊和闲暇时间喜欢观看的视频除了上述几类外，还有一种就是搞笑视频，且这一类视频内容在各平台上还比较受欢迎。

所以用户在打造爆款视频时，可以从搞笑的角度着手，运用各种创意技巧和方法对一些比较经典的内容和场景进行视频“编辑”和“加工”，也可以是对生活中一些常见的场景和片段进行搞笑处理的拍摄和编辑，从而打造出完全不同的、能给人娱乐和使人发笑的视频内容。

像这样的视频内容，在各大平台上都比较常见，也有众多专门制作搞笑类视频的运营账号，如抖音短视频平台上的“搞笑日常”“搞笑视频”“搞笑工场”等。

任务二　撰写营销视频脚本

提起脚本，很多人会想到电影，其实对于短视频来说，脚本也极其重要，它是短视频制作的灵魂。但是对于很多初学者来说，脚本听起来很专业也很难写，觉得无从下手，今天我们就来聊一聊“脚本”的事。

一、什么是营销视频脚本

脚本由来已久，一直是电影、戏剧创作中的重要一环。脚本可以说是故事的发展大纲，用以确定整个作品的发展方向和拍摄细节。

电影和戏剧因为时间长、工程量大，脚本一直被重视，但是由于短视频通常只有几分钟，很多创作者便认为拍摄短视频不需要脚本，其实这是一种误解。

拍摄短视频，尤其是有剧情的短视频时，切记不要想到哪里拍到哪里，盲目的拍摄会造成素材的冗杂和浪费，短片质量也没有保证。好的短视频团队（如日食记等）都强调过脚本的重要性。

脚本一般分为拍摄提纲、分镜头脚本和文学脚本。它们分别适用于不同类型的短视频。

拍摄提纲是拍摄一部影片或某些场面而制定的拍摄要点。它只对拍摄内容起各种提示作用，适用于一些不容易掌控和预测的内容，例如去采访一个未知事件，我们可以选用制定拍摄提纲的办法来防止漏掉拍摄要点。

分镜头脚本适用于故事性强的短视频。分镜头脚本已经将文字转换成了可以用镜头直接表现的画面，通常分镜头脚本包括画面内容、景别、摄法技巧、时间、机位、音效等。

分镜头脚本一定程度上已经是“可视化”影像了，它能帮助团队最大程度保留创作者的初衷，因此对于想要表达一定故事情节的短视频创作者不可或缺。

文字脚本是各种小说或者故事改编以后方便以镜头语言来完成的一种台本方式，如电影剧本、广告脚本等。

【扫一扫】

“陌陌”APP 的前期策划

二、策划脚本方案的作用

（一）拍摄的目标更清晰

策划脚本方案时，会规划好场景场号及其内容。脚本方案实际上是一个文字描述，但在写方案时脑海中应有一个场景并将其描绘出来。这样拍摄时目标会更清晰。客户看到脚本方案时，也能想象出来片子拍出来是什么内容。

（二）更高效完成拍摄任务

脚本方案也称为文字分镜，比如说这个镜头是几，这个镜头要表现出来的内容是什么，画面是一个什么状态，后面会有一个时长，就是我们计划这个镜头要拍多少秒，因为一个短视频是有时间限制的，一般情况下是 3 分钟，一个宣传片的话也就在 5 分钟左右，也就是 300 秒，比如抖音，所以要严格控制每一个镜头拍摄的时间，这样的话就有一个总体的预估，做起来才会比较有目的性。单有文字分镜还不行，有文字分镜只是让执行者脑子里大概有个印象，但具体有什么感觉，我们还可以配上一些画面参考。分镜头脚本策划如表 4-1 所示。

表 4-1　分镜头脚本策划　　单位：秒

场号	内容	画面	时长
1	画面均分为三部分，开封鼓楼，蔚来车标，车主近景	字幕：蔚来车主，开封人，36 岁	10
	三画面合而为一		5
2	车主正在开车，提示有电话接入，屏幕显示来电人是：妈妈	车内，蔚来汽车的大显示屏	15
3	电话接通，妈妈问：“你在哪呢?”车主回答：“我在高速路上呢。”妈妈叹了口气：“你呀，又往外跑。”	车窗外，开封街景	15
4	妈妈的声音独白，“你都快四十岁的人了，要沉稳，别往外跑了。”	车主在汴西湖边，拉着女儿在银沙滩上疯跑，在篮球场上飞身投篮，开着蔚来汽车，打开车窗飞驰着	20
5	妈妈的声音独白：“工作别那么拚，要多跟领导搞好关系。”	河南大学里，车主在古朴的建筑前努力工作的样子，白板、笔，电脑屏幕上在回着邮件	15

（三）更好的画面传达

比如第一个镜头想要拍出什么样的内容，这个内容真正呈现出来的画面是一个什么样的状态，需要去网上找大量的图片，这样就可以把我们想拍出来的画面直接传达给客户和领导，这基本上就是前期比较完整的策划。蔚来汽车广告视频内容策划如图 4－6 所示。

场景一：城市

展示出蔚来汽车内饰效果　　各种科技装备　　蔚来汽车开始行驶，以主观视角开始展示开封这座城市

图 4－6　蔚来汽车广告视频内容策划

在写视频脚本时，可以借鉴一个样片，看它的创意阐述、脚本方案，用文字的形式大概阐述出来这个片子打算拍哪些场景，哪些内容，画面是什么，每个场景大概要拍多长时间，画面参考就是每一个场景打算拍成什么样子的。分镜头脚本其实可以分成三种形式：第一种是文字脚本，大部分的脚本都是文字脚本，但是文字分镜的话你脑海中必须有打算拍出来的效果，然后用文字写出来；第二种分镜头的形式是用图像；第三种是动态分镜，画完以后在 Premiere 里面每个镜头几秒钟剪出来。

三、不同类型营销视频脚本的撰写

（一）短篇故事营销视频脚本的撰写

（1）确定视频故事主题；

（2）基本信息：地点、时间、导演、演员；

（3）故事梗概；

（4）场景里的地点、时间、人物、拍摄要求（景别）；

（5）场景说明（场景里人物的动作、感情、表情、对白、旁白）。

每个场景的拍摄景别、场景说明、人物的对话和旁白都需要在前期的时候写得非常详细。

（二）宣传片营销视频脚本的撰写

1. 宣传片视频的分类

（1）企业宣传片：比如你所在的公司是个互联网公司，或是医疗设备公司，你可以为你的公司做一个宣传片。

（2）产品宣传片：比如你的公司开发了一

【扫一扫】

《酒店那些事儿》短视频剧本

个产品，或者上线了一个新的产品，就可以制作一个产品宣传片。例如苹果公司上线新的产品，我们就可以在官网看到产品的介绍和宣传片。

（3）活动宣传片：当你的公司或者团队需要举办一个活动，你就可以根据活动的内容、主题，做一个活动宣传片，比如我们经常看到的京东“618”宣传片、淘宝“双11”宣传片，这类型的宣传片针对性较强。

（4）形象宣传片：比如你给某一个讲师或者公司领导团队拍摄制作宣传片。

2. 企业宣传片视频脚本构架

当前，越来越多的企业需要制作自己的企业宣传片，但由于种种原因，最后的宣传片可能不尽如人意，没有达到预期的效果。

首先，企业宣传片制作，一定要对相关介绍有所了解，要知道画面精美、富有奇观效果的宣传片固然好看，但却不一定富有生命力。而一部有创意的作品，一定是充满生命力的作品。企业宣传片文案是一个企业宣传片的灵魂，企业宣传片创意文案脚本与画面的表现力是非常重要的，要制作出一部满意的企业宣传片，一部好的创意文案脚本显得尤为重要。

其次，前期沟通。向客户或者对接人详细地了解对这个宣传片的需求，然后进一步讨论，比如客户想要宣传片变得“高大上”，想要体现公司的活力。

再次，撰写脚本。根据企业的形象，结合客户提供的资料（比如公司成立的时间、团队的分布、业务的分布、有什么样的技术创新、在从事的领域有没有得到什么奖励），编写适合企业的文案脚本。

3. 宣传片文案结构分析

（1）提取有效信息。根据客户提供的文字资料，汲取有用的信息。有的时候客户或者你的对接人会给你很多文档，或者一些文字的资料，不需要全部用到，你要在有限的资料中提取有用的信息，将重要的信息点罗列出来，形成大概的思路。

（2）结构的把控。一般的企业宣传片的结构分为三部分，即开篇：企业介绍；发展：荣誉团队和公司情况；总结：展望未来。

【扫一扫】

滨湖中翔城项目“耀世之光，舞动合肥”宣传片文案

【扫一扫】

区块链的历史发展

（三）概念宣传片和人物宣传片文案

1. 如何撰写概念宣传片脚本

概念宣传片分为产品内容介绍和产品的发展和前景，产品内容介绍只是一部分，发展和前景才是概念宣传片的重中之重。

2. 如何撰写人物宣传片脚本

人物宣传片脚本一般包括人物的成长经历、所从事的领域、成就和贡献、突出业绩等。

3. 宣传片视频脚本写作技巧

(1) 重视宣传片文案的片头。如何展现一个企业的精髓，如何让客户第一眼就深深地被吸引住，企业宣传片文案的片头就起到了非常重要的作用。片头起到总引的作用，把企业最精华的部分展现在受众的面前，所以一定要有创意、有新意、有特点。

【扫一扫】

大气逆流时光的“雕刻师”：王文俊人物宣传片文案

(2) 企业宣传片文案中通过对公司的历程、规模、荣誉的介绍来让受众感受到企业的实力。

(3) 要告诉目标受众：你的公司是做什么的？你的产品与同行业相比有哪些竞争优势？这些才是受众最想了解的。那么，如何展示自己的优势呢？就需要在创意这块挖掘企业的各项优势，拍出产品的一些特色和独到之处。

(4) 企业产品展示介绍以后，接着要介绍企业的规模、实力。主要是拍摄企业的办公区、研发部门、厂区等，以企业的实力来展现企业的风采，让受众达到心灵的震撼，从而让受众犹如实地参观了企业一样。

(5) 展望企业的未来。一个企业无论昨天做得多么强大，有多么大的成就，那么也只是代表了昨天，面对未来的展望是受众看到企业潜力的一个环节。关于企业宣传片结尾展望的设计，也是非常重要的一个环节，这个环节把握的好坏关系到受众最终对企业的总体印象以及未来潜力的一个评价。

任务三　探析营销视频内容技巧

一、视频内容素材收集技巧

在视频营销过程中，视频内容素材的收集也是非常重要的环节。一般来说，构成视频内容的素材包括热门话题、各类资源、专业知识和各种音频等，当然也包括播主自身生产的内容。

(一) 热门话题

关于热门话题，大多数营销者首先想到的就是微博平台。在微博上，可以通过多种途径查看热门信息和热门话题。

营销者可以单击微博上方“发现”按钮，在“更多”菜单上，点击“话题”按钮，即可进入相应页面查看“话题榜”，如图 4－7 所示。如果想要查看某一领域的热门话题排行，可以选择“话题榜”右侧的类别进行查看，如果想要查看的领域没有显示在上方一栏中，可以点击右侧更多，即会显示另外 29 个领域的热门话题排行榜。营销者可以查看相关热门话题，并根据这些话题收集和整理视频内容。

微博提供了各种各样的热点信息，营销者也可以根据自身需要进行查看。其中，比较常用的是进入微博主页，显示在其左侧的“热门”标签，用户可以查看当下的热门事

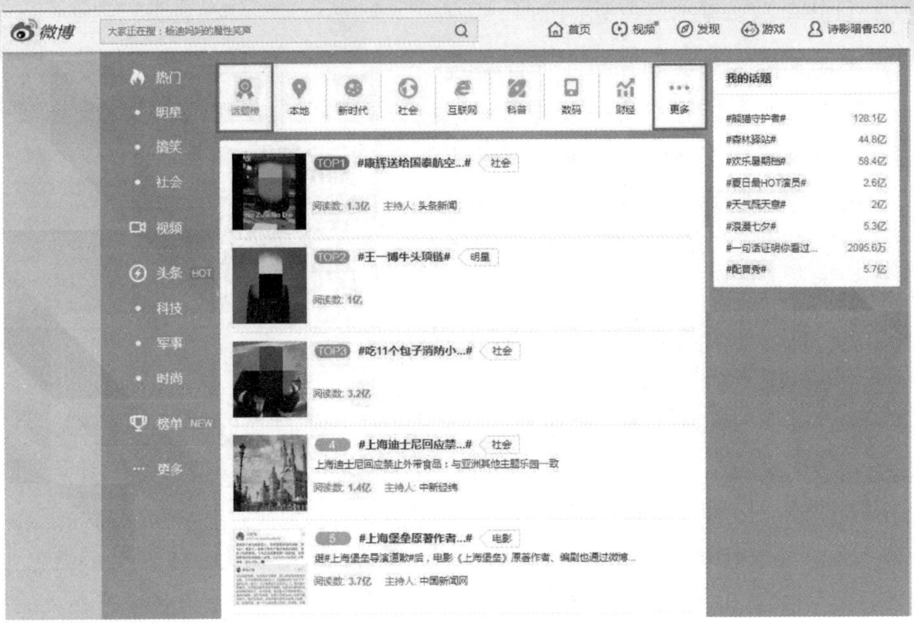

图 4-7　新浪微博话题榜

件。当然，营销者还可以在该页面右侧的“热搜榜”“微博新鲜事”“微博实时热点”中查看，如果想要了解更多热点信息，可以单击“查看更多”来实现。另外，通过微博上方的搜索框进行搜索，也是一种查看与自身视频账号相关热点内容和热门话题的好方法。

（二）各类资源

一般来说，营销者要寻找与视频内容相关的资源，可以选择一些资源集中又实用的平台，进行收集和整理。如百度百科、百度文库、百度贴吧、百度知道等百度系列的产品。

1. 百度百科

百度百科是一部中文知识性网络百科全书，涵盖了几乎所有领域的知识。在该平台上，营销者可以通过词条进行搜索，查看比较全面和具体的知识内容，进而转化为自己所需要的视频素材资源。

2. 百度文库

百度文库是一个在线互动式文档分享平台。其文档资料主要涉及教育频道、专业资料、实用文档、资格考试、专业方案等多个领域。

3. 百度贴吧

百度贴吧是一个兴趣相同的网友聚集起来进行交流、展示的互动平台，其中的贴吧内容主题涉及娱乐、游戏、小说、地区、生活等各方面。

4. 百度知道

百度知道是全球最大的中文互动问答平台，用户可以通过提出自身亟待解决的问题，当有人解答了之后，就会作为答案留存在平台上以供其他有相同或类似需求的用户进行搜索。视频营销者可以根据平台提供的已知的答案和通过提问寻找答案的方式来获取资源和内容。

在百度平台上，除了可以查找各种内容资源以外，海量的时事新闻资讯的提供，也是该平台的一大特色，而提供时事新闻的百度产品是百度新闻。作为全球最大的中文新闻平台，用户可以查看的内容和资讯还有很多，新闻事件、热点话题、人物动态及产品资讯等都囊括在内。

此外，还有百度风云榜等热门话题排行榜等平台，也能为营销者提供视频制作的创作思路。如图 4－8 所示。

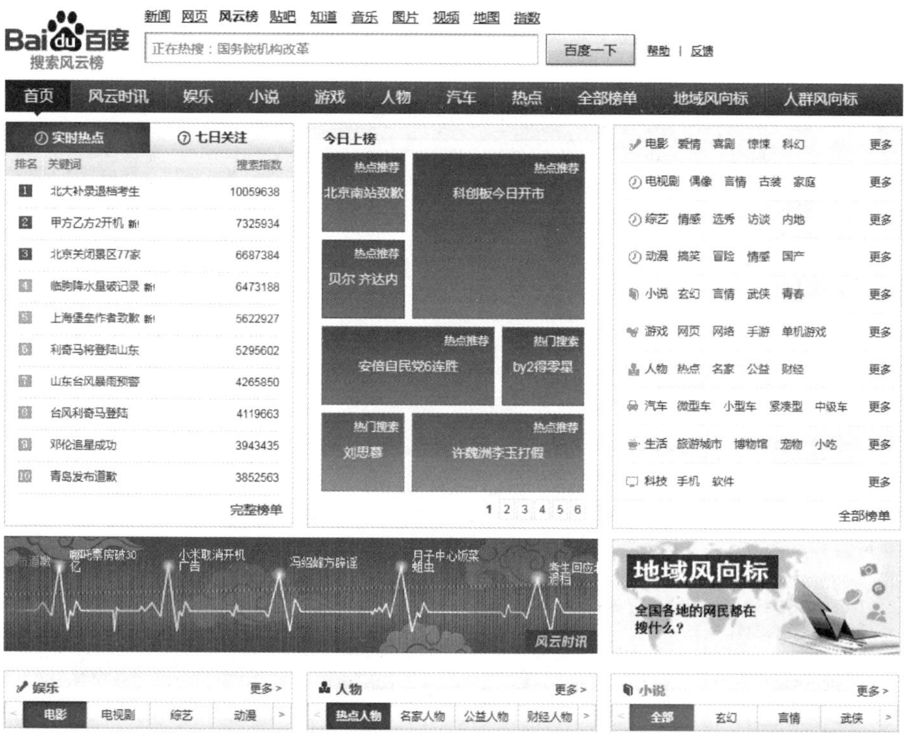

图 4－8　百度风云榜

（三）专业知识

视频营销者在制作视频内容的过程中，总是会遇到各种专业知识，如各类视频平台运营、视频拍摄、视频后期编辑以及所选领域的专业知识等。而这些知识可能并不是营销者能全部掌握的，就需要借助相关平台来进行收集和整理，其中知乎这一网络问答社区平台就是一个很好的选择。

在知乎平台上，进行注册的时候是可以选择感兴趣的话题的，其后台将基于所选话题推送相关内容。视频营销者可以通过多种渠道寻找专业知识。

首先，在知乎“首页”上，有“推荐”“关注”“热榜”选项可供查找。特别是在“热榜”页面，显示了热门的相关知识和话题。同样，在“发现”页面，也是寻找热门专业知识和话题的好地方。无论是“编辑推荐”还是“今日最热”“本月最热”，抑或是

“热门圆桌”“热门话题”“热门收藏”，都有助于营销者收集和整理热门专业知识。

其次，在知乎的“话题广场”页面，显示了不同类别的话题，营销者可以分专业和领域进行查找。在具体的话题页面上，营销者还可以通过多种方式获取和收藏内容。如话题下方显示了“索引”“讨论”“精华”等菜单，其中，在“索引”页面，营销者可根据不同的索引词分类查找；“讨论”页面是有关话题的讨论，营销者可以对需要的和感兴趣的问题进行查看，了解其他人的观点和看法，集思广益，拓展思路，使视频内容符合大众用户的需求；“精华”页面显示的都是赞同度和评论量比较高的问题，这样的内容很容易受到用户欢迎，因而把它们收集起来并制作相关视频内容，必然是一个好的打造优质内容的方法。

当然，如果营销者还想要获取更细分的专业知识，可以在具体话题页面的右侧查看子话题，精准地查找和详细地了解垂直分领域的内容。如图 4－9 所示。

图 4－9　知乎具体话题页面

（四）各种音频

在进行视频内容制作过程中，除了可以收集话题和文字、图片内容来制作视频外，还可以收集音频内容用于视频的创作。如大家所熟悉的喜马拉雅 FM、蜻蜓 FM 等平台。

营销者可以选择与自身视频账号相关的领域进行查看和收集音频资料，如在喜马拉雅 FM，仅“时尚生活”这一领域就细分了美食、生活家、家居、摄影等若干个子内容。在“摄影”子类别下，营销者不仅可以查看和收集摄影知识相关的音频内容，还可以查看摄影排行榜，了解受欢迎的音频微课堂内容，如图 4 - 10 所示。

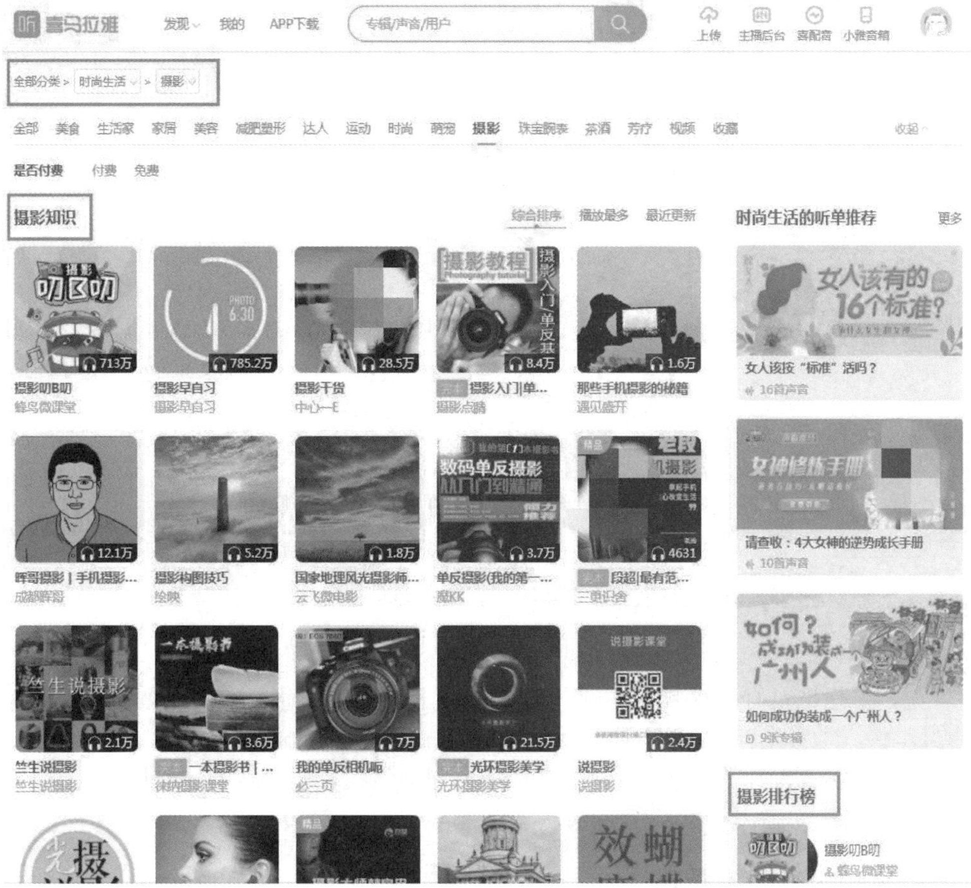

图 4 - 10　喜马拉雅 FM“摄影”子类别页面

（五）内容生产

视频营销者还可以通过自身拍摄视频来获取素材。当然，要想自身实践拍摄视频，营销者需要精通拍摄技能并有较高的视频处理水平，这才能保证创作和发布的视频内容是优质的。

自己拍摄视频，也不是可以随便拍摄和发布的，在拍摄题材和视频画面选取方面要注意。例如，如果视频账号定位是摄影类，那么在进行拍摄时，就可以选择一个大家常见但拍不好的场景，然后选取自身擅长的拍摄领域，如特写、微距、全景等，进行拍摄技巧的讲解，这样拍摄出来的视频才会有非常好的效果，而且会吸引用户点击播放。例如，“摄影客”抖音号发布的自身实践拍摄的短视频，更能吸引用户查看、播放，如图 4 - 11 所示。

此外，所有收集的视频素材，需要营销者进一步进行创作，才能算得上是自身原创的视频内容，否则，纯粹只是在自身账号中进行视频内容的搬运，即使博取了用户眼球，也不利于账号形成核心竞争力、打造自身独特标签、聚焦高忠诚度用户和后期变现等长远发展目标。

图 4－11　“摄影客”生产原创视频内容

可见，要想把自身的视频账号顺利发展下去，并最终打造成视频品牌和实现快速变现，就必须有原创的、优质的视频内容，而不能完全依赖“搬运”。这一原则是必须遵守的，且要在账号创建前就有一个清楚的定位，这样才能在运营过程中得心应手，才能在视频行业竞争中获胜。

二、视频内容创作技巧

在创作视频内容时，需要注意从一些细节和目标用户喜欢的内容形式出发来打造爆款内容，进而推动平台视频传播。

（一）贴近生活

营销者和用户都是处于一定社会环境下的人，一般都会对生活有着亲近和深刻的感悟。因此，在制作视频内容时，首先要注意贴近生活，这样才能接地气，引起用户关注。

具体来说，贴近人们的真实生活，有利于帮助人们解决平时遇到的一些问题，或者可以让人们了解生活中的一些常识。这一类视频内容在平台上很常见。用户看到这一类视频，都会基于生活的需要而忍不住点击播放。

【扫一扫】

“网易严选”贴近生活的视频内容

（二）讲述故事

在打造优质的视频内容时，要尽量向用户传达重点的信息，这里的重点不是营销人员认为的重点，而是用户的需求重点。

用户想要了解的信息主要有企业文化精神、企业相关视频、产品具体功能、产品客观评价、产品的差异性等方面。针对这些需求，营销者需要将企业的思想建设、团队风气、组织纪律、原料采集、生产过程、会议记录、产品实际用途、产品客户反馈、产品特色亮点等内容，用视频的形式传达给用户。

在视频中传递这些信息内容时，为了避免让用户产生抵抗和厌烦心理，可以采取讲故事的形式来进行展示。用户一般对营销类内容很难立刻接受，如果企业在打造视频内容时能够充分掌握用户爱听故事的心理，就能更加轻松地传递出自己的特色信息。

不同于单调死板的介绍，讲故事的方式能够很好地吸引住用户的注意力，让他们产生情感共鸣，从而更加愿意接收视频中的信息。

所以，企业想要打造出受人欢迎和追捧的视频内容，就应该从各个角度考虑，分析如何更好地用讲故事的方式来表达。具体来说，企业可以在营销型视频中添加讲述企业创始人的故事，以引起用户的注意；可以围绕产品价值讲述故事，吸引用户眼球；可以借助情景剧的形式来讲述品牌故事，给用户留下深刻印象；可以用真实案例讲述用户反馈的事件，给用户以信任感；可以用平易近人的故事形式表达企业发展历程，给用户以亲切感。

【扫一扫】

"警民直通车-上海"讲述故事的视频内容

（三）激起共鸣

在视频平台上，除了可以通过贴近生活的内容和添加趣味来推广视频外，还有一点非常重要，那就是唤起人们共同的情感。正因为如此，有一些视频内容是以青春、亲情、励志、感人等为主题的，目的是让更多的用户从视频内容中得到精神享受。另外，还能让更多的用户从视频内容中找到自己的影子，体会到与自己相似的人生体验，带给观众关于人生各方面的思考，从而引起共鸣，让用户更加热衷于观看和分享视频。

【扫一扫】

"啥是佩奇"激起共鸣的视频内容

（四）添加趣味

在创作视频时，适当地在视频内容中添加一些趣味，也可以吸引用户的注意力。因为单单保证视频的质量还不够，重要的是让客户在观看了视频后，主动分享给身边的人，这样才会达到更好的效果。

那么，在向视频中添加趣味的时候，具体就是要添加趣味情节、使用充满趣味的解说词以及创新表达方式，总之中心不要离开一个"趣"字，因为人们都喜欢接受充满快乐和新意的事物，因此有趣的视频总是招人喜爱的。

值得注意的是，让用户觉得视频有趣不是一件容易的事情，因为不是每个人的兴趣点都是完全一致的。因此，在向视频中添加趣味的

【扫一扫】

"逗你学"添加趣味的视频内容

时候要仔细琢磨，最好从各个方面综合考虑，有针对性地进行趣味的添加。

（五）强震撼力

视频的优势很多，但其给人最为显著和直观的感受就是富有震撼力和冲击力。

让视频更富有张力的方法主要有：制作优质的内容，保证质量；配以恰当的介绍，简短有力；突出自身的特色，要有差异性；等等。

而且，视频的这一点优势还可以从宣传整体、展示细节、直观全局以及细观局部等四大板块体现出来，企业在打造与产品相关的视频内容时，要谨记从这四个方面去思考、完善。

视频的这一优势不仅可以提升产品的销量，还能够帮助企业打响品牌，树立口碑，是不可多得的优势之一。企业要学会利用视频进行推广，从而提升营销效果。例如，“宜家”是主打家居产品的企业，其推出的温馨创意风格视频广告“The wonderful everyday”内容，就以大胆的创意、梦幻的色彩风格、简洁直观的讲解为主，给受众带来了极大的视觉冲击力和震撼力，并留下深刻的印象，如图 4－12 所示。

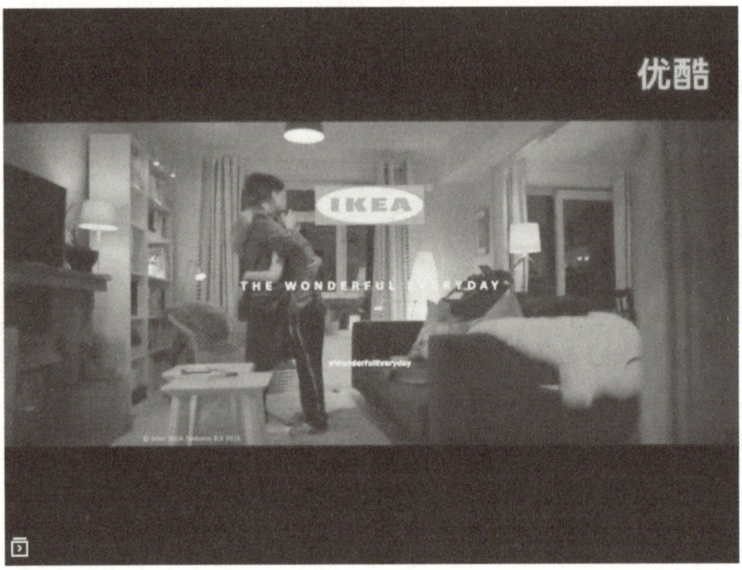

图 4－12　“宜家”强震撼力的视频内容

（六）多样场景

用户在观看视频时，一般都是出于闲暇、娱乐的心理来观看的，而不会去观看表现生硬的品牌内容。如果想要让视频内容的呈现更形象、具体，那么把视频内容与用户的生活场景结合起来是值得借鉴的好方法。

【扫一扫】

“美团外卖”多样场景的视频内容

具体可使用以下方法：使用抖音风格背景音乐，借用与其“绑定”的特定场景；使用视频平台上的拍摄技巧展现视频和构建多变场景；从特定人物角度切入和构建场景，展示情感，激发共鸣；通过镜头剪辑来展示生活场景，描绘美好生活蓝图；把握好视频内容节奏，将场景变化与情节起伏关联起来；打造具有幽默感的、前后能形成反差的场景。

（七）黄金时间

所谓“黄金时间”，即视频内容中视听率最高的时段，一般是视频的开头几秒钟。这一概念在视频类的广告中比较常用，大家熟悉的抖音平台上的视频品牌广告也是如此。

营销者在推广视频广告时，就需要注意对黄金时间的把握，从而最大程度提升品牌和视频内容的推广效果。

把握好黄金时间要注意几个方面的要点：一是在黄金时间要尽早展示品牌名称，强化品牌形象；二是在黄金时间展示品牌所能带给用户的利益点；三是在黄金时间应多样化重复品牌名，提升辨识度；四是要利用抢眼的开头尽可能地抢夺用户的注意力；五是黄金时间要深入展示单一的产品卖点，切忌分散注意力。例如：“小米手机”的抖音视频，都是在黄金时间深入地把一个卖点传达给用户，如通过 AI 助手快速找回小米手机、小米手机拍照功能强大等，并在开头就以抢眼的内容吸引了目标受众的注意力。

【同步实战】

1. 实战目的

根据小组项目产品，通过对抖音平台目标用户的分析，撰写相适应的视频营销脚本文案，掌握视频内容素材收集技巧，创作一个爆款营销视频内容。

2. 实战项目内容

以组为单位，在抖音短视频平台，根据目标用户具体需求，开展具体的视频内容素材收集、脚本撰写和视频内容创作，并进行汇报。

3. 实战考核要求

（1）团队对营销视频内容的脚本设计条理清楚，把握到位。（20 分）

（2）语言表达逻辑性强，表述清晰、准确。（40 分）

（3）团队项目的视频营销内容有创新、有创意。（40 分）

4. 实战项目反思

通过对小组的爆款营销视频内容的打造，以个人为单位，举一反三，构思自己的营销视频内容脚本，为营销视频拍摄、剪辑奠定基础。

项目五 营销视频的中期拍摄

项目目标

1. 知识目标

（1）了解营销视频的拍摄技巧，理解镜头语言的表现手法。

（2）掌握拍摄构图的基本原则和方法，能运用构图技巧进行视频素材的有效录制。

（3）熟悉制作营销视频的主流软件，并了解各种软件的优势与功能特点。

2. 能力目标

（1）能精准运用镜头构图原理进行营销视频的素材录制。

（2）能根据企业营销目的和用户需求，有创意地选择适合的视频素材和场景。

3. 素质目标

培养学习者的营销视频拍摄能力，增强对视频录制、镜头构图原理的认知。

项目引例

将镜头画面和产品性能相结合进行营销

——《三分钟》iPhone Ⅹ营销视频解析

在中国市场，苹果公司连续四年在新春来临之时，面向中国消费者推出营销视频。2018 年开年，第一个刷爆朋友圈的短视频就是陈可辛为 iPhone Ⅹ制作的在优酷首播的贺岁短片《三分钟》。《三分钟》这部影视短片，不仅采用“知名导演（陈可辛）的作品”来制造噱头，以情感内容传达品牌价值理念，而且最重要的是：用镜头语言的表现手法来给观众们解锁苹果系列——iPhone Ⅹ新技能，即强大的 4K 视频录制技术和变焦能力。整个影片所有素材全部采用苹果系列新款 iPhone Ⅹ来录制完成，让观众在观看的过程中，立刻感受到该款产品的专业性。

本片以中国新春佳节为背景，主要讲述月台上一对母子三分钟短暂相聚的故事。该视频虽然时间短，但是“麻雀虽小五脏俱全”，该有的元素一点不落，丝毫不逊于电影长片。航拍、远景、近景乃至特写的镜头设计，附以快节奏的剪辑，毫不拖泥带水的剧情，走心的故事和令人泪流满面的相见场景。在拍摄某些镜头时，为了使短片画面呈现电影质感，将观众的目光集中在故事的核心“母亲”身上，需要使镜头画面达到电影级的景深效果，陈可辛用 iPhone Ⅹ拍摄的同时，给手机增加了镜头转接口以及一枚“比 iPhone 还要大的镜头”，在人群中将主角母子给凸显出来，并在短片结束的最后打上一行字幕：“用 iPhone Ⅹ拍摄”。本身这种画面质感就让观众惊叹原来手机也可以拍出这么好的画质，而字幕的出现又诠释着一个新的理念——“每个人都可以成为生活中的导演”，从而完整地达到其视频营销的效果。

视频从头至尾没有出现任何有关 iphone Ⅹ 的身影，而是将设备放在了幕后，变成了导演手中的工具，变成了承载故事的容器，让观众把注意力更加集中在影片当中。

资料来源：陈可辛三分钟感动世界．(2018－09－05)［2020－03－24］．https：//v. youku. com/v_show/id_XMzM3MTIzMTM0OA. htm.

分析提示

《三分钟》短片效果堪比电影大片，主要在于导演运用镜头语言的功力，整部短片不仅采取远景、近景、特写等常规镜头来获取素材画面，还采取了航拍、延时摄影等技术；同样在镜头画面上遵循了画面构图的相关知识，来保证每一个镜头都呈现美感。该影片的成功，诠释视频营销的要求：一部成功的营销视频，首先要具备的是打动人心的并符合观众审美要求的视频画面。

项目分析

本项目从视频营销的拍摄技术入手进行知识的梳理，介绍了在制作视频时需要掌握的几个关键任务，即了解并掌握营销视频的拍摄技巧（任务一）、视频常用的构图方法（任务二）和营销视频主流制作软件（任务三），为企业或相关从业人员开展视频营销提供理论和技术支持。

思维导图

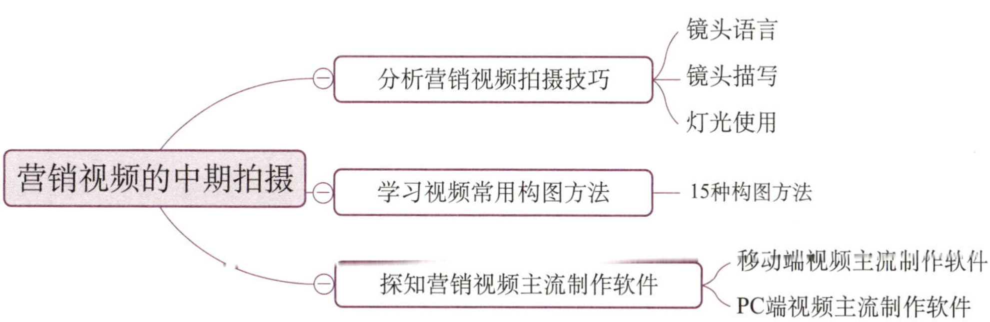

任务一　分析营销视频拍摄技巧

视频营销者要想制作的视频能够快速获得用户关注，形成良好的营销宣传效果，首先需要考虑视频是否符合大众审美，镜头传达的内容是否精准而深入人心。这就需要视频营销的制作者掌握视频拍摄的一些方法和技巧，如镜头语言、定场镜头、空镜头、分镜头、镜头移动拍摄和灯光使用等。

一、镜头语言

镜头语言就是用镜头像语言一样去表达拍摄者的内心想法。我们通常可经由摄影机所拍摄出来的画面看出拍摄者的意图；可从拍摄的主题及画面的变化，去感受拍摄者透过镜头所要表达的主要思想。

视频营销者想要让观看的受众了解自己的意图，就需要充分了解镜头语言中的几个主要知识，即景别、镜头运动、视频画面的处理方法。

（一）景别

景别，是指由于摄影机与被拍摄物的距离不同，而造成被拍摄物在摄影机寻像器中所呈现出的范围大小。景别可划分为六种，由远至近分别为远景、全景、中景、近景、特写、大特写。

在视频中，导演和摄影师利用复杂多变的场面调度和镜头调度，交替地使用各种不同的景别，可以使影片剧情的叙述、人物思想感情的表达、人物关系的处理更具有表现力，从而增强影片的艺术感染力。

1. 远景

远景是电视景别中视距最远、表现空间范围最大的一种景别。远景视野深广、宽阔，画面中人体隐约可辨，但难分别外部特征。其广阔深远的景象画面可以表现大规模的气势和意境，以展示人物活动的空间背景或环境气氛；还宜于表现规模浩大的人物活动，如炮火连天、硝烟弥漫的战场，人如潮涌的游行示威，千军万马的对阵厮杀等；用于电影中的开篇和结尾，有过渡转场的作用。如图 5－1 所示。

2. 全景

全景主要用于表现人物的全身或较小场景全貌的视频画面，相当于话剧、歌舞剧场“舞台框”的景观。在全景中，可以看清人物的动作和所处的环境。如图 5－2 所示。

图 5-1　远景图

图 5-2　全景图

3. 中景

中景只拍摄人物小腿以上部分的镜头，或用来拍摄与此相当的场景镜头。中景是叙事功能最强的一种景别，在包含对话、动作和情绪交流的场景中，利用中景景别可以最有利、最兼顾地表现人物之间、人物与周围环境之间的关系。如图 5-3 所示。

图 5-3　中景图

4. 近景

近景摄取于人物胸部以上的画面，具有传达人物的面部表情和内心世界的作用，是刻画人物性格最有力的景别。近景人物面部表情十分清楚，人物面部缺陷在近景中得到突出表现，在造型上要求细致，服装、道具都要十分逼真和生活化。如图 5－4 所示。

图 5－4　近景图

5. 特写

特写指摄影、摄像机在很近的距离内摄取对象。通常以人体肩部以上的头部为取景参照，突出强调人体的某个局部，或相应的物体细节、景物细节等。

特写镜头具有强烈的视觉感受，因此特写镜头不能滥用，要用得恰到好处，才能起到画龙点睛的作用，滥用会使人厌烦，反而会削弱它的表现力。如图 5－5 所示。

图 5－5　特写图

6. 大特写

大特写又称“细部特写”，指突出头像的局部，或身体、物体某一个细节部分。大特写的作用和特写镜头是相同的，只不过在艺术表现效果上更加强烈，可以将演员的情绪传达给观众。如图 5－6 所示。

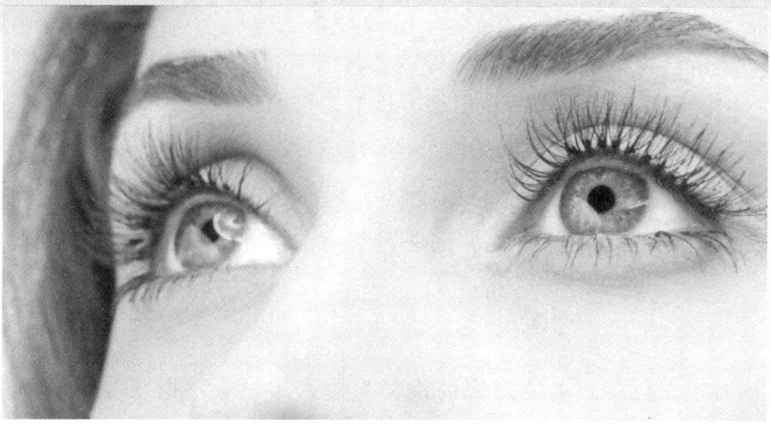

图 5-6　大特写图

（二）镜头运动

在视频作品中，处于静止状态的画面镜头是不多见的，大量的是运动镜头。一个运动镜头的构成为：起幅＋运动＋落幅。

镜头运动简单来说就是让拍摄的素材画面动起来，使画面有动感，所以视频作品中大量的是运动镜头，定镜头不多见，因为定镜头让人觉得死板。镜头运动一般包括以下类型。

1. 推

即推拍、推镜头，指被摄体不动，由拍摄机器做向前的运动拍摄，取景范围由大变小，主体部分或局部细节逐渐放大占满银幕。推镜头分快推、慢推、猛推。

推镜头在进行人物拍摄时，可以连续展现人物动作的变化过程，逐渐从形体动作推向脸部表情或动作细节，有助于揭示人物的内心活动。在景别拍摄上时，由远景变为中近景甚至特写的一个变化，可以突出拍摄主体，使观众的视觉注意力相对集中，并体会人物的内心情绪的变化。

2. 拉

拉镜头与推镜头的运动方向相反，被摄体不动，由摄影机向后进行拉摄运动，取景范围由小变大，被拍对象由大变小，与观众距离也逐步加大，也可分为慢拉、快拉、猛拉。

拉镜运动可使观众视点后移，看到局部和整体之间的联系，交代人物所处的环境。

3. 摇

指摄影、摄像机位置不动，机身依托于三脚架上的底盘作上下、左右、旋转等运动，在描述空间、介绍环境上它有独到的作用，使观众如同代表人物的眼睛环顾、打量周围的人或事物。

拍摄左右摇镜头常用来介绍大场面，上下直摇又常用来展示高大物体的雄伟险峻，摇镜头在展示过程中逐渐扩展景物时可以使观众产生身临其境的感觉。

4. 移

又称移动拍摄。从广义说，运动拍摄的各种方式都为移动拍摄。但在通常的意义上，移动拍摄专指把摄影、摄像机安放在运载工具上，沿着水平方向左右横移，就跟生活中的人们边走边看的状态一样在移动中拍摄对象。移拍与摇拍结合可以形成摇移拍摄方式。

移镜头同摇镜头一样，可以丰富画面的表现形式，创造具有电影特性的造型形象，但因机器不是固定不变，所以移镜头比摇镜头有更大的自由能打破画面的局限，扩大空间。

5. 跟

跟随被拍对象保持距离运动的移动镜头被称为跟镜头，指跟踪拍摄。跟移是一种，还有跟摇、跟推、跟拉、跟升、跟降等，即将跟摄与拉、摇、移、升、降等 20 多种拍摄方法结合在一起，同时进行。总之，跟拍的手法灵活多样，跟镜头始终跟随运动着的主体，它使观众的眼睛始终盯牢在被跟摄人体、物体上。

跟镜头使观众可以有特别强烈的穿越空间的感觉，适合连续表现所拍摄人物的动作和表情或细部的变化。

6. 甩

甩镜头是快速移动拍摄设备，从一个静止画面快速甩到另一个静止画面，而中间在摇转过程中所拍摄下来的部分影像变得模糊不清楚。甩镜头的另一种方法是专门拍摄一段向所需方向甩出的流动影像镜头，再剪辑到前后两个镜头之间。

甩镜头在表现人物视线的快速移动或某种特殊视觉效果时使画面有一种突然性和爆发力。甩镜头所产生的效果是极快速度的节奏，可以造成突然的过渡。

7. 升降

升降镜头是摄像机借助升降装置一边升降一边拍摄的方式，做上下运动拍摄出来的画面。

升降运动带来了画面视域的扩展和收缩，是一种从多个视点表现场景的方法，通过视点的连续变化形成了多角度、多方位的构图效果。其变化有垂直升降、弧形升降、斜向升降或不规则升降。

升降镜头运动能将大物体各个局部纵深空间点面关系表现出来，主要用于表现影视画面的现场规模气势和氛围。升降镜头在速度和节奏方面运用适当，可以创造性地表达出特定场戏的情调，比如剧情节奏欢快、紧张、恐惧等。

（三）视频画面的处理方法

运用影视画面的处理技巧来解构全片，推动情节发展，进行时空转换，处理人物关系，是影视艺术的一种结构形式、一种表现手段、一种剪辑手法。这种有技巧的画面处理，直接关系着视频中情节的变化、时空的省略和延伸、场景的转换、季节的交替、人物的成长、历史的变迁等一系列蒙太奇的准确性，是视频结构和表现形式的重要组成部分。动作的连贯与时空的连续，是视频画面处理技巧最主要的特征。转场是运用这一技巧的主要内容和目的。

视频画面的处理方法主要包括以下几种：

(1) 淡入：又称渐显。指下一段戏的第一个镜头光度由零度逐渐增至正常的强度，如舞台的“幕启”。

(2) 淡出：又称渐隐。指上一段戏的最后一个镜头由正常的光度逐渐变暗到零度，如舞台的“幕落”。

(3) 化：又称溶，指前一个画面刚刚消失，第二个画面同时涌现，两者是在溶的状态下完成画面内容的更替。其用于时间转换，表现梦幻、想象、回忆；表现景物的变幻莫测，令人目不暇接；自然承接转场，叙述顺畅。化的过程通常有 3 秒左右。

(4) 叠：又称叠印，指前后画面都有部分留存在银幕或荧屏上。这是通过分割画面来表现人物的联系，推动情节的发展。

(5) 划：又称划入、划出。它不同于化、叠，而是以线条或用几何图形，如圆、菱、帘、三角、多角等形状或方式改变画面内容的一种技巧。例如，用“圆”的方式“圈入圈出”画面，用“帘”的方式像卷帘子一样使镜头内容发生变化。

(6) 入画：指角色进入拍摄机器的取景画幅中，可以经由上、下、左、右等多个方向。

(7) 出画：指角色原在镜头中，由上、下、左、右离开拍摄画面。

(8) 定格：指将视频的某一格、某一帧通过技术手段增加若干格、帧相同的画面，以达到影像处于静止状态的目的。例如，电影、电视画面的各段都是以定格开始，由静变动，最后以定格结束，由动变静。

(9) 倒正画面：以屏幕的横向中心线为轴心，经过 180 度的翻转，使原来的画面由倒到正，或由正到倒。

(10) 翻转画面：以屏幕的竖向中心线为轴线，使画面经过 180 度的翻转后消失，引出下一个镜头。一般表现新与旧、穷与富、喜与悲、今与昔的强烈对比。

(11) 起幅：指摄像机开拍的第一个画面。

(12) 落幅：指摄像机停机前的最后一个画面。

(13) 闪回：表现人物内心活动的一种手法，即突然以很短暂的画面插入某一场景，用于表现人物此时此刻的心理活动和感情起伏，手法极其简洁、明快。“闪回”的内容一般为过去出现的场景或已经发生的事情，而用于表现人物对未来或即将发生的事情的想象和预感则称为“前闪”，它们统称为“闪念”。

(14) 蒙太奇：指将一系列在不同地点、从不同距离和角度、以不同方法拍摄的镜头排列组合起来。它大致可以分为“叙事蒙太奇”与“表现蒙太奇”，前者主要以展现事件为宗旨，一般的平行剪接、交叉剪接都属于此类；后者则是为加强艺术表现与情绪感染力，通过“不相关”镜头的相连或内容上的相互对照而产生原本不具有的新内涵。

(15) 剪辑：视频拍摄完成后，依照剧情发展和结构的要求，将各个镜头的画面和声音经过选择、整理和修剪，然后按照蒙太奇原理和富有艺术效果的顺序组接起来，成为一个内容完整、具有艺术感染力的作品。

二、镜头描写

(一) 定场镜头

定场镜头，指的是影片一开始或一场戏的开头，用来明确交代时间和地点的镜头，通常是一种视野宽阔的远景。定场镜头可以交代故事的社会背景，为视频奠定节奏，营造视频的气氛和感情基调。

定场镜头是拍摄视频的核心镜头之一，它告诉观众在哪里或什么时候下一个场景将会发生。定场镜头的拍摄手法包括常规拍摄、结合情节、建立地理概念及确定时间等。

(1) 常规拍摄：从一个大环境切换到具体的场景。例如，从办公大楼进入主角所在的办公室。在拍摄时，还可以结合广角镜头、仰视拍摄、变体拍摄等技巧。

(2) 结合情节：故事融入定场镜头中。例如，镜头中出现了一位在办公室中情绪非常焦急的工作人员，观众不知道是什么原因导致他这样焦急，从而产生好奇心，将注意力集中到故事情节中。

(3) 建立地理概念：通过定场镜头让观众知道主角在哪里、是什么地方，以及事物和人物之间有着怎样的联系，防止观众因地理概念的混淆而从故事情节上分心。

(4) 确定时间：在同一地点回到之前拍摄的定场镜头，但时间却不一样，可以是一天后、一周后、一年后等，观众一般会记得早期的镜头，所以使用相同的定场镜头（同一拍摄地点）切换白天、夜晚或不同的季节，可以巧妙地展现时间的流逝。

（二）空镜头

空镜头又叫“景物镜头”，也就是指画面中没有人。空镜头用于介绍环境背景、交代时间和空间、抒发人物情绪、推进故事情节、表达作者态度等，具有说明、暗示、象征、隐喻等功能。其作用是：产生借物喻情、见景生情、情景交融、渲染意境、烘托气氛、引起联想等艺术效果。

空镜头主要分为两类，即写景与写物。写景镜头，往往用全景或远景表现；写物是细节描写镜头，一般采用近景或特写。

例如，《三分钟》这部影视短片的空镜头截图，影片中大量运用空镜头以不同的角度拍摄火车，火车代表的是离别，这些空镜头产生了见景生情的艺术效果，抒发人物离别情绪。如图 5-7 所示。

图 5-7 《三分钟》短片截图：空镜头运用

（三）分镜头

分镜头可以理解成视频的一小段镜头，电影是若干个分镜头剪辑而成的。分镜头是一个特别关键的概念，它的作用是使人们能够从不同视角、不同方面了解到画面所要表达的主题。多使用分镜头，可以让观众更加全面、快速了解被拍摄对象，更有兴趣地观看下去。

例如，在《三分钟》这部影视短片中，用短小而干净的镜头剪辑方式，将人物（男孩的局部特写）、场景（火车行驶的空境）反复穿插和交替应用，将这几个镜头画面连接起来进行剧情的表达，暗示着孩子的心理状态，急切地盼望着火车上的妈妈的到来。如图 5－8、图 5－9 所示。

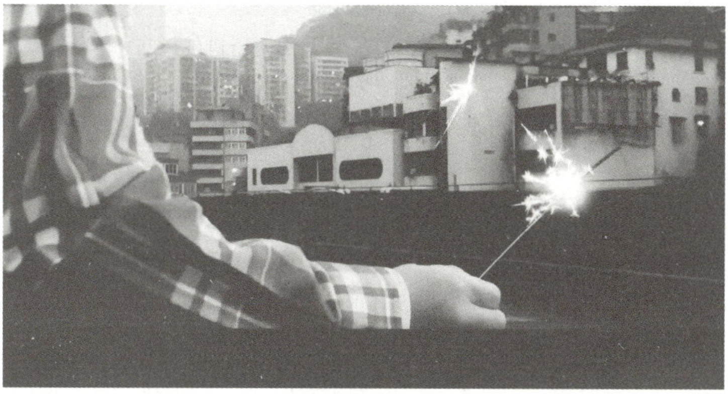

图 5－8　《三分钟》短片截图：男孩局部分镜

图 5－9　《三分钟》短片截图：行驶的火车

（四）镜头移动拍摄

动静结合的拍摄，即“动态画面静着拍，静态画面动着拍”。

在拍摄动态画面时，镜头最好保持静止。动态画面指的是拍摄的画面本身在动，如冒泡泡的可乐、路上行进的车辆、奔涌的浪花、闪烁的霓虹灯等。这些画面被拍摄体本身在动，如果拍摄时的镜头也有大幅度的移动，会让整个画面比较混乱，找不到拍摄的主体。所以，当拍摄完一个画面后，尝试着换一种角度，也不要动，完成下一个分镜头的拍摄。如在《三分钟》这部影视短片中行进的火车的视频画面，如图 5－10 所示。

如果在拍摄静态画面时镜头也静止不动，相比而言就会显得单调。因此，在拍摄静态画面时，镜头可以缓缓地移动，但是不要让拍摄的物体移到画面边缘或者画面外。在移动镜头时，可以从上到下移动，也可以从左到右移动，尽量平行、平稳地移动，要让拍摄的画面保持稳定。

图 5-10 《三分钟》短片截图：行进的火车

三、灯光使用

灯光是视频艺术的重要组成部分，它的工具和手法拥有太多的变化，对于新手来说，一开始会比较困难，而且灯光使用没有标准答案。一个场景如果由不同的摄影师来使用不同的布光手法，会产生完全不同的情绪和发展。大部分的场景灯光照明都是在经典的三点布光法基础上变化和发展来的，下面以电影《哈利·波特与死亡圣器》为例具体说明。

（一）主光

主光是在视频中占支配地位的光，是整个场景中最直接的光，它照亮了被摄主体，并通过高光和阴影来决定画面的造型。主光在布光过程中应该被首先考虑，因为在同一场景中，不论景别和摄影机运动如何变化，主光的方位应该是统一的，切不能随意变化。图 5-11 中主光被设置在人物的背面，它会降低整体画面的亮度，从而营造一种神秘而富有戏剧性的情绪。

图 5-11 电影《哈利·波特与死亡圣器》主光画面截图

（二）辅光

辅光主要用于补充主体上主光照不到的阴影侧，因而常被设置在主光的相对侧。辅光的主要作用在于提高阴影部分的亮度，平衡明暗亮度差，调节画面的光比，将该表面上的细节和层次呈现给摄影机。辅光的亮度应小于主光，否则会在被摄对象上造成明显的辅光投影，产生喧宾夺主的反效果。如图 5-12 所示。

图 5-12 电影《哈利·波特与死亡圣器》辅光画面截图

（三）背光

背光（逆光）从被摄对象的后方照射，其强度甚至高于主光。背光通常用于将被摄主体与背景分隔离开来，并强化其轮廓。如图 5-13 所示。

图 5-13 电影《哈利·波特与死亡圣器》背光画面截图

（四）侧光

侧光就是来自被摄主体平行侧面的光，常被用于低调高反差照明，非常适合于营造矛盾、惊悚和神秘的气氛。这是一种历史悠久的照明手法，源自早期的黑色电影。从图 5-14 来看，侧光能让主体更有质感。

图 5-14 电影《哈利·波特与死亡圣器》侧光画面截图

（五）场景光

场景光指的是场景中实际存在的人工光源，比如室内的吊灯、电视机、蜡烛，室外的路灯、警灯等。这些来自实际场景的灯光是照明的主要光源之一，也增加了场景的深度。如图 5-15 中的灯就是为了满足拍摄的需要。

图 5-15　电影《哈利·波特与死亡圣器》场景光画面截图

（六）反射光

反射光指的是经过反射的光，而不是来自一个自发光的光源。反射器可以是反光板，可以是泡沫板，也可以是白墙或者是天花板。使用反射光的好处在于其灵活性，便于携带，自由调整，且无须电源。如图 5-16 所示。

图 5-16　反射光画面截图

（七）软光

软光（散射光）不会产生边缘锐利的阴影，让亮部与暗部的反差适中，影像也更接近于常态。此外，软光还具有提升画面层次、减少瑕疵和美化对象的作用。硬光是指强烈的直射光。在硬光的照明下，被摄体上有受光面、背光面和影子，这是构成被摄体立体形态的有效效果。晴天的太阳是一个硬光源，而在云层的衍射下它又成为一个巨大的柔光灯。如图 5-17 所示。

图 5-17　电影《哈利·波特与死亡圣器》软光画面截图

任务二　学习视频常用构图方法

短视频拍摄和摄影，一个是动态画面，一个是静态画面，这两者没有本质上的区别。拍摄和摄影都是通过镜头来看世界，而构图，就是传达出你对世界的了解，如果构图不是摄影的本质的话，那么至少也是它的基本形式，也是以人的视觉感受方式重新界定物质世界呈现的方式，从而来满足叙事和审美需要这个前提。

一、中心构图法

中心构图法是将主体放置在画面中心进行构图。一般来说，画面中间是人们的视觉焦点，看到画面时最先看到的是画面的中心点位置。这种构图方法的优势在于被摄主体突出、明确，而且画面容易获得左右平衡的效果。如图 5-18 所示。

图 5-18　中心构图法

二、九宫格构图法

九宫格构图法注重黄金分割点的取景，它是利用画面中的上、下、左、右四条黄金分割线对画面进行分割。“井”字的四个交叉点就是主体的最佳位置。一般认为，右上方的交叉点最为理想，其次为右下方的交叉点。但也不是一成不变的。这种构图格式较为符合人们的视觉习惯，使主体自然成为视觉中心，具有突出主体，并使画面趋向均衡的特点。采用九宫格构图法能够使画面呈现出变化与动感，且富有活力。当然，这四个黄金分割点也有不同的视觉感应，上方两点的动感比下方两点的动感强，左侧两点的动感比右侧两点的动感强，重点要注意视觉平衡问题。如图 5－19 所示为采用引导线构图所拍摄的画面。

图 5－19　九宫格构图法

三、二分构图法

二分构图法的构图对半分割，也就是把画面一分为二。可分为以中心为重点进行分割和上下分割。

（一）以中心为重点进行分割

把重点放中央！如图 5－20 所示，虽然重点很小，但画面上有两条很明显的引导线，吸引观赏者的视线。

图 5－20　以中心为重点进行分割法

（二）上下分割

利用地平线和湖面等线条，将影像对半分开，然后如同两张独立的相片，各自再构图，这给人的感觉非常有趣和新颖。如图 5－21 所示，画面被对分成上下两半。

图 5－21　上下分割法

四、三分构图法

三分构图法实际上是“黄金分割”的简化版，也是构图里面最基础的构图方式，但所有的构图都是在三分法的基础上来创作的。利用这种构图方法的基本目的是避免对称式构图。三分构图法分为横向三分法和纵向三分法，是指把画面分成三等份，每一份的中心都可以放置主体形态，适合表现多形态平行焦点的主题。这种构图方法不仅可以表现大空间，还可以表现小空间大对象。

（一）横向三分法

在平时拍摄过程中，我们可以把主体或者说想要表现出来的东西放在黄金分割点上，以更加地突出它们。整个画面被两根实的横线切为三大块，加上竖着的条线把画面切成了九宫格，可以从图片中看出画面的主体位于两个线的交叉点上面，这个点也被称为黄金分割点，如图 5－22 所示。

（二）纵向三分法

在刻画主题的时候，纵向三分法在人物主题的视觉上会很平衡很舒适。如图 5－23 所示。

图 5-22　横向三分构图法

图 5-23　纵向三分构图法

五、对称构图法

对称式构图是一种图表形式，具有平衡、稳定、相呼应的特点。对称构图法是按照对称轴或对称中心使画面中的静物形成轴对称或中心对称，给观众以稳定、安逸、平衡的感觉。这种构图方法适合在拍摄建筑物等内容时使用，但不适合表现快节奏的内容。对称构图法并不讲究完全对称，只要做到形式上的对称即可。要让一张对称式构图显得不那么单调，还需要考虑画面的稳定性。常见对称构图有三种：中心对称、左右对称、上下对称。

（一）中心对称

中心对称是指人物在画面的中间，从而形成一个居中点。图 5-24 中小路两边的树木形成了一个中心对称。

图 5-24　中心对称构图法

（二）左右对称

居中对称的画面常比较呆板、缺少变化，所以在拍摄过程中也常使用左右对称。如把两个人物放在画面中从而形成了两边的对称，如图 5-25 所示。

图 5-25　左右对称构图法

（三）上下对称

上下对称式构图主要适用于拍摄倒影。除了建筑物所表现出来的物理性质的垂直对称以外，我们还可以通过水面来拍摄上下对称的画面，这里的对称就不是元素的镜像对称了，而是分界线的对比对称，在水面和地面相接之处，总会存在一条分界线，我们将此界限作为对称中心，拍摄上下分离的画面。

上下对称的水平构图通常用于风景摄影中，尤其是当画面中有水面存在的时候。这样的拍摄简单之处在于我们可以很轻易地找到水平线，在画面分割上，使用中心对称，一半对一半，或者三分构图，1/3 天或者 2/3 天由我们来决定。如图 5-26 所示。

六、框架构图法

框架构图法是用前景静物做一个“框架”，形成某种遮挡感，这样有利于增强构图

图 5-26 上下对称构图法

的空间深度，将观众视线引向中景、远景处的主体。由于框架的亮度往往暗于框架内景色的亮度，明暗反差较大，所以在使用这种构图方法时要注意框内景物的曝光过度与边框曝光不足的问题。这种构图方法用在短视频中会有一种窥视的感觉，让画面充满神秘感，从而激发观众的观看兴趣。如图 5-27 所示。

图 5-27 框架构图法

在使用框架构图时要牢记保持前景与拍摄主体之间的平衡，勿使照片中的框架太过突兀。使用广角镜头时，不要将主体影像拍得太小，而应向后退，用中变焦镜头轻微地压缩视角，使主体影像自然增大。

七、水平线构图法

水平线构图能够给人一种延伸的感觉，在采用水平线构图法进行构图时，居中水平线可以给人以和谐、稳定的感觉，下移水平线主要强调天空的风景，上移水平线主要强调眼前的静物，多重水平线则会产生一种反复强调的效果。视野是在照片中最常见的水平线，它们通常作为照片中的分界点，实际上是图像的其余部分形成的锚点。

如果想强调地平线的平静稳定影响，一种有效的技术是使用水平框架拍摄图像（相机框架的最长部分从左到右不间断的视野通常会导致照片感觉有点静止或暗淡，一个好的策略是在拍照的景观中使用其他形状来打破并给出兴趣点，如山脉、树木、建筑物等）。如图 5－28 所示。

图 5－28　水平线构图法（1）

在使用水平线构图时通常不应将视野放置在框架的中间，这会使图像在构图上感觉不稳定。一种更有效的技术是将它们放置在框架的上三分之一或下三分之一处。水平线的图层可以在图像中创建节奏或图案，其可以成为图像本身的焦点。用对象或相交的垂直线打破水平线也可以产生兴趣。如图 5－29 所示。

图 5－29　水平线构图法（2）

八、对角线构图法

对角线构图法是指被摄主体沿画面的对角线方向排列，能够表现出很强的动感、不稳定性或生命力等感觉，给观众以更加饱满的视觉体验。对角线构图富于动感，画面活泼，容易产生线条的汇聚趋势，吸引人的视线，达到突出主题的效果。

如图 5-30 所示，模特的手跟放枣子的盘形成一个对角线式的构图，表现画面很有运动感。

图 5-30 对角线构图法（1）

对角线构图法可以使拍出来的画面具有延伸性与空间感，在视觉上也更为立体，运用对角线法时避免不了画面的留白，所以会给人一种干净的感觉。如图 5-31 所示。

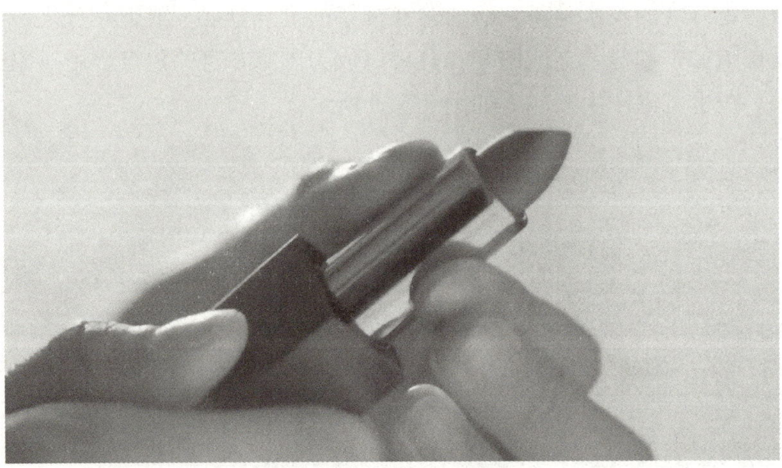

图 5-31 对角线构图法（2）

对角线构图又有别于其他中规中矩的构图，它本身带有几分俏皮与动感。

九、垂直线构图法

垂直线构图法是指在画面中，有明显的垂直线的元素，以垂直形式进行构图，主要强调被摄主体的高度和纵向气势，并且能够在画面中形成具有明显的垂直特征，多用于表现深度和形式感，给人一种平衡、稳定、雄伟的感觉。在采用这种构图方法时，拍摄者要注意让画面的结构布局疏密有度，使画面更有新意且富有节奏。这里指的垂直线并不一定是笔直的垂直直线构成，而是在视觉上形成垂直的感觉的线条，比如挺拔的树枝和都市高楼等。

垂直线构图的特点是严肃、宁静，而且垂直形体在画面中的分量要比同样大小的歪斜形体的分量重，所以垂直线构图会使画面的动感减少。用垂直线构图的方法拍摄的景物一般都是向画面的上下方向发展的。在利用垂直元素进行构图拍摄时，一定要保证这些垂直线条在画面中垂直，因为一条歪斜的竖直线就会打破画面的平衡、和谐，造成构图不严谨，让画面失去原有的意境。如图 5－32 所示。

图 5－32　垂直线构图法

十、引导线构图法

人眼对线条有着天生的敏感，尤其是具有明显方向性的线条。利用一组或多组线条，可以有效吸引、引导观众的视线，这些线条被称为视觉引导线。引导线构图法是利用线条来引导观众的目光，使其汇聚到画面的主要表达对象上。这种构图方法可以让画面具有很好的纵深感，画面中的前后景物相互呼应，产生很强的立体感，并且可以划分画面的结构层次与布局情况，让画面的结构更加分明。

这种构图方法适合在拍摄大场景、远景的画面时使用。引导线作用于视觉焦点，突出主体，烘托主题；使画面更有空间感和纵深感；让人有身临其境的感觉，画面代入感强；给画面添加美感，远近处的景物照相呼应，使画面整体饱满起来。如图 5－33 所示。

图 5－33　引导线构图法

十一、S形构图法

S形构图法是指被摄主体以S的形状从前景向中景和后景延伸，使画面形成纵深方向空间关系的视觉感，可以让画面充满灵动的感觉，能够表现出一种曲线条的柔美。S形构图法的动感效果强烈，既动又稳。如河流、小路、地形构成纵深方向的空间关系的视觉感，画面比较主动，富有空间感。

S形构图也可以被视为半圆形构图的反向重复出现，这种蜿蜒迂回的曲线被称为霍加斯曲线。如图5-34所示。

图5-34　S形构图法（1）

如图5-35所示，S形构图具有流畅、由远到近的感觉，而且画面显得不死板，给人一种流动和舒畅的吸引力。

图5-35　S形构图法（2）

十二、三角形构图法

三角形构图法是以三个视觉中心为景物的主要位置，有时是以三点成面几何构成来安排景物，形成一个稳定的三角形。三角形构图具有极强的稳定感和视觉冲击力，有很强的引导力。其中斜三角较为常用，也较为灵活。三角形构图分为正三角形构图、倒三角形构图、不规则三角形构图。

（一）正三角形构图

正三角形构图能够营造出画面整体的安定感，给人以力量强大、无法撼动的印象。三角形构图具有安定、均衡但也不失灵活的特点。如可以应用人物的坐姿形成三角形，如图 5－36 所示。

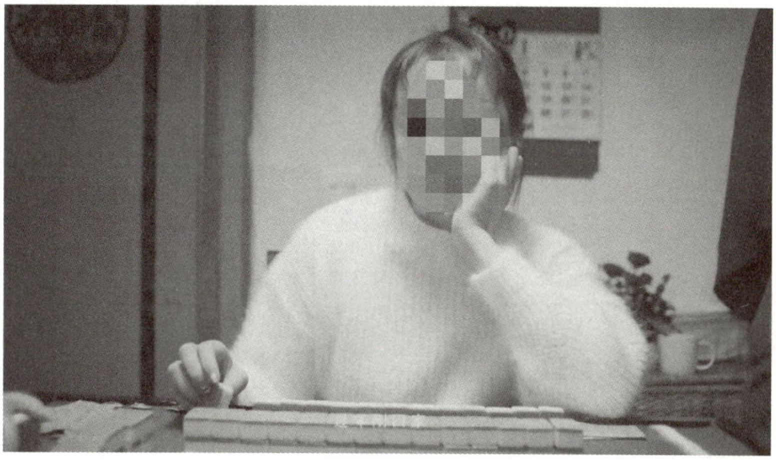

图 5－36　正三角形构图法

（二）倒三角形构图

倒三角形构图给人一种开放性及不稳定性所产生的紧张感。如用两个人物在拉扯衣服的过程形成倒三角形构图，如图 5－37 所示。

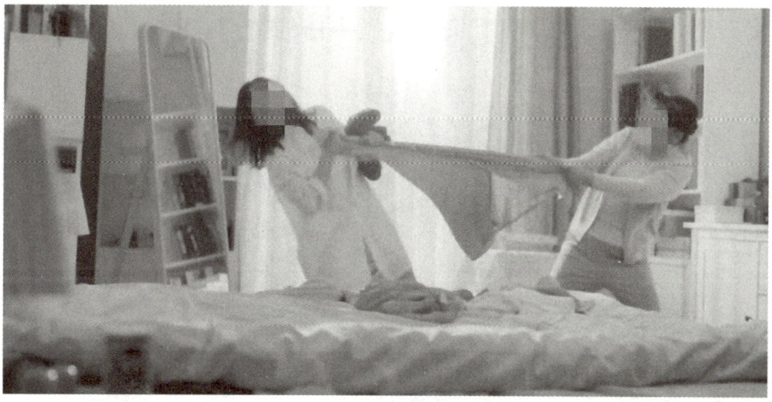

图 5－37　倒三角形构图法

（三）不规则三角形构图

不规则三角形构图会给人一种灵活性和跃动感。如图 5－38 所示，画面中有一个人物在滑板跳跃中形成了一个三角形，正是利用了这天然的不稳定感，从而形成了很强的牵引能力。

十三、辐射构图法

辐射构图法是以被摄主体为核心，让景物呈四周扩收放射的构图形式，可以使观众

图 5-38　不规则三角形构图法

的注意力集中到被摄主体，而后又有开阔、舒展、扩散的作用，经常用于需要突出被摄主体但场面比较复杂的场合，也用于使人物或景物在较为复杂的情况下产生特殊效果等场景。

虽然辐射出来的是线条或图案，但按照其规律可以很清晰地找到辐射中心。辐射构图法具有两大特点：一是增强画面张力，例如，在风光类短视频中，一束束阳光穿过云层，使用辐射构图法可以有效地增强画面的张力；二是收紧画面主题，虽然辐射构图法具有强烈的发散感，但这种发散具有突出被摄主体的特点，有时也可以产生压迫中心、局促沉重的感觉。如图 5-39 所示。

图 5-39　辐射构图法

十四、建筑构图法

建筑构图法指在拍摄都市建筑时，避开与主体无关的邻近建筑、电线、广告牌等的干扰，寻找能够充分表现建筑的拍摄点，以获得比较理想的构图效果。建筑构图法是指导建筑造型设计的原则，又是检验建筑造型美观与否的标准。

多样统一，既是建筑艺术形式的普遍法则，同样也是建筑创作中的重要原则。达到多样统一的手段是多方面的，如对比、主从、韵律等形式美的规律。另外，建筑物是由各种不同用途的空间组成的，它们的形状、大小、色彩、质感等各不相同，这些客观存在着的千差万别的因素，是构成建筑形式美多样变化的物质基础。然而，它们之间又有一定的内在联系，诸如结构、设备的系统性，功能、美观要求的一致性等。这些又是建筑艺术形式能够达到统一的内在依据。所以，建筑艺术形式的构图任务，要求在建筑空间组合中，结合一定的创作意境，巧妙地运用这些内在因素的差别性和一致性，加以有规律、有节奏的处理，使建筑的艺术形式达到多样统一的效果。

由于建筑物具有不可移动性，所以选好拍摄点对取景构图尤为重要。拍摄点应有利于表现建筑的空间、层次和环境。空间是建筑的主体，层次是表现空间的变化和深度，而环境不仅仅是为了衬托建筑、创造气氛，其本身就是建筑的一个不可或缺的组成部分。如图 5-40 所示。

图 5-40　建筑构图法

十五、封闭式构图法和开放式构图法

（一）封闭式构图法

封闭式构图法比较讲究画面的整体和谐与严谨，画面具有一定的完整性。该方法是一种常用的表现手法，适合表现一些和谐、具有美感的风光和一些平静、严肃的人物主体上。如图 5-41 所示。

图 5-41　封闭式构图法

（二）开放式构图法

开放式构图与封闭式构图正好相反，其画面并非展现一个相对完整的信息，画面中的某些因素可能是被切掉的一部分，也可能是完整的形象。但其运动状态或某种指向具有向画面外发散的趋势，让人产生对画面外的联想。也就是说，画面内的可见元素与画面外的不可见元素发生了某种关联，人们看到的不只是作品大小的画面，而是在头脑中产生了更大、更广的画面。

开放式构图画面不完整，强调画外空间的存在和延伸，和画外空间有联系，适合用于人文纪实类的拍摄题材，或者一些带有故事情节和现场感的生活小品等。因为开放式构图法带有很大的随意性，拍摄的思维可以放得更开、更广，所以是一种打破常规、打破均衡的构图方式，往往可以获得耐人寻味的拍摄效果。如图 5－42 所示。

图 5－42　开放式构图法

任务三　探知营销视频主流制作软件

一、移动端视频主流制作软件

（一）“蕉片”APP

“蕉片”APP 是一款集拍摄、导入、剪辑与分享等多功能于一体的移动视频制作软件，为短视频拍摄爱好者提供了从视频创作到分发的一站式服务。

它能帮助用户快速记录身边发生的美好，还有各种滤镜供挑选，让你的照片瞬间变大片儿。

它的滤镜效果多样并智能，多段视频拼剪操作比较便捷，贴纸与字幕样板清新可爱，深受年轻学生喜爱。如图 5－43、图 5－44 所示。

（二）“VUE”APP

VUE 是 iOS 和 Android 平台上的一款 Vlog 社区与编辑工具，允许用户通过简单的操作实现 Vlog 的拍摄、剪辑、细调和发布，记录与分享生活，还可以在社区直接浏览他人发布的 Vlog，与 Vloggers 互动。

图 5-43 蕉片 APP 主页

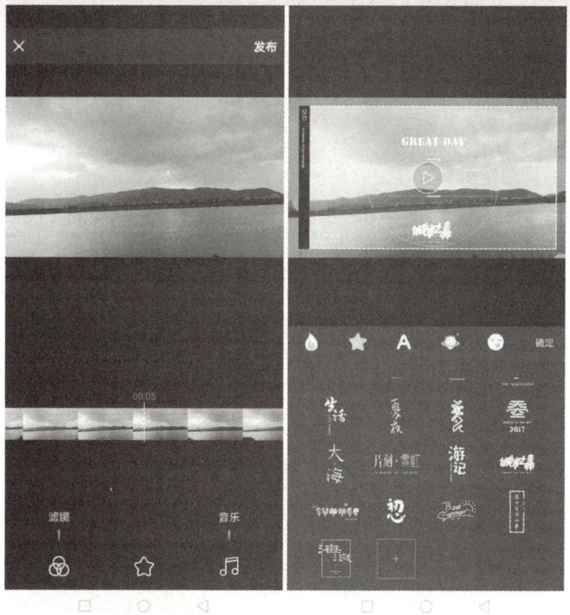

调整前　　调整后

图 5-44 蕉片 APP

它有电影调色专家调制的无数款滤镜，切换至前置摄像头会出现自然的自拍美颜功能，还有六款自带的创作套件可供选择，并且支持分享至社交网络，深受年轻人的喜爱。如图 5-45 所示。

主页面　　创作套件

图 5-45 UVE APP

（三）“快影”APP

快影有强大的视频剪辑功能，丰富的音乐库、音效库和新式封面，让你在手机上就能轻轻松松完成视频编辑和视频创意，制作出令人惊艳的趣味视频。

快影是用户编辑搞笑段子、游戏和美食等视频的优质选择，特别适合用于 30 秒以上的视频制作，其内置大量音乐，可以添加多段音乐到视频，可以给视频添加个性化的封面，还可以给视频添加多段个性字幕，让作品表现力无与伦比。

视频制作完成可一键导出高清作品到本地相册，可以将 10 分钟视频直接上传至快手，并且快影提供基础教程可供学习，是目前网红及各年龄段人使用极多的一款 APP。如图 5-46、图 5-47 所示。

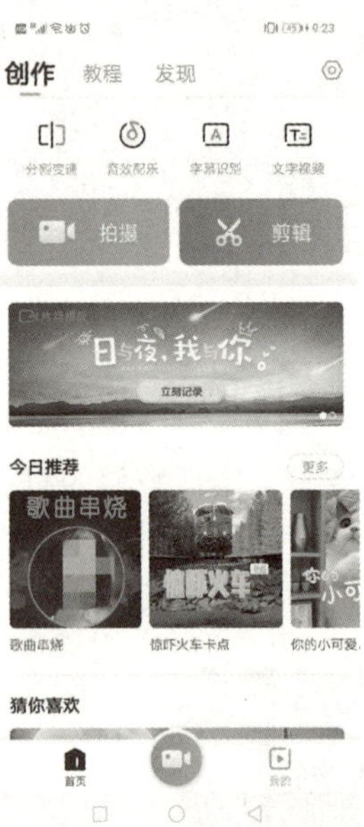

图 5-46　快影 APP 主页面

自带音乐库　　所携教程

图 5-47　快影 APP

（四）“简影”APP

简影是视频影视后期制作软件，它简便易用，不需要专业的知识和复杂的操作就能制作视频，使手机视频制作简约而不简单。

它提供目前主流的小视频模板，具体有微商营销、电影改编、文字心情表达、视频表白、恶搞等，有一些视频中还具有主流的 3D 场景，具有视觉冲击力。

简影制作出的视频可达 720p 分辨率，同类软件中有较高的清晰度，在高清电视、投影仪下播放无压力，深受网红、微商等人员的喜欢。如图 5-48 所示。

（五）“Bger”APP

Bger——创意宣传片与电子相册视频制作大师，特有傻瓜化 AE 特效视频制作系统，不仅可快速将图片视频合并转化，还可一键制作超炫企业宣传片、电子相册、广告、淘宝视频主图、详情页、微商相册视频、音乐相册 MV、影集短片等多种宣传营销视频。

主页面兼主题模板　　　　主题模板拍摄页面

图 5-48　简影 APP

Bger 的视频模板具有多图展示、可编辑文字特效以及华丽的镜头转场，每一个视频模板都经过精心雕琢，手机拍摄或屏幕录制的任何素材视频经过编辑，立即呈现满满高级感，深受电商从业人员的喜欢。因此，它具有的大多数模板采取收费形式，只有少数免费模板。如图 5-49 所示。

主页面兼模板　　　　模板拍摄页面

图 5-49　Bger APP

二、PC 端视频主流制作软件

（一）爱剪辑

爱剪辑是一款适合中国用户使用习惯与功能需求的视频制作软件，不需要视频剪辑基础，不需要理解专业词汇，以最直观易懂的方式剪辑。

爱剪辑是一款全能的免费视频剪辑软件。支持视频与音频格式、逼真的好莱坞文字特效、炫酷的转场特效，最全的卡拉 OK 效果、MTV 字幕功能，专业的加相框、加贴图以及去水印功能等，基本的诉求都能满足，如图 5-50 所示。添加文字效果如图 5-51 所示。

这款视频剪辑软件功能强大、操作简单还免费，深受喜欢拍视频的年轻人的喜爱。

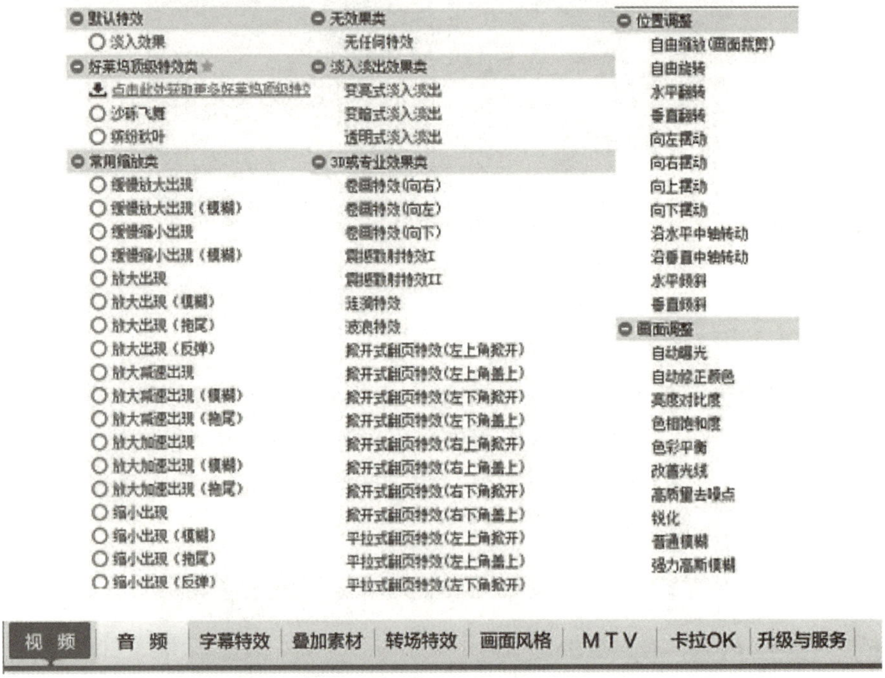

图 5-50　爱剪辑界面

图 5-51　爱剪辑添加文字效果

（二）会声会影

会声会影是一款功能强大的视频编辑软件，可以抓取，转换 MV、DV、V8、TV 和实时记录抓取画面文件，并提供 100 多种的编制功能与效果。

它适合普通大众使用，操作简单易懂，界面简洁明快。功能丰富的作风赢得了良好的口碑，在国内的普及度较高。其成批转换功能与捕获格式完整支持，让剪辑影片更快、更有效率；画面特写镜头与对象创意覆叠，可随意做出新奇百变的创意效果；配乐大师与杜比 AC3 支持，让影片配乐更精准、更立体；同时有酷炫的 128 组影片转场、37 组视频滤镜、76 种标题动画等丰富效果。会声会影多重修剪、编辑色调截图如图 5 - 52、图 5 - 53 所示。

图 5 - 52　会声会影多重修剪截图

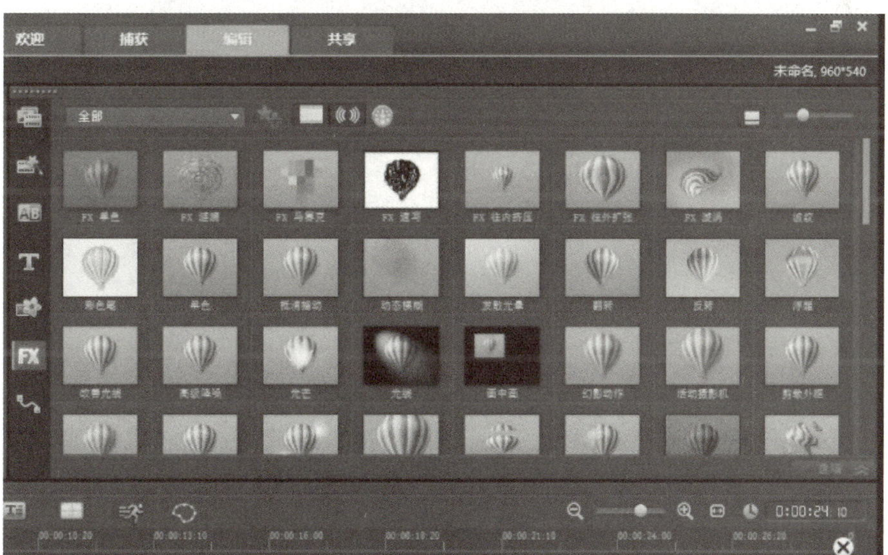

图 5 - 53　会声会影编辑色调截图

虽然它包含很多东西，也很方便，但是它的正版软件下载需要购买，这也是有的人没有用它的原因。

（三）Adobe Premiere

Adobe Premiere 是一款常用的视频编辑软件，是为视频编辑爱好者和专业人士准备的必不可少的视频编辑工具。虽然是专业的视频编辑软件，但是它易学、高效、精确。

它提供了采集、剪辑、调色、美化音频、字幕添加、输出、DVD 刻录的一整套流程，用于视频段落的组合和拼接，并提供一定的特效与调色功能，通过第三方插件可实现专业的调色，满足创建高质量作品的要求。如图 5－54 所示。

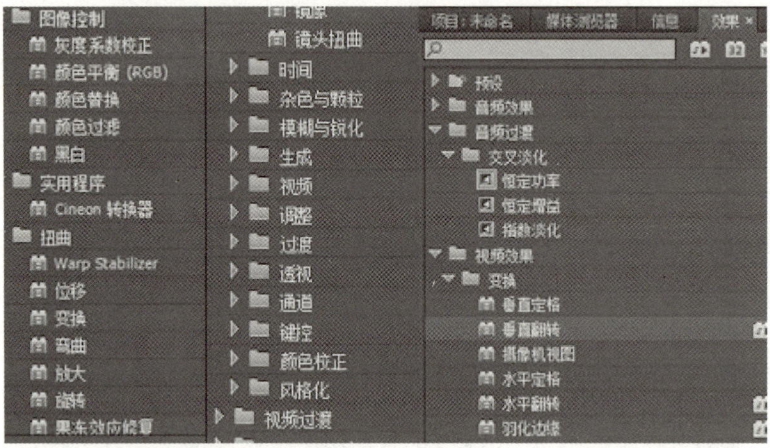

图 5－54 Premiere 界面

比如图 5－55 是用 PR 调色效果图片。

调色前

图 5－55 Premiere 调色效果对比

调色后

图 5-55　Premiere 调色效果对比（续）

（四）After Effects

Premiere、After Effects 同属 Adobe 公司，是视频制作领域专业人士常使用的后期特效加工工具。

针对营销视频的制作，在 After Effects 里可以完成文字特效、粒子特效、光效、仿真特效、调色技法以及高级特效等，为视频效果提供视觉包装与动效制作的途径。如图 5-56、图 5-57 所示。

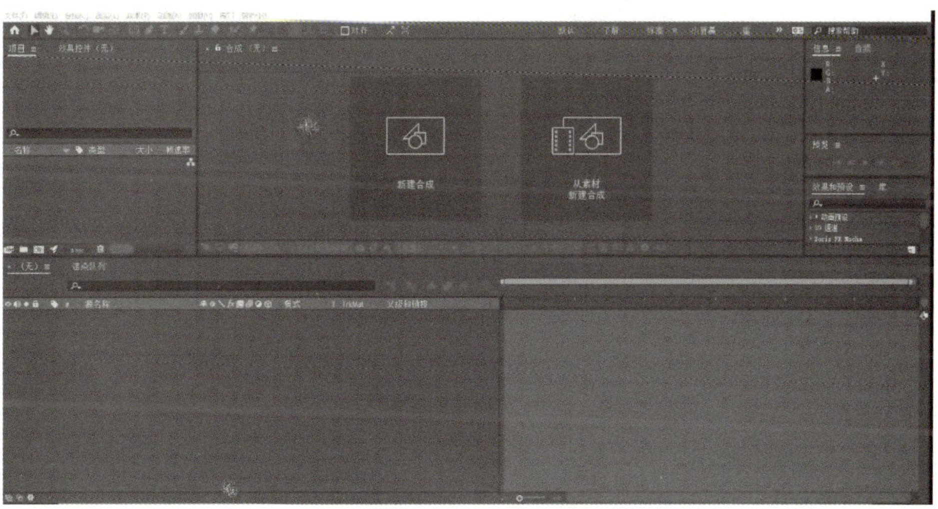

图 5-56　After Effects 面板截图

图 5－57　电影《哈利·波特与死亡圣器》特效画面截图

【同步实战】

1. 实战目的

根据小组策划的视频脚本内容，充分利用各种镜头语言、镜头描写、使用灯光的技巧，采用视频构图技巧，使用拍摄工具，拍摄一个爆款营销视频。

2. 实战项目内容

以组为单位，根据设计的视频脚本，开展具体的视频拍摄和创作，并进行汇报。

3. 实战考核要求

（1）团队对营销视频脚本的内容把握到位。（20 分）

（2）团队拍摄使用的技巧丰富。（30 分）

（3）团队拍摄的视频有创新、有创意。（30 分）

（4）语言表达逻辑性强，表述清晰、准确。（20 分）

4. 实战项目反思

通过对小组的爆款营销视频的拍摄和制作，以个人为单位，举一反三，拍摄自己的营销视频。

项目六

营销视频的后期剪辑

项目目标

1. 知识目标

（1）熟悉视频剪辑软件的安装及功能，能熟练运用各种视频剪辑软件。

（2）掌握营销视频的制作剪辑和效果处理方法，如图形元素的效果处理、动画制作、文字信息排版和视频画面的效果添加等。

（3）了解营销视频配音和配乐的技巧，掌握音效剪辑与合成的主流手段，提高项目制作中的配音配乐技能。

2. 能力目标

（1）能熟练运用视频编辑软件进行营销视频的技术处理，提高制作技能。

（2）能了解项目流程，理解策划与项目实施的技术要求和实现技巧。

（3）能够对营销视频进行剪辑处理。

3. 素质目标

加强学习者营销视频剪辑的能力，提高学习者视频剪辑、视频配乐的水平，提升学习者的动手操作技能。

项目引例

“中一鲲出”楼盘营销视频项目分析

“中一鲲出”是一部典型的营销视频，在策划思路上就是针对单身或新婚的青年男女而出售的小户型精装修复式房。

本项目在实施的过程中按照策划方案的要求，进行多机位、多景别的拍摄和取材，素材整理完成后，即是后期剪辑与加工的工作。为了使剪辑思路、合成效果与策划文案一致，后期视频制作人员需要在制作之前做好准备工作，如与策划人沟通并完成分镜头脚本撰写、定好风格和色调、提示型文字（广告文字）提炼及处理等。其中提示型文字的提炼部分很重要，如该视频中出现的“4.5 米 LOFT 精致三房”“独立空间”“5.6 米高长沙唯一”“双钥匙”等信息文字就是剪辑师的提炼杰作，通过简短的文字信息进行精准传达，并且这些文字的出现方式、出现位置都要经过合理的构思，能让观众一眼就能在视频中得到相关的重要信息并试图进一步了解，在整个观看过程中还需要有舒适的体验效果，不能一味追求信息的传达而忽略了设计的美感。以上全部准备完成之后，才能进行视频的剪辑加工。

营销视频的时长很好地控制在了一分钟之内，对于60秒以下的短视频类型来说，可以增大用户的互动性和分享性，这种特性如果用到营销中，可以实现快速推广的效果，所以视频时长的第一要素是用户的感受，尽量把时间控制在大众容易接受的范围内。

总的来说，营销视频的制作应该满足流畅连贯的观看体验、明确的主题表达和较强的艺术感染力几个要求，这样才能成为一个优秀的剪辑作品。“中一鲲出”营销视频即满足了这些需求。

分析提示

后期剪辑其实是后期制作当中的一个流程，剪辑不光是把某一个片段剪成多个，更重要的是如何把这些片段更好地整合、编辑在一起，剪与辑是相辅相成、不可分割的。好的营销视频需要满足以下三点：一是连贯流畅的观看体验，二是有明确的主题表达，三是较强的艺术感染力。

项目分析

本项目以“中一鲲出”为例，在介绍Premiere Pro的工作界面（任务一）的基础上，从营销视频的主要制作流程入手，将任务分解成两部分，即营销视频剪辑及效果处理（任务二）和营销视频音频处理（任务三）。通过项目制作与实现过程的讲解，学习者将了解软件的主要功能和制作技巧。

思维导图

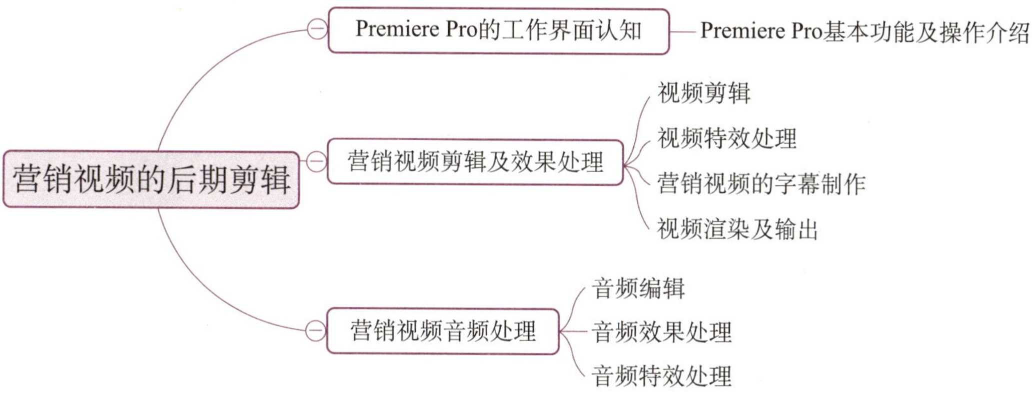

项目实施

任务一　Premiere Pro 的工作界面认知

一、Premiere Pro 菜单栏

在 Premiere Pro 中，菜单栏为编辑工作提供一般的操作和属性设置。它由文件、编辑、剪辑、序列、标记、字幕、窗口和帮助菜单组成，鼠标放在这些菜单上会出现相应的子菜单和三级菜单栏。如图 6－1、图 6－2 所示：

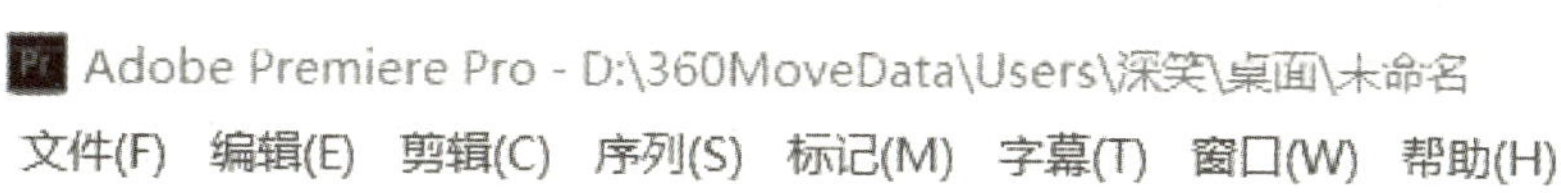

图 6－1　Premiere Pro 中的菜单栏

打开子菜单，会发现有些命令后面附有组合快捷键提示，使用快捷键操作可以提高工作效率。下面对工作菜单栏中的子菜单及其功能加以介绍。

二、文件

文件菜单主要是用来新建、打开项目、保存项目、另存为、捕捉、导入、导出、项目设置及其管理的工具。如图 6－2 所示。

（1）新建：该项为级联菜单，其子菜单如图 6－2 所示。新建命令子菜单各选项含义如下：

①项目：新建一个编辑项目。

②序列：新建一个合成序列。

③Photoshop 文件：在项目窗口中新建一个文件夹，一个文件夹中可以放置多个素材。

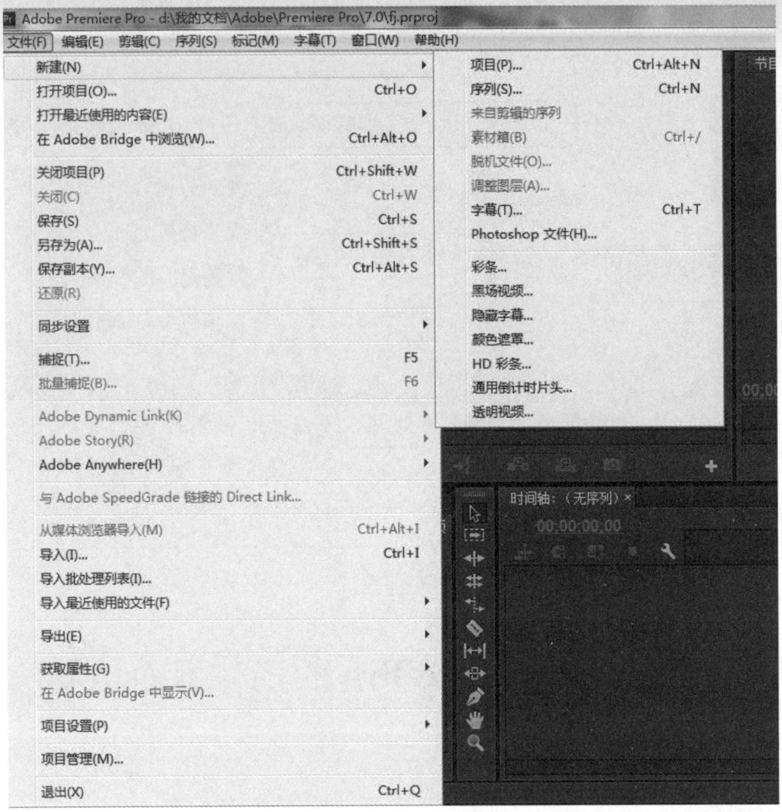

图 6-2　文件菜单

④脱机文件：创建一个脱机文件代替丢失的素材。若项目中使用的素材被移动或被删除，则时间轴窗口中的源素材就会出现脱机文件符号。

⑤字幕：新建一个字幕制作窗口。

⑥彩条：新建彩色色调栅栏图像。

⑦黑场视频：新建一个黑屏图像。

⑧通用倒计时片头：新建一个倒计时的视频素材。

（2）打开项目：打开一个已经存在的素材、影片文件等。

（3）打开最近使用的内容：打开近期使用的项目文件（会出现五个最近打开过的项目文件名）。

（4）关闭：关闭当前激活的窗口。

（5）保存：以原有文件名保存当前编辑的项目文件。

（6）另存为：将当前编辑的项目文件改换名称后另外保存。

（7）保存副本：将当前编辑的项目改换名称后保存一个备份，但不改变当前编辑的项目文件名。

（8）还原：取消对当前项目所做的修改并恢复到最近保存时的状态。

（9）捕捉：利用附加的外部设施（视频卡、音频卡和相关软件）来采集多媒体素材。分为三种方式：Video and Audio（视频和音频共同捕获）、Video（视频捕获）和

Audio（音频捕获）。

（10）批量捕捉：自动或手动采集多段素材或某一段素材中的多段内容，可以大大提高工作效率。

（11）导入：为当前项目导入所需的各种素材文件或整个项目。

（12）导入最近使用的文件：导入近期打开过的素材。

（13）导出：输出命令。该项为级联菜单。

导出子菜单各选项含义如下：

①影片：输出电影（输出 AVI 或其他格式的视频文件）。

②帧：输出静帧图像（输出单帧的静态图片）。

③音频：输出音频（输出音频格式的文件，常输出为 WAV 格式）。

④输出到磁带：将节目输出到磁带（将视频回录到磁带或 DV 上）。

⑤输出到 DVD：输出并刻录 DVD（这是 Premiere Pro 新增加的功能，对于配置了 DVD 驱动器的用户非常方便）。

（14）获取属性：获得素材或某一指定文件的属性，能够从中了解素材的文件大小，视频和音频的轨迹数目，长度、平均帧率、音频的各种指标以及相关的压缩设置等。该项为级联菜单。

获取属性的子菜单各选项含义如下：

①文件：打开文件。

②选择：在项目窗口中选择需要分析的素材，选择此命令后，在弹出的面板中将会显示该素材的类型和大小等各项参数信息。

（15）退出：退出 Premiere Pro 程序。

三、编辑

编辑（Edit）菜单中的命令主要用于实现一些常规的编辑操作，如图 6－3 所示。其菜单中各选项的具体含义如下：

（1）撤消：取消对文件所做的最后一次修改并恢复到最后一次状态。当用户打开 Premiere Pro 后并未做任何操作时，显示为“不能撤消”。

（2）重做：重复上一步操作。当用户打开 Premiere Pro 后并未做任何操作时，显示为 Can't Redo。

（3）剪切：剪切选定区域并存入剪切板，以备粘贴。

（4）按这个或按快捷键即可复制选定相关区域内容。

（5）粘贴：将剪贴板中的内容粘贴到当前

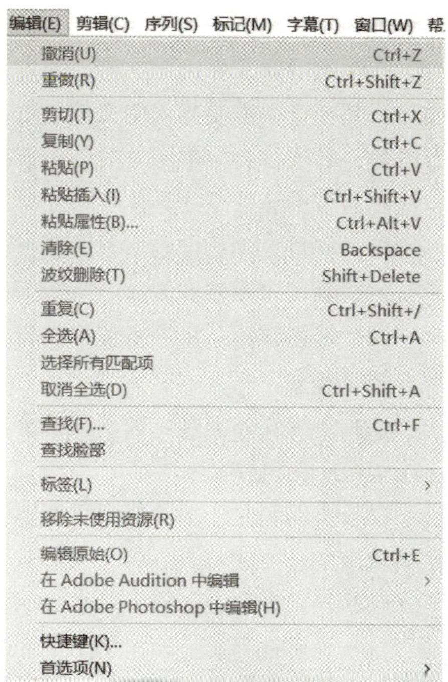

图 6－3　编辑菜单

位置。

（6）粘贴插入：将复制或剪切的内容在指定的位置进行插入粘贴。

（7）粘贴属性：粘贴编辑对象时，将对象的属性一起粘贴到指定的对象上（比如对对象的各种操作）。

（8）清除：删除所选中的内容。

（9）波纹删除：采用这个命令删除时间轴窗口中的素材时，被删除素材的后面内容将自动向前移动（距离为被删除素材的长度），而一般的删除命令不能达到这种特效。

（10）重复：可以复制制作素材副本。

（11）全选：选择所有对象。

（12）取消全选：取消所有选择。

（13）查找：根据名称、标签、备注、标记或出入点在项目窗口中定位素材。

（14）标签：定义时间轴窗口中素材的颜色，即它们的标签颜色。

（15）编辑原始：此命令用来将所选素材进行初始化编辑，即可以打开某个软件对素材进行处理。

四、项目

项目窗口是用来导入和存储供时间轴窗口中编辑合成的原始素材。为了操作方便，Premiere Pro 的项目窗口中嵌入了特效面板。

通过选择菜单命令“文件—新建—项目”可以建立一个新的项目，也可以通过选择菜单命令“文件—导入”，将计算机中的多媒体素材导入到项目窗口中。另外有一种更加快捷的素材导入方式是：将鼠标指针移动到素材列表框的空白区域，按下鼠标右键，在弹出的快捷菜单中选择“导入”项。

在弹出的面板中选择要导入的素材并单击“打开”按钮即可。若要导入一个素材文件夹，则在选中需要导入的文件夹后，单击面板右下角的“输入文件夹”按钮。值得注意的是：在项目窗口中同一时刻只能打开一个项目文件。

其面板中各选项的具体含义如下：

（1）项目设置：设置素材的项目参数，包括常规设置、采集设置、视频渲染设置和默认时间轴设置四种类型。

（2）链接媒体：将项目窗口面板中的素材与外部的视频文件、音频文件以及网络等媒介链接起来。

（3）解除媒体链接：取消项目窗口面板中的素材与外部的视频文件、音频文件以及网络等媒介的链接。

（4）自动到时间轴：将项目窗口面板中所选的素材自动排列到时间轴窗口面板中的序列轨道中。

（5）导入批列表：输入一个 Premiere Pro 格式的批处理文件列表。

（6）导出批列表：输出一个 Premiere Pro 格式的批处理文件列表。

（7）输出项目为 AAF 格式：把当前项目以 AAF 格式输出。

五、源面板

源面板是窗口菜单中的重要面板。当把视频等素材插入源面板后，右击源面板，可以对插入的视频等素材资源进行具体操作。如图 6－4 所示，其中主要选项的具体含义如下：

（1）重命名：给插入的视频等素材资源重新命名。

（2）插入：点击插入后，源面板中的视频会自动插入到时间轴中，类似于复制源面板中的视频粘贴至时间轴中。

（3）标记入点：标记视频等素材的开始位置。

（4）标记出点：标记视频等素材的结束位置。

类似的转到、清除入点和出点等菜单按钮的操作，均是对视频等素材做移动、清除等处理的菜单按钮。

（5）回放分辨率：在播放视频等素材资源时所显示视频的分辨率。是在播放时为流畅预览提供的功能，如果卡顿就把分辨率降到 1/2 或 1/4，在播放时虽然视频会变模糊，但不影响最终生成的视频质量。

（6）暂停分辨率：在暂停视频等素材资源时所显示视频的分辨率。

（7）安全边距：视频等素材的显示范围边距。当超出边距时可能会出现不能完全显示的状况。

（8）音频增益：设置音频素材的音量。

（9）速度/持续时间：设置素材等回放速度和持续时间。

六、时间轴

时间轴是窗口菜单中的主要操作面板，一个 Sequence 代表一个时间轴标尺上一系列素材之间的关系，一个项目中可以包含很多个 Sequence。时间轴菜单中的命令是对项目中当前的活动顺序进行编辑处理，如图 6－5 所示。其菜单中各选项的具体含义如下：

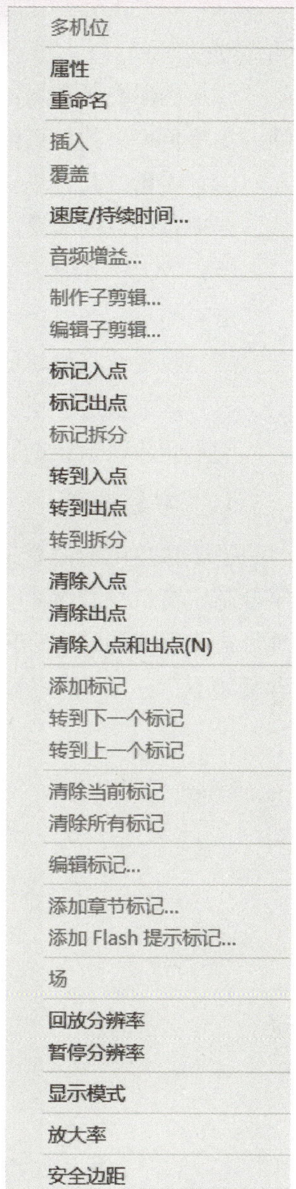

图 6－4　源面板菜单

图 6－5　左侧为时间轴菜单

（1）剃刀工具：在时间轴标尺上剪断素材，即在时间轴标尺所在位置将素材分割成两部分。

（2）应用视频转场：通过在时间轴上选择需要应用转场、过渡等效果的视频素材帧，在项目窗口的效果面板中，可以设置视频素材的应用转场特效。

（3）应用音频转场：通过在时间轴上选择需要应用转场、过渡等效果的音频素材帧，在项目窗口的效果面板中，可以设置音频素材的应用转场特效。

（4）放大：在时间轴窗口中将素材放大显示。

（5）缩小：在时间轴窗口中将素材缩小显示。

（6）吸附：将素材的边缘自动对齐。

（7）添加轨道：增加序列的编辑轨道。

（8）删除轨道：删除序列的编辑轨道。

七、字幕菜单

字幕菜单中的命令主要用于实现字幕制作过程中的各项编辑和调整，该菜单只有在字幕制作窗口打开时才有效，如果字幕制作窗口未打开，则必须新建一个字幕或者选择项目素材库中的某个字幕文件才能激活该菜单。如图 6－6 所示。菜单中各选项的具体含义如下：

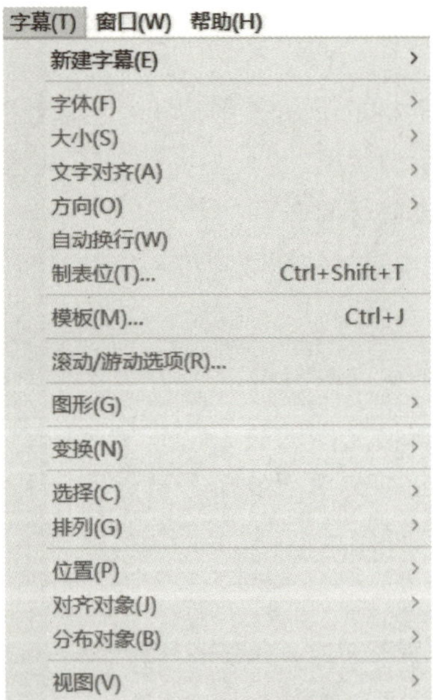

图 6－6　字幕菜单

（1）字体：选择文字的字体。

（2）大小：设置字幕中文字的字号大小。

（3）文字对齐：文字的对齐方式包括左对齐、居中对齐和右对齐三种。

（4）方向：选择文字的排列方向，分为水平和垂直两种。

（5）自动换行：设置文字是否自动换行。

（6）制表位：进行窗口中的制表符设置。

(7) 模板：选择文字编辑的模板形式。

(8) 滚动/游动选项：设置字幕滚动的方式。

(9) 图形：插入和编辑字幕窗口中的图形。

(10) 变换：变换文字的位置、比例、旋转和透明。

(11) 选择：选择字幕窗口中的指定对象。

(12) 排列：改变当前文字的排列方式。

(13) 位置：设置文字在字幕窗口中的位置。

(14) 对齐对象：将文字对齐当前字幕窗口中的指定对象。

(15) 分布对象：设置当前字幕窗口中选定对象的分布方式。

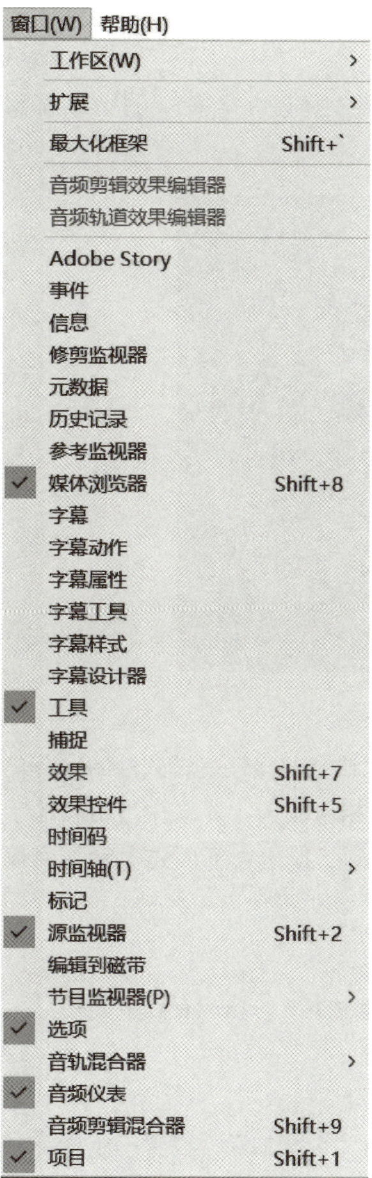

图 6-7 窗口菜单

(16) 视图：选择字幕窗口中的视图显示方式。分为是否显示安全字幕框、安全动作框、文本基线和跳格标记四种方式。

八、窗口菜单

窗口菜单中的命令主要用于实现对各种编辑窗口和控制面板的管理，比如显示和隐藏效果、信息等面板，如图 6-7 所示。菜单栏中一些选项的具体含义如下：

(1) 工作区：该项用来选择软件的编辑模式，可以导入、保存或删除工作区域。

(2) 效果：显示或隐藏当前项目的效果面板。

(3) 效果控件：显示或隐藏当前项目的效果控件面板。

(4) 历史记录：显示或隐藏当前项目的历史记录面板。

(5) 信息：显示或隐藏当前项目的信息窗口。

(6) 工具：显示或隐藏当前项目的工具栏。

(7) 时间轴：显示时间轴窗口中当前工作的序列，比如 Sequence01、Sequence02 等。

(8) 音频仪表：显示或隐藏当前项目的音频混音器窗口。

(9) 节目监视器：显示或隐藏当前项目的监视器窗口。

(10) 项目：显示或隐藏当前项目窗口。

(11) 字幕：显示或隐藏选定字幕的制作窗口。

九、工具栏

1. 项目窗口中的工具栏功能

项目窗口中的工具栏由七个功能按钮组成，各工具的具体含义如下：

(1) 列表：素材以列表样式显示。

(2) 图标：素材以图标样式显示。

(3) 自动匹配序列：将项目窗口中所选的素材自动排列到时间轴窗口的 Sequence 中。

(4) 查找：根据名称、标签、备注或入出点在项目窗口中定位素材。

(5) 重命名：在插入视频等素材文件后，右击鼠标可进行文件重命名。

(6) 删除：删除选中的项目素材或文件夹。另外，也可以通过单击项目窗口右上方的按钮，在弹出的菜单中选择 delete 进行删除。

(7) 新建素材箱：单击新建分类按钮，会弹出下拉菜单，通过它可以建立多种类型的素材，这些素材与导入的视频/音频素材综合编辑在一起，能够表现更加丰富的画面特效。

2. 字幕

新建一个字幕窗口。也可以通过选择菜单命令“文件—新建—字幕”，进入字幕制作窗口。如图 6-8 所示。

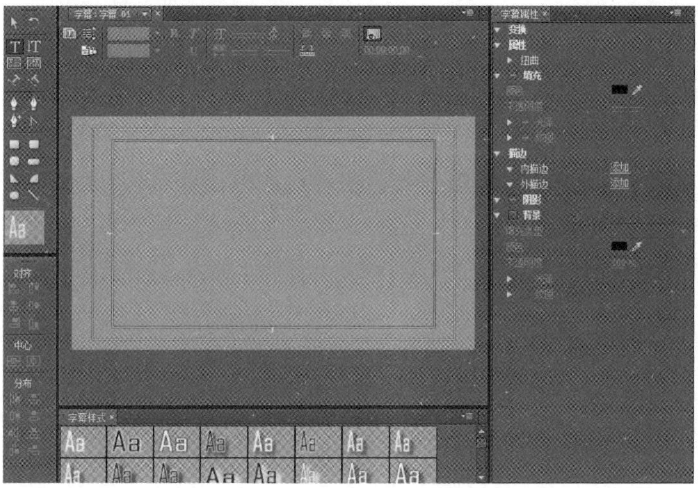

图 6-8　字幕设计器窗口

在编辑节目中，字幕是经常需要用到的素材。一般来讲，非线性编辑软件的字幕包括文字和图形两部分，但 Premiere 前期版本的字幕功能相对较弱，要制作出精彩的字幕特效，必须借助一些插件。在 Premiere 中这一功能得到了改进，下面先对字幕窗口做一个大致了解。

3. 字幕设计器

字幕设计器将窗口划分为下面六个大的功能区域，其中主要的功能有以下四种：

(1) 色彩：新建一个片头彩条素材。

(2) 黑场视频：新建一个黑屏图像素材。

(3) 颜色遮罩：新建一个彩色底纹，在做叠加特效时为被叠加素材设置一个固定颜色的背景色。

(4) 通用倒计时片头：新建一个倒计时的视频素材，在设置面板中，可以对倒计时素材的颜色进行设置。

十、视频轨

Premiere Pro 中的窗口在默认状态下包括三个视频轨道和三个立体声音频轨道。

Premiere Pro 中的 Video1 轨道取消了以前版本中的 A\B 轨编辑模式和 Transition 转场轨道，使视频素材的编辑更加灵活。视频轨道保留了以前版本中的关键帧控制器，单击视频轨道面板中的按钮，在弹出的菜单中可以选择显示关键帧或显示透明控制线，如图 6－9 所示。

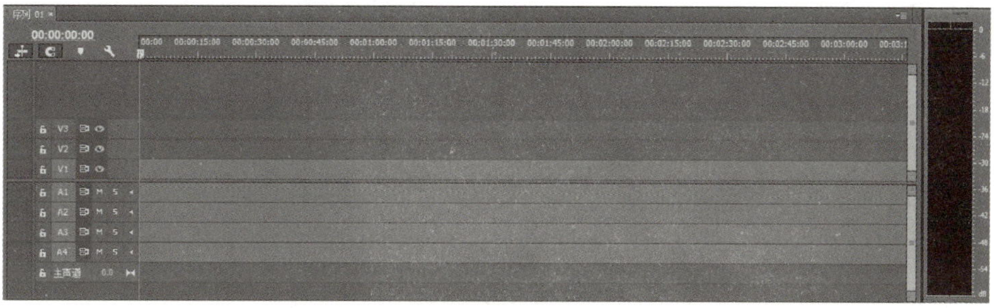

图 6－9　在视频轨道面板中选择显示关键帧或显示透明控制线

如果选择“隐藏关键帧”命令，则会隐藏关键帧和透明控制线，并且按钮会变为显示状态。

1. 显示关键帧按钮

显示关键帧按钮下拉菜单中各选项的具体含义如下：

（1）显示关键帧：显示关键帧控制线，以便添加关键帧。

（2）显示透明控制：显示透明度控制线，以便调节素材透明度。

（3）隐藏关键帧：隐藏关键帧控制线。

显示关键帧控制线后，移动时间轴到素材的相应位置，单击视频轨道面板中的按钮就可以为素材添加关键帧了。

当添加了多个关键帧后，通过单击面板中的左右箭头按钮，可以使时间轴标尺定位在不同的关键帧上。

如果要改变时间轴窗口中素材的显示模式，单击视频轨道面板中的“设定显示风格”按钮，在弹出的下拉菜单中就可以选择素材的显示风格。

2. 设定显示风格

设定显示风格的下拉菜单中各选项的具体含义如下：

（1）显示头和尾：显示第一帧和最后一帧画面。

（2）只显示开头：仅显示素材的第一帧画面。

（3）显示帧：以帧画面的形式显示素材。

（4）只显示名称：仅显示素材的名称。

十一、音频轨

由于 Permiere Pro 支持 5.1 声道，因此就存在单声道、立体声、5.1 三种不同类型的音频轨道。不同的音频素材类型，将被放入不同的音频轨道中。

音频轨素材的显示模式设置与视频轨道相似，在此就不再重复。音频轨中素材关键帧的显示和设置都与视频轨相似，不同的是音频轨还可以在轨道上设置关键帧，这样可以同时控制轨道上多个音频素材，如图 6-10 所示。

图 6-10　音频轨

音频轨下拉菜单中各选项的具体含义如下：

（1）显示素材关键帧：显示素材的关键帧控制线。

（2）显示素材卷：显示素材的容量控制线。

（3）显示轨道关键帧：显示轨道的关键帧控制线。

（4）显示轨道卷：显示轨道的容量控制线。

（5）隐藏关键帧：隐藏关键帧控制线。

在下拉菜单中选择“显示素材关键帧”或“显示轨道关键帧”命令，则会在素材左上角出现“音量：旁路”和“轨道：音量”提示菜单。单击三角形向下按钮，则会展开其下拉菜单（选择“显示素材关键帧”和选择“显示轨道关键帧”会出现不同的级联菜单）。

显示素材关键帧下拉菜单中各选项的具体含义如下：

（1）轨道：该项包括 Volume 和 Mute 两个选项。选择 Volume 就可以通过添加并移动关键帧来设置素材的音量变化。

（2）面板：在该项中选择 Balance，就可以通过添加关键帧并上下移动关键帧来切换左右声道。

任务二　营销视频剪辑及效果处理

一、视频剪辑

本次任务以《中一鲲出》项目的制作过程进行技能知识的讲解。镜头之间的衔接需按照项目的分镜头脚本的要求进行编辑合成，制作步骤见《中一鲲出》分镜头脚本，如表 6-1 所示。

表 6-1 《中一鲲出》分镜头脚本

镜号	机位运动	画面	字幕	备注
1	跟踪、中景	女生从门口走进室内	4.5 米 LOFT 精致三房	
2	固定、全景	女生上楼	无	
3	固定、中景	女生看书	蒂芙尼蓝色经典	
4	固定、近景	女生看书	蒂芙尼蓝色经典	
5	固定、中景	女生翻书	4.5 米 LOFT 百变空间	
6	固定、近景	女生翻书	4.5 米 LOFT 百变空间	
7	固定、中景	女生站起来	无	
8	固定、中景	两个学生（男、女） 在学校门口唱歌	爱马仕 橙香奢华	
9	固定、中景	女生走动转圈	无	
10	推镜头，由远及近	女生打架子鼓	5.6m 高 长沙唯一	
11	固定、中景	女生走动	双钥匙 去楼上看看吧	
12	固定、特写	女生上楼	无	
13	固定、全景	女生边跑边脱鞋，扑到床上	祖母绿 高贵典雅	
14	固定、近景	女生在床上翻身、跷脚	独立空间，在这里宅一天	
15	固定、特写	女生在床上、面部特写	我在中一鲲出等你	
16	固定、全景	室内环境	5.6m 双钥匙公寓，35loft 享精致三房 滨江双商圈 双地铁 双学府	

（一）新建视频项目

1. 新建项目

启动软件之后，会有新建项目的提示，可进行项目文件命名及存储路径设置。如图 6-11 所示。

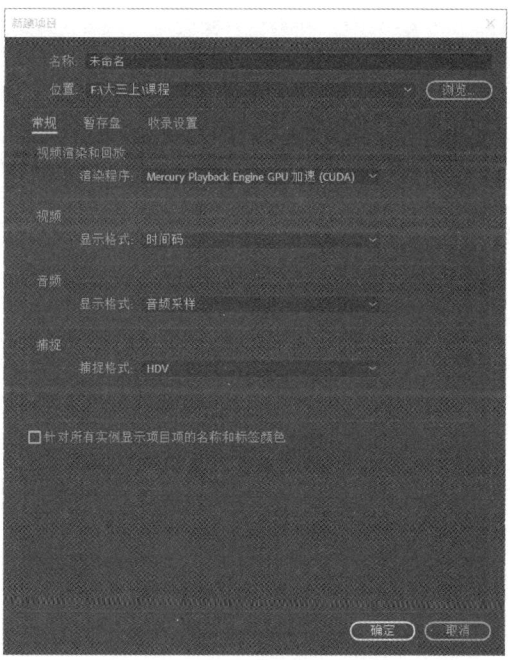

图 6-11 PR 新建项目面板图

2. 新建序列

新建项目序列（快捷键 Ctrl+N），在设置面板中选择项目所需的画面尺寸和规格并命名。本项目所设置的画面尺寸为 1920 像素×1080 像素。如图 6-12 所示。

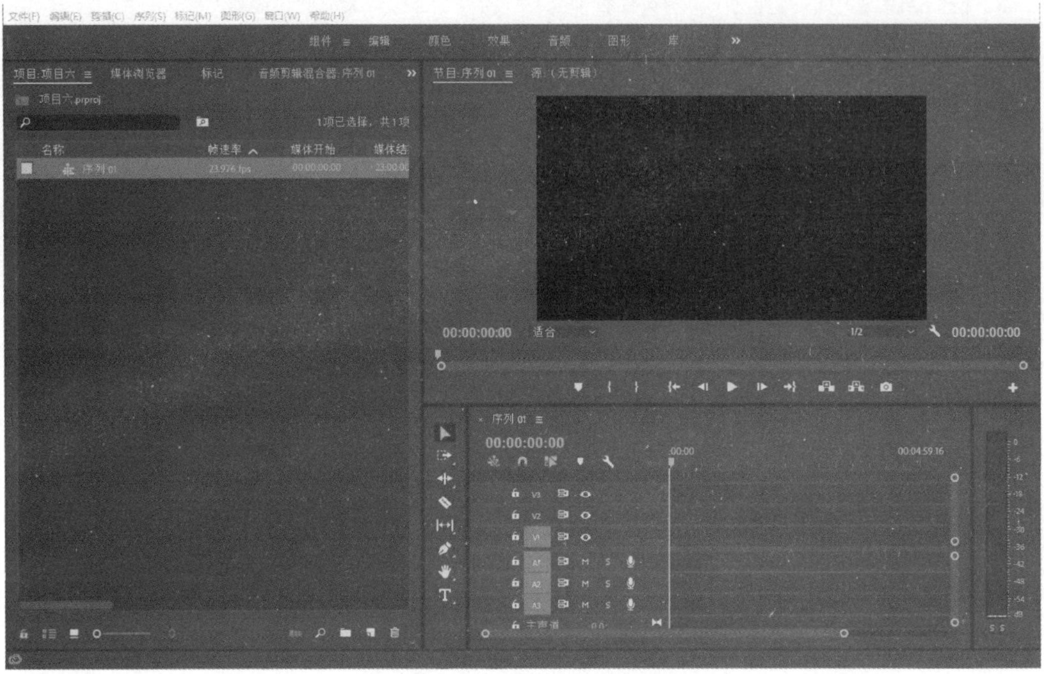

图 6-12　新建序列后界面图

3. 导入素材

(1) 在项目面板中双击鼠标左键，进行素材的导入。如图 6-13、图 6-14 所示。

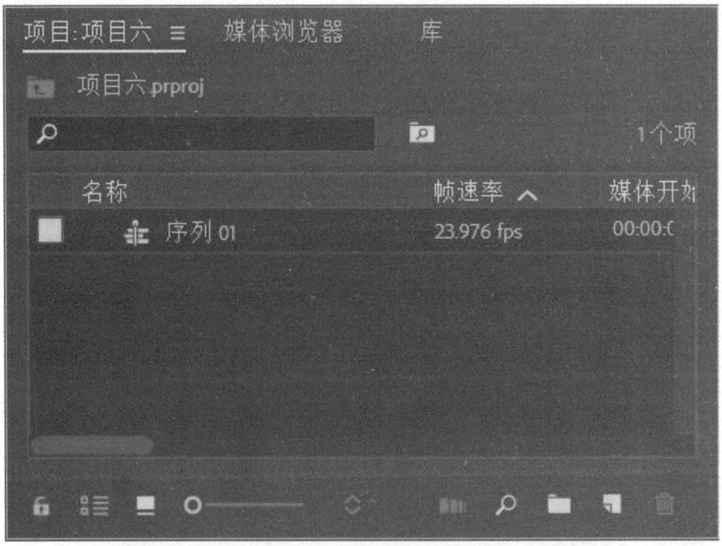

图 6-13　项目面板图

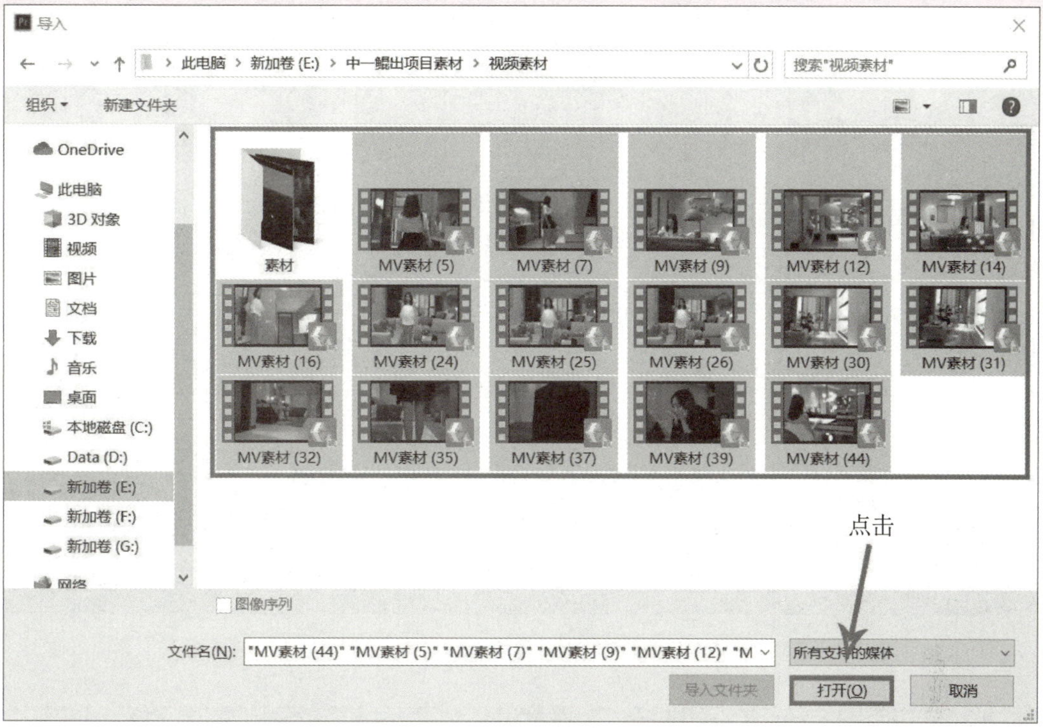

图 6-14 素材导入框

（2）导入后，将需进行编辑的素材文件拖入到时间轴窗口。如图 6-15 所示。

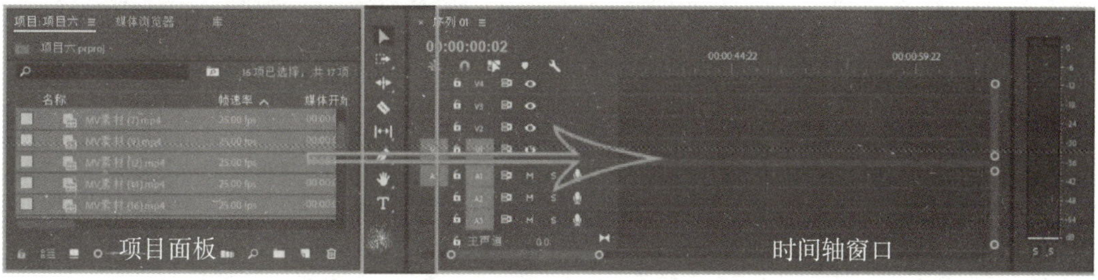

图 6-15 PR 导入素材图

（二）剪辑与合成处理

1. 编辑素材

双击拖入时间轴窗口的素材，会出现素材浏览面板（见图 6-16），在素材源监视窗口设置素材的入点与出点，会直接同步到时间轴窗口显示，如视频编辑窗口图（见图 6-17）。

图 6-16　素材浏览面板

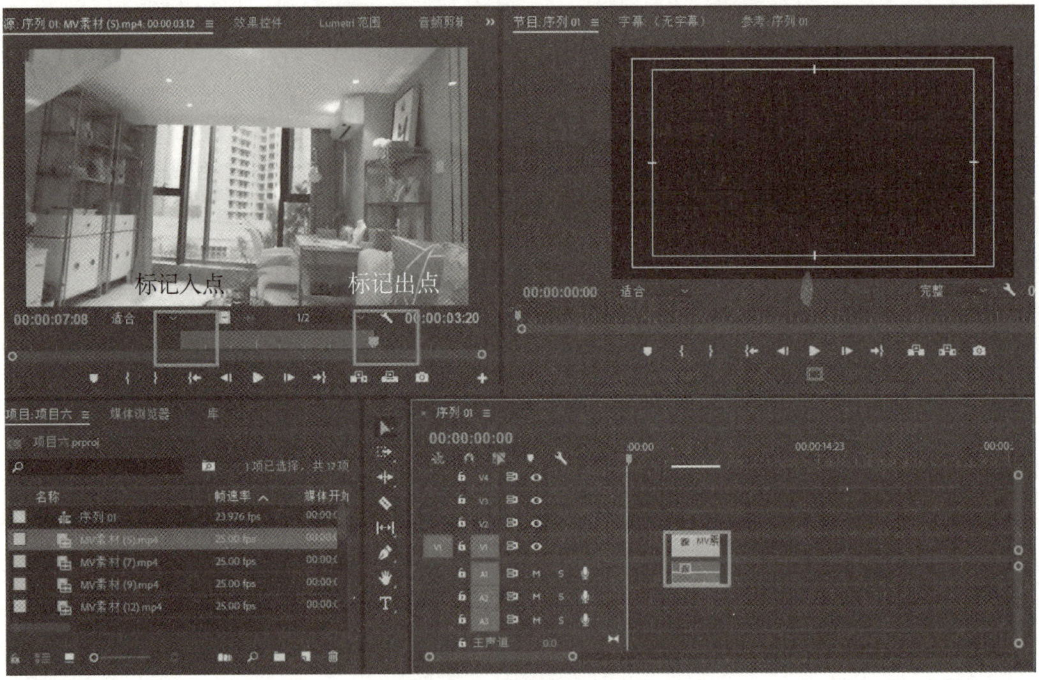

图 6-17　视频编辑窗口

2. 剪切素材的两种方法

(1) 单击选择工具，然后将鼠标移动到要剪切素材的一端，当鼠标指针变为拉伸光标后，按住鼠标左键向左或右拖动，就可以对素材进行剪切或拉长。如图 6-18 所示。

图 6-18　拉伸光标标注图

（2）使用剃刀工具剪切素材，单击工具栏中的剃刀工具，将鼠标指针移动到轨道中的素材上，会发现指针变成了剃刀形状，此时在需要切断的地方单击鼠标左键，就可以将素材一分为二了。将所需要的部分和不需要的部分作为分界线，用剃刀工具剪断后，将素材中不需要呈现的视频点击键盘 Delete 键进行删除，也可用选择工具调整视频前后所呈现的顺序。如图 6-19 所示。

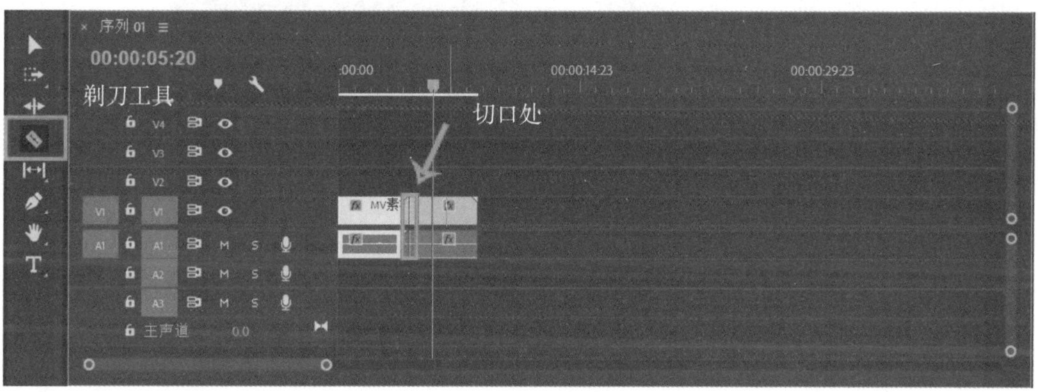

图 6-19　剃刀工具面板图

3.《中一鲲出》分镜头剪辑

本项目中根据《中一鲲出》分镜头脚本的镜头顺序依次进行素材镜头画面的制作与处理，其中镜头 1、镜头 2 画面的具体制作步骤讲解如下：

（1）镜头 1 步骤讲解。

镜头 1 的视频素材总共有 9 秒，从整体来看，需要将 4.05 秒至 7.06 秒的部分进行保留，其余部分删除。

①使用“剃刀工具”将素材要保留部分进行切割，切割后视频素材将分成几段，删

除不要的部分即可。

②如果是将视频分成了三段，删除中间部分后其视频轨道空出来的部分要选择第三段素材将其进行补位。本项目中是删除两边保留中间即可。如图 6-20 所示。

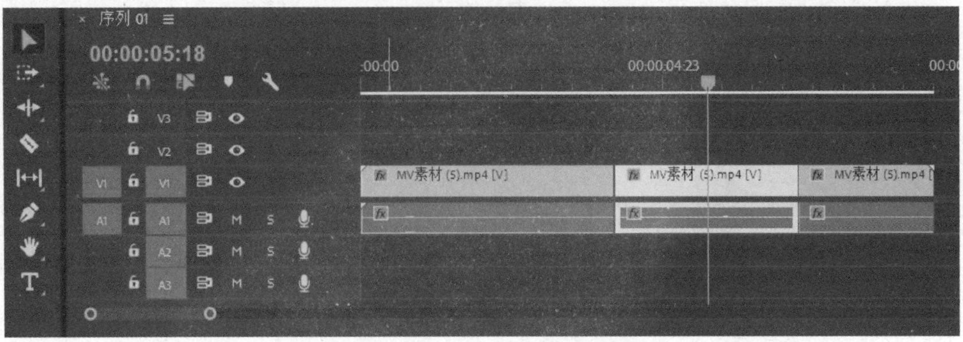

图 6-20　剪辑素材后呈现

③使用“选择工具”将保留的素材画面拖动到时间轴第 0 帧。如图 6-21 所示。

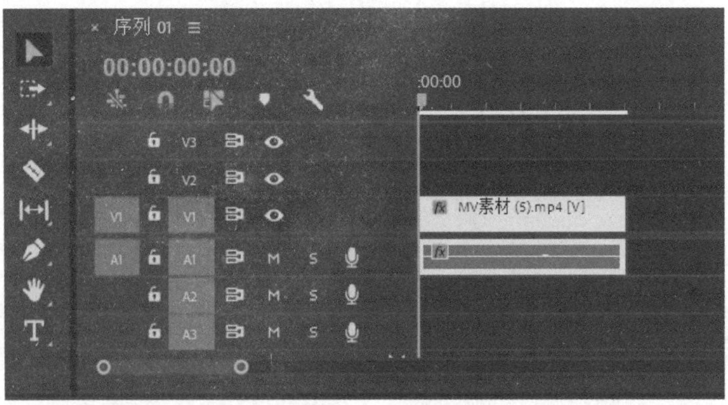

图 6-21　完成剪辑呈现

（2）镜头 2 步骤讲解。

①镜头 2 视频素材为 4 秒，这段素材将从 1 秒开始保留到 2 秒结束。

②本段素材衔接于镜头 1，用时间滑块作为分界线，按住鼠标左键拉伸光标，将素材拉伸到如图 6-22 所示的 4.06 秒；再次拖动滑块移动到 5.03 秒处，将拖动素材尾部向前伸缩至 5.03 秒，完成剪辑，如图 6-23、图 6-24 所示。

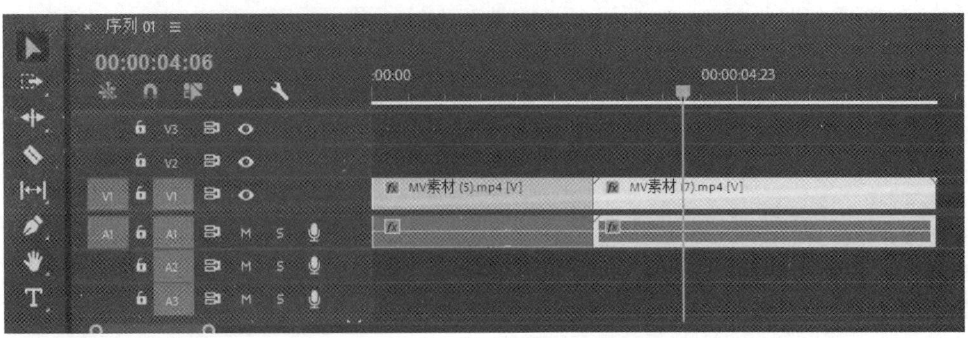

图 6-22　4.06 秒处剪辑

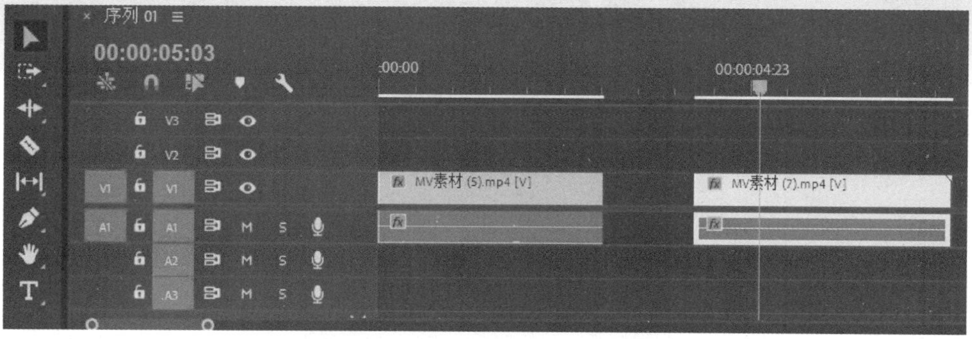

图 6-23　5.03 秒处剪辑

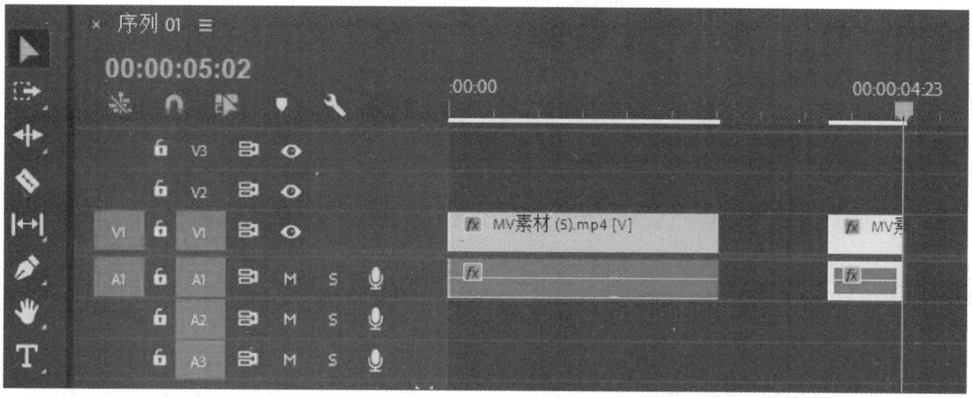

图 6-24　完成剪辑

③使用选择工具将镜头 2 拖动到镜头 1 尾部出现黑色的标尺线即为对齐。如图 6-25 所示。

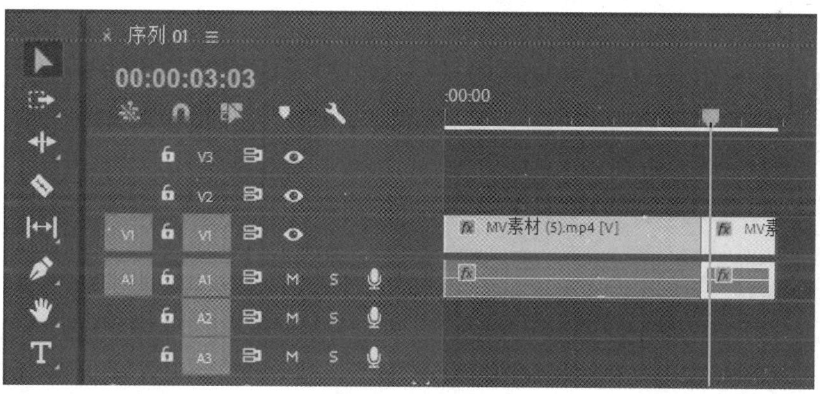

图 6-25　素材对齐

剪辑完成后，由于视频素材在拍摄中存在画外音，可选中剪辑完成后的素材，点击鼠标右键取消链接后，单独选中声音，按 Delete 键进行删除。

项目中的其他镜头处理方法都可按照上述步骤进行处理。本部分将不做重复讲解。

(3) 镜头画面的合成。

镜头画面合成即为多镜头画面衔接在一起，为了保证其衔接时镜头画面自然流畅，将进行过渡特效处理，视频过渡面板如图 6-26 所示。

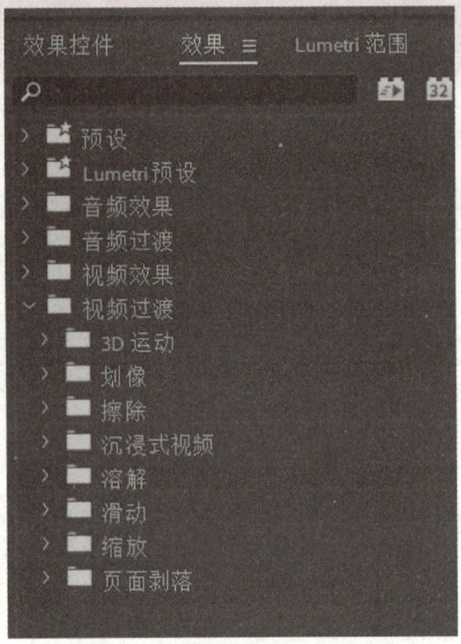

图 6-26　视频过渡面板图

(三) 视频过渡添加

常用的视频过渡效果有“划像、擦除、溶解”等，视频过渡与视频效果的使用方法一致将“渐隐为白色”直接拖入时间轴窗口使用，可加在前一段视频的结尾、两段视频之间或下一段视频的开头。

在本项目中，所采用的视频过渡效果大部分为“渐隐为白色”，添加方式即将效果用鼠标拖动添加至两段视频素材的中间，如图 6-27 所示。双击素材中的“渐隐为白色”可弹出过渡持续时间调整框，可根据视觉呈现调整持续时间长短，如图 6-28 所示。

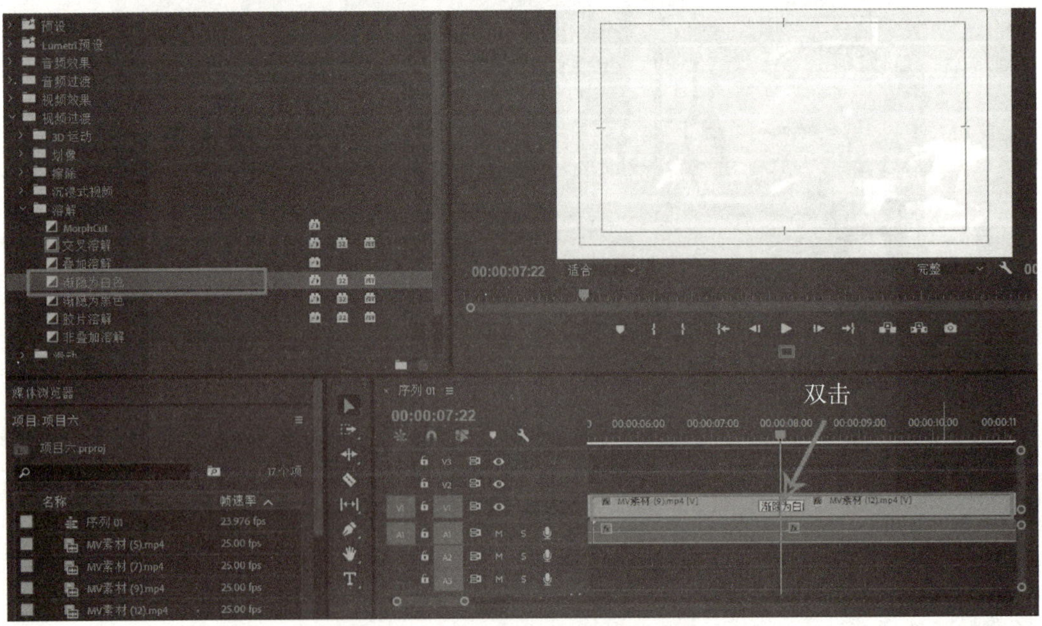

图 6-27　添加渐隐为白色展示图

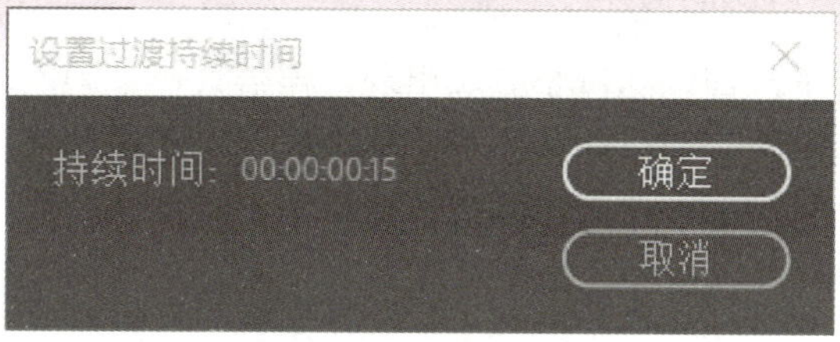

图 6-28　过渡持续时间调整框

根据视频呈现可以选择视频过渡添加的位置，以上操作即可完成所有的视频剪辑和画面合成。

（四）常用的视频过渡

1. 划像

（1）交叉划像：一个画面从其中心分割为四块，并不断地向屏幕四角移动从而显示出另一画面。

（2）圆划像：一个画面以圆形逐渐放大覆盖另一个画面。

（3）盒形划像：一个画面以矩形从屏幕由小变大，并逐渐覆盖另一个画面。

（4）菱形划像：一个画面以若干矩形或菱形等逐渐展开覆盖另一个画面。

2. 擦除

（1）划出：一个画面从屏幕一边进入将另一个画面擦除。

（2）双侧平推门：两个相邻片段是以通过开、关门方式过渡的形式来实现的。

（3）带状擦除：两个相邻片段，矩形条带从屏幕左边和屏幕右边渐渐出现，后面的一个片段将替代前面片段。在使用该视频过渡特效后，可以单击效果控件面板中的“自定义”按钮显示“带状擦除设置”对话框。在该对话框中输入需要的条带数，并单击“确定”按钮。

（4）径向擦除：后面一个片段是通过擦除显示的，先是水平擦过画面的顶部，然后顺时针扫过一个弧度，逐渐覆盖前面一个片段。

（5）插入：一个画面从屏幕一角逐渐插入将另一个画面覆盖。

（6）时钟式擦除：一个画面以时钟运动方式按顺时针方向将另一个画面擦除。

（7）棋盘：两个相邻片段的过渡是以后面一个片段呈方格棋盘形逐渐显露，并逐渐取代前面一个片段的位置的形式来实现的。

（8）棋盘擦除：两个相邻片段的过渡是以后面一个片段呈棋盘形逐渐显露，并逐渐取代前面一个片段的位置的形式来实现的。

（9）楔形擦除：一个画面从屏幕中心以扇形打开逐渐覆盖另一个画面。

（10）水波块：这个过渡效果用 Z 形从屏幕第一行到最后一行擦除。

（11）油漆飞溅：一个画面以墨水泼溅形式将另一个画面覆盖。

（12）渐变擦除：这个过渡效果是以一张图片的灰度级为条件逐渐擦除的。

（13）百叶窗．一个画面从上下或左右以百叶窗形式出现。

（14）螺旋框：两个相邻片段的过渡是以后面一个片段通过旋转盒方式显示，并逐渐取代前面一个片段的位置的形式来实现的。

(15) 随机块：一个画面以随机小方块出现，覆盖另一个画面。

(16) 随机擦除：一个画面以随机小方块从上下或左右覆盖另一个画面。

(17) 风车：一个画面以风车旋转的方式将另一个画面覆盖。

3. 溶解

(1) 交叉溶解：两个相邻片段的过渡以相反的方向一个淡化另外一个出现的形式来实现，产生淡入淡出的效果。

(2) 叠加溶解：两个相邻的素材进行亮度叠加的图像融合。

(3) 渐隐为白色：一个素材渐隐为白色，然后显示另一个素材。

(4) 渐隐为黑色：一个素材渐隐为黑色，然后显示另一个素材。

(5) 胶片溶解：一个素材逐渐变色为胶片反色效果并逐渐消失，同时另一个素材也由胶片反色效果逐渐显现并逐渐恢复正常色彩。

(6) 非叠加溶解：将一个素材中的高亮像素融入另一个素材，排除两个素材中相同的色调，显示出高反差的静态合成图像。

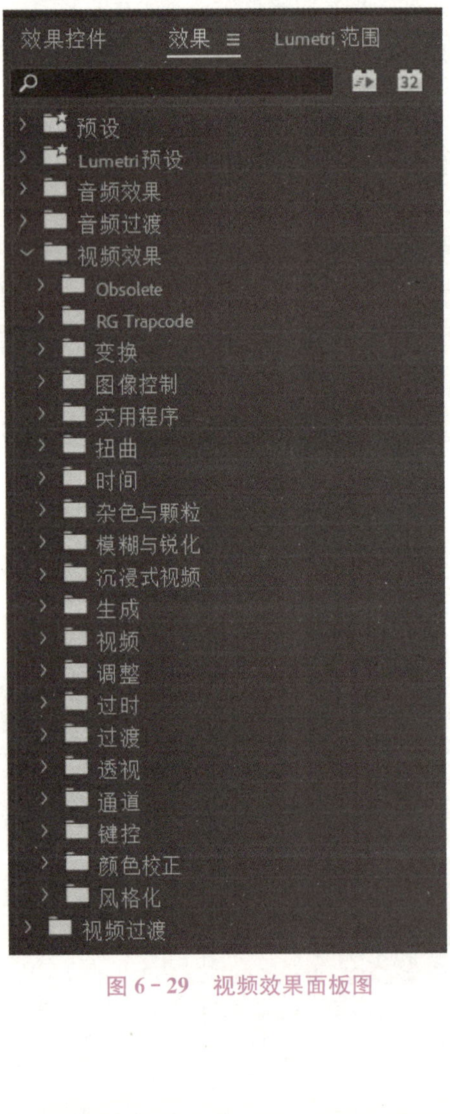

图 6-29 视频效果面板图

4. 缩放

(1) 交叉缩放：一个画面放大溢出屏幕，而另一个画面逐渐缩小显示在屏幕上。

(2) 页面剥落。

①翻页：一个画面以翻书的页角对折方式消失，显示出另一个画面，在卷起时，背景是前一个画面。

②页面剥落：一个画面以翻书的页角对折方式消失，显示出另一个画面，在卷起时，背景是渐变色。

二、视频特效处理

视频剪辑与合成处理完成后，需要进行视频画面的效果处理，营销视频主要用于实现画面质感、画面形变等效果的调整，如果想添加粒子、光效等效果，需要下载相关的插件，或者使用 After Effects 专业特效制作软件对其进行素材的加工。

(一) 视频效果面板

视频效果面板的基本设置如图 6-29 所示。

在“效果控件”面板中可以对添加的视频效果进行相应的参数设置。参数设置方式简单、易操作，可以直接输入数字或拖动滑块。个别参数可能会进一步弹出设置对话框。

从图 6 - 30 中可以看出，“效果控件”面板基本可以分为左右两个部分，左侧为序列、视频效果及其参数；右侧为序列对应的时间轴。参数的设置主要在左侧的参数设置栏进行。

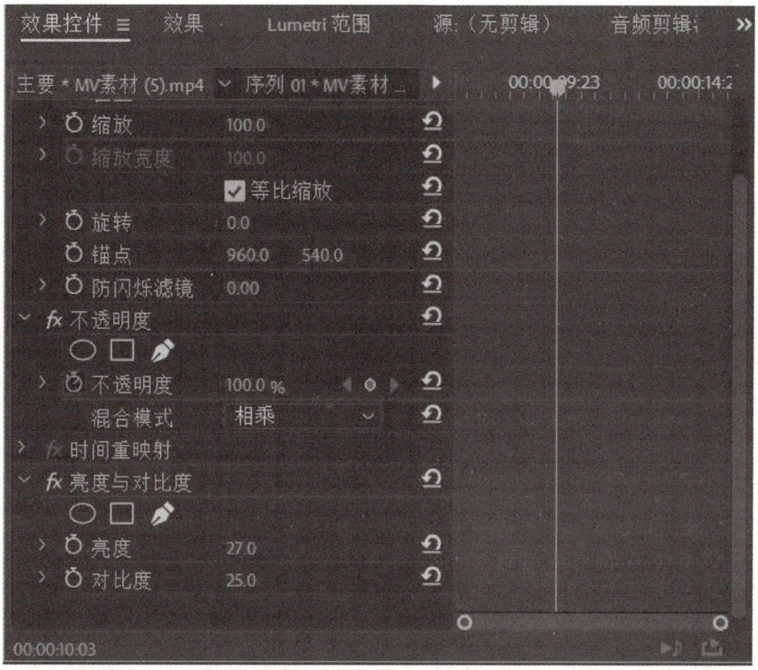

图 6 - 30　效果控件面板图

如果需要针对时间轴上的某段素材使用相应的视频特效，可以按照如下步骤进行：

(1) 选中需要添加效果的素材；

(2) 依据需要制作的要求，在视频效果面板中选择相应的效果并拖动到时间轴窗口中的素材上。

(二) 视频效果添加步骤

由于项目素材在拍摄过程中，会有拍摄机器设备不同、拍摄地点不同、拍摄时间不同等因素，造成同一场景或同一时间拍摄出来的视频在颜色和光感上有很大的差别，导致后期视频加工时，镜头之间存在视觉上的差异，不好衔接，所以需要进行相应的视频效果的处理，主要实现画面质感和色调的调整。

本项目中使用了“颜色校正”—“亮度与对比度”效果的处理，添加成功的视频效果左上角会出现 fx 角标。如图 6 - 31 所示。

图 6－31　添加亮度与对比度展示图

根据视觉呈现，可在效果控件面板中自行调整亮度与对比度的参数，在本条素材中，将亮度调为 44，对比度调为 34 即可，如图 6－32 所示。调整视频效果之前与之后查看对比，如图 6－33、图 6－34 所示。

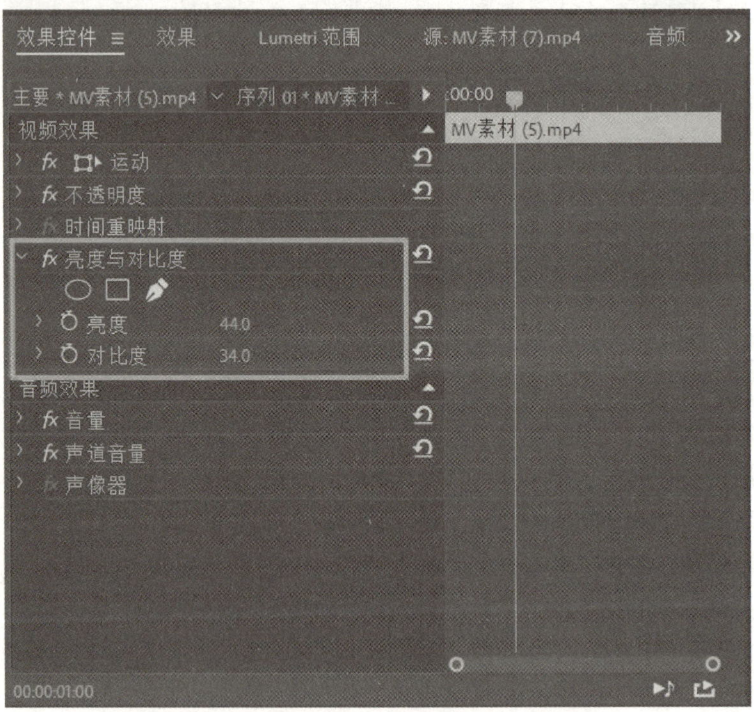

图 6－32　在效果控件面板中调节亮度和对比度

图 6-33　添加视频效果之前

图 6-34　添加视频效果之后

（三）常用的视频效果

1. 颜色校正

（1）亮度与对比度：可以通过调整亮度与对比度的数值，来改变画面的色彩效果。

（2）颜色平衡：通过对画面的阴影红色平衡、绿色平衡、蓝色平衡，中值红色平衡、绿色平衡、蓝色平衡，高光红色平衡、绿色平衡、蓝色平衡以及保持亮度的选取与否，来调整画面的色彩效果，也可以加入关键帧，让画面产生色彩变化。

（3）颜色平衡（HLS）：通过对色相、亮度、饱和度数值的调整，实现画面色彩的平衡校正。

2. 过渡

（1）过渡：特效组主要用于清除层图像，包含以下效果。

（2）快溶解：通过调整色块的过渡、化值，进行画面的特殊效果制作。

（3）径向擦除：以放射状的方式擦除画面，角度、羽化效果、顺时针方向或逆时针方向，进行画面的特殊效果制作。

（4）渐变擦除：通过设置过渡参数，选择不同的视频轨道，进行画面的特殊效果制作。

（5）百叶窗：通过设置百叶窗的数量、方向、宽度以及羽化效果等，完成图像百叶窗特殊效果的制作。

（6）线性擦除：以直线的方式擦除画面，擦除的角度、羽化效果可以设置。

三、营销视频的字幕制作

营销视频在镜头全部制作完成之后，还有一项重要步骤，即信息的版式设计。这里主要完成的工作为营销文字的提炼（即广告语、提示性字幕）、字幕的排版、文字元素的动画制作等。

（一）创建字幕

选择菜单栏的“文件”，点击“新建”—“旧版标题”，设置参数，点击“确定”，新建一个字幕。如图 6－35 所示。

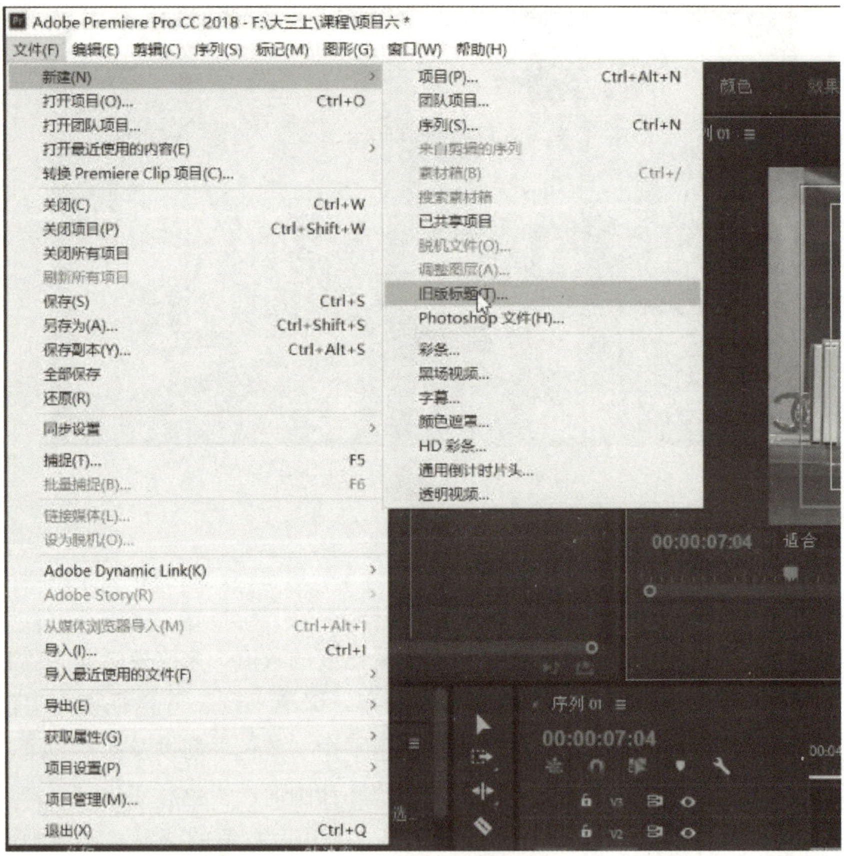

图 6－35　创建字幕面板

在空白处添加文字，选择字幕类型，选择想要的效果，点击“确定”即可。如图 6－36 所示。

如果字幕窗口中没有出现安全区域线框，可以通过两种方式将它们显示出来：

（1）在字幕工作区中单击鼠标右键，在弹出菜单中选择“查看－安全字幕框”即可出现。

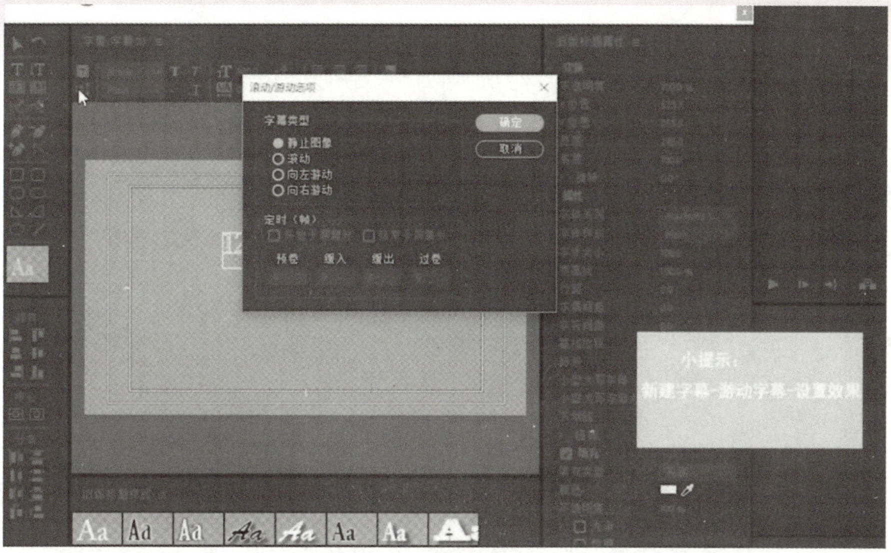

图 6-36 字幕制作面板

（2）选择菜单命令“字幕—查看—安全字幕框”和“安全动作框”即可出现。

（二）字幕类型

1. 字幕运动类型

设置字幕运动的类型，包括静止、上滚和左飞三个选项。

（1）静止：字幕固定显示在屏幕上的某个位置。此时，工作区没有滚动条。

（2）上滚：编辑的字幕从屏幕的底部滚动到屏幕中，并且工作区中出现垂直的滚动条。

（3）左飞：编辑的字幕从屏幕的左侧或右侧滚动到屏幕中后滚动出画面，并且工作区中出现水平的滚动条。

2. 滚动字幕

滚动字幕是影片节目中最为常见并且应用又最为广泛的一种字幕运动形式。掌握了滚动字幕的制作就基本掌握了制作字幕的规律。滚动字幕一般分为纵向滚动和横向滚动，在影视节目的片头和片尾，会经常出现包括影片内容介绍、演播人员以及各种单位名称等文字内容。一般来说，当需要同时显示较多的文字内容时，常使用纵向滚动的方式，反之使用横向滚动的方式。而纵向滚动一般是从下往上滚动较普遍，横向滚动一般是从右往左滚动，因为这样符合人的视觉习惯。但这也并非必须遵守的一般原则，可以根据效果需要来制作各种不同的字幕滚动。

（1）纵向滚动字幕。

在屏幕的画面背景上，片尾字幕缓缓地从屏幕下方移到屏幕中间，然后继续向上移动直到消失在屏幕上方。

（2）横向滚动字幕。

在屏幕的画面背景上，片尾字幕缓缓地从屏幕右边移到屏幕中间，然后继续向左移动直到消失在屏幕外面。

（三）字幕面板

字幕面板常用工具有工具面板、属性面板等。如图 6－37 所示。

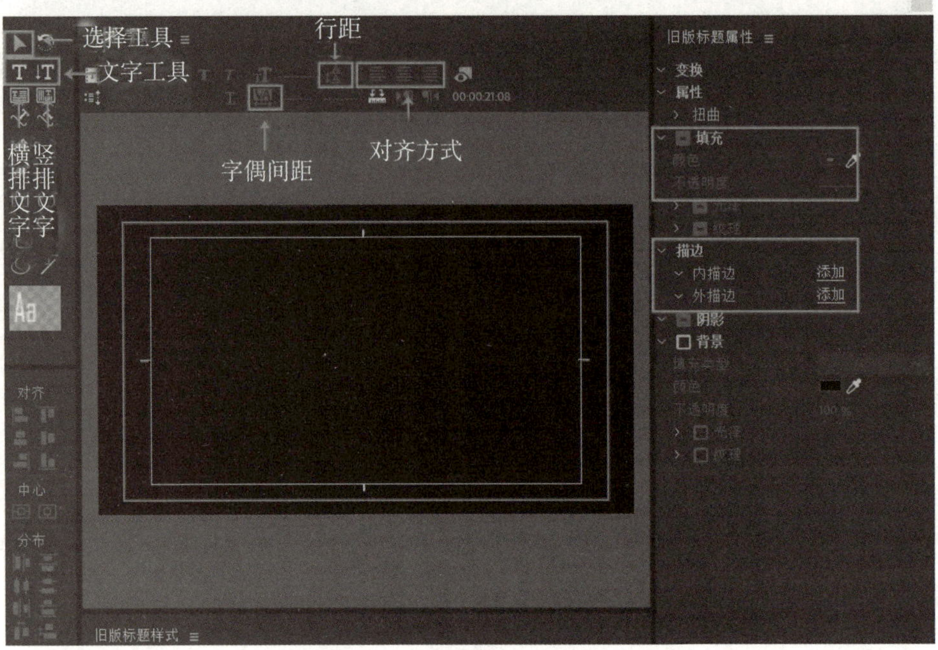

图 6－37　字幕面板工具图

1. 工具面板

选择工具：移动字体位置；

文字工具：分为“文字工具”和“垂直文字文具”，创建文字分别为横排文字和竖排文字。

2. 属性面板

字偶间距：调整同一行文字与文字之间的距离；

行距：调整行与行之间的距离；

填充：字体颜色的填充；

不透明度：文字的清晰度显示；

描边：可分为“内描边”与“外描边”，即内部描边与外部描边；

阴影：文字在光照下的投影。

（四）字幕制作步骤讲解

打开字幕面板，创建“5.6m 双钥匙公寓、35loft 享精致三房、滨江双商圈 双地铁 双学府”文字，调整字体为“方正综艺简体”，居中且行距为 81，如图 6－38 所示。

（1）分别对三排文字进行调整，选择文字工具，按下鼠标左键框选“5.6m”，字体大小调整为 145，颜色为橙色系，在外描边处点击“添加”，将大小调为 20，颜色为红色系。

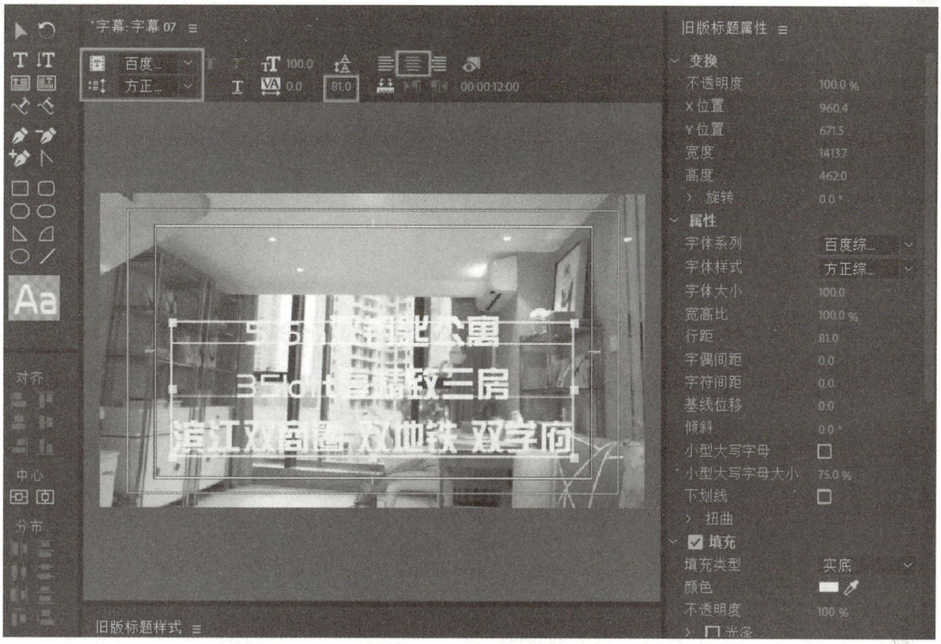

图 6－38　创建字幕图

（2）选中“双钥匙公寓”字体大小不变，外描边添加为黑色。

（3）“35loft 享精致三房”字体大小为 90，外描边添加为黑色。

（4）“滨江双商圈 双地铁 双学府”字体大小为 70，外描边添加为黑色，以上步骤操作完毕，画面如图 6－39 所示。

图 6－39　字幕面板调整图

（5）为了主次分明，“滨江双商圈 双地铁 双学府”需要调整字偶间距为 20，区别如图 6-40 所示。

图 6-40　字偶间距添加图

四、视频渲染及输出

视频内容制作完成后，即可进行渲染输出，如图 6-41 所示。

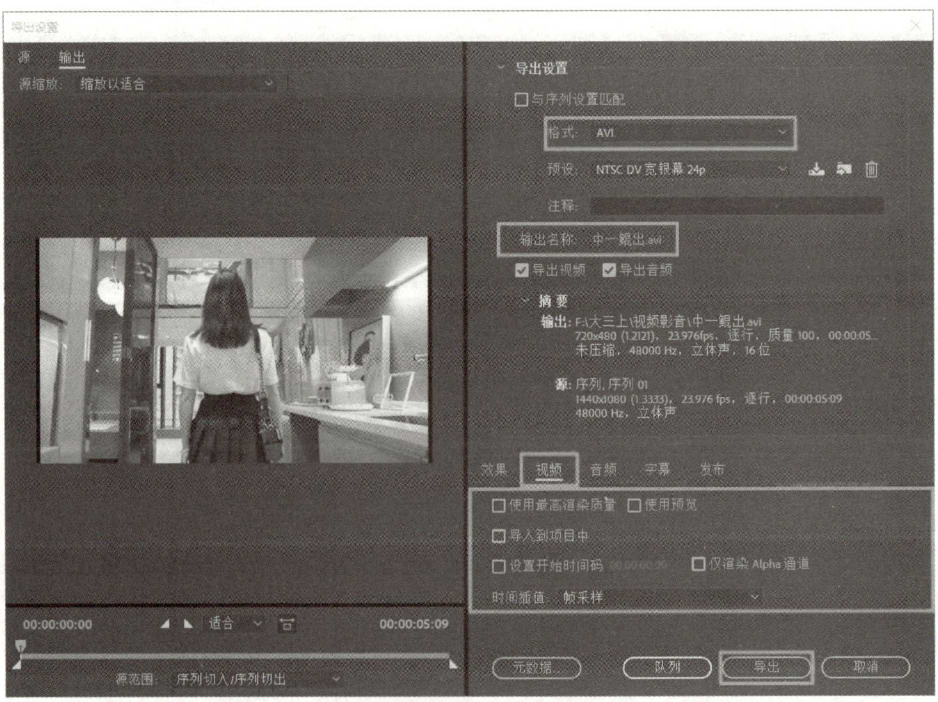

图 6-41　导出视频面板图

PR 软件能渲染出来的格式有视频、图片和音频。如图 6－42 所示。其中营销视频主要的渲染格式有：

（1）输出 H. 264，即 mp4，画质清晰文件容量小，方便传输；

（2）输出文件需继续进行编辑，输出 MOV；

（3）电视台播出，输出 paldv 格式；

（4）影片输出为 AVI 格式，画面质量高，文件比较大。

图 6－42　渲染格式图

本项目为营销视频，剪辑完成后需添加背景音乐，所以单击“文件—导出—媒体”，调整格式为“QuickTime”格式（即 MOV 格式），点击导出即可完成渲染输出。如图 6－43、图 6－44 所示。

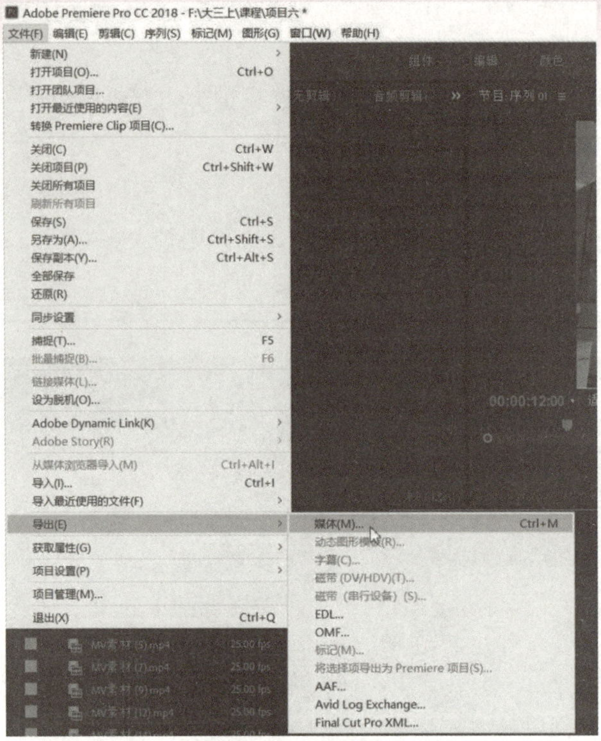

图 6 - 43　渲染导出图

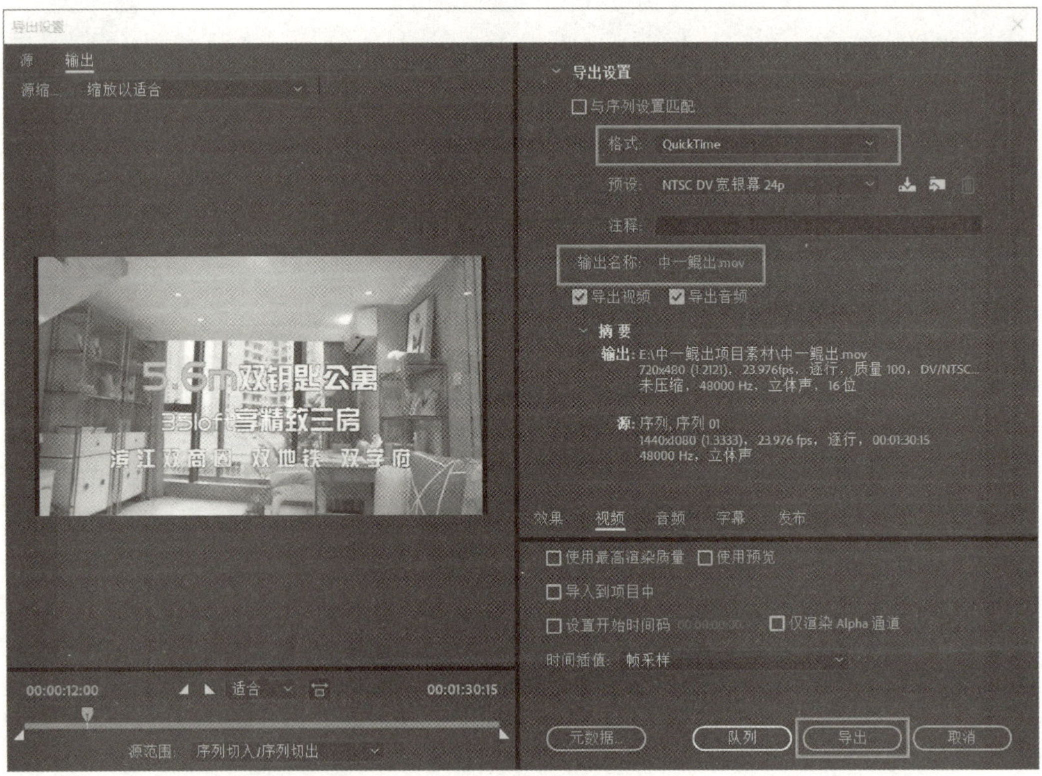

图 6 - 44　格式调整面板

任务三　营销视频音频处理

本次任务将结合任务二中的项目进行音频处理技能知识的讲解。

一、音频编辑

（一）导入《中一鲲出》的音频素材

（1）选择菜单命令“文件—导入”（快捷键 Ctrl+I），在弹出的输入面板中选择所在文件夹的素材文件后单击“打开”按钮即可。

（2）在项目窗口中的空白处双击鼠标左键，在“输入”对话框中选择所需的素材文件后单击“打开”按钮即可。

（3）打开素材所在文件夹，将素材直接导入序列面板。

在进行编辑之前，需要把所用的素材拖放到时间轴窗口中的轨道上，以便进行正式的编辑工作。方法是：用鼠标选取该素材，按住鼠标左键不放将它拖放到时间轴窗口中的轨道上即可。如图 6－45 所示。

图 6－45　音频素材导入

（二）调节音量

（1）打开声音文件，拖动到时间轨道新建序列。如图 6－46 所示。

（2）播放音频，就可以看到如图 6－47 所示位置的音量大小动态变化，如果出现红色就是音量比较高，稍微调小点。

（3）点击选中需要调小的音频轨道，并找到音频效果。如图 6－48 所示。

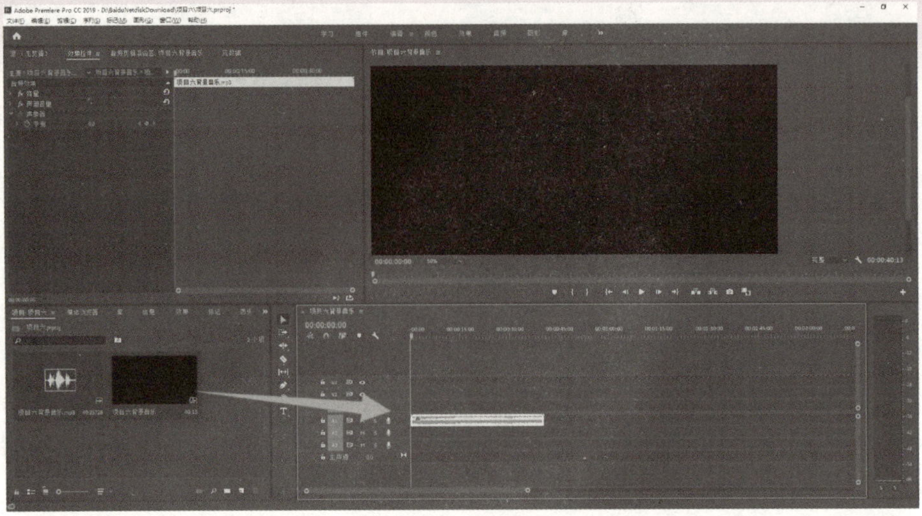

图 6－46　音频拖入

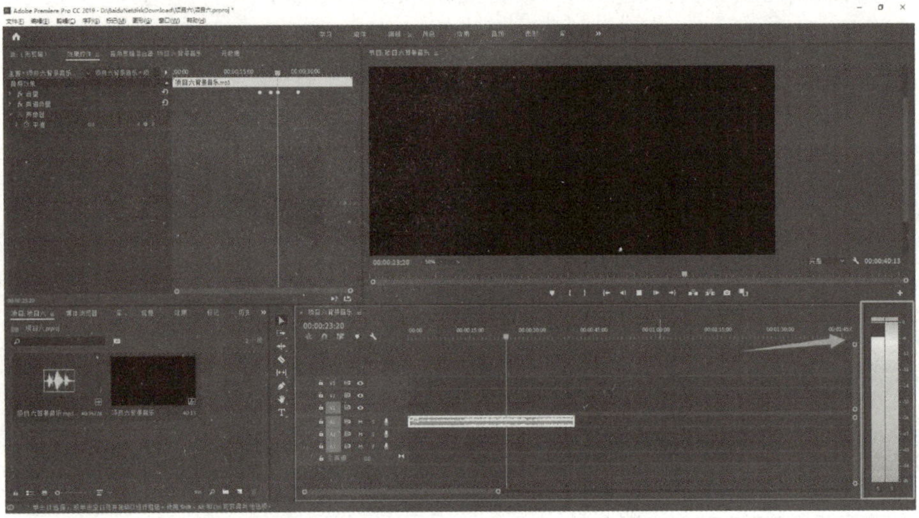

图 6－47　音量变化

图 6－48　音频效果

(4) 在源面板中点击效果控件，找到音频效果下的音量。如图 6－49 所示。

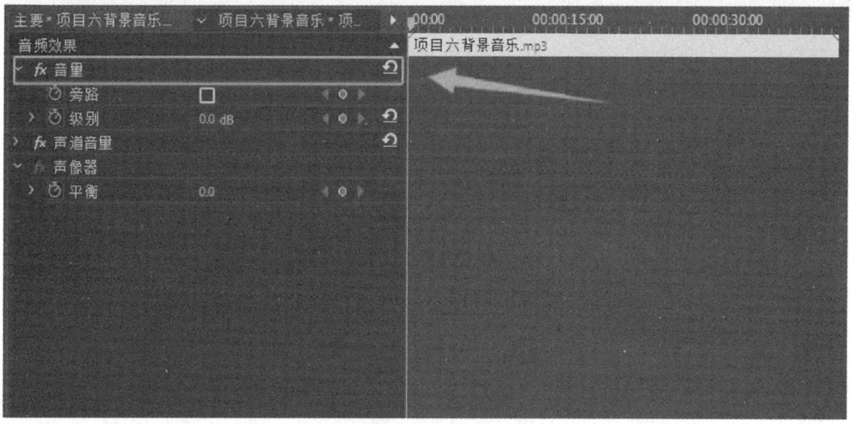

图 6－49　音量

(5) 拖动音量下面级别后面的数字，将其调为负数，也就是减小声音。如果调大就是数字为正数，同时可以查看音量显示情况，如图 6－50 所示。

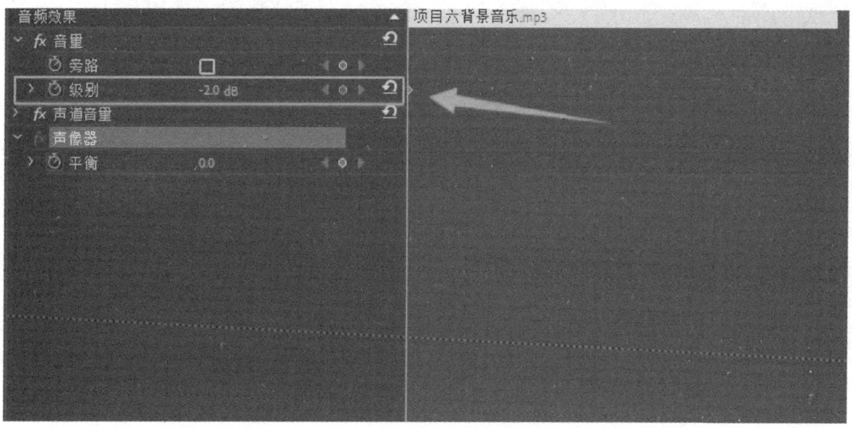

图 6－50　级别

(6) 还可以调节声道下面的左右声道的音量。如图 6－51 所示。

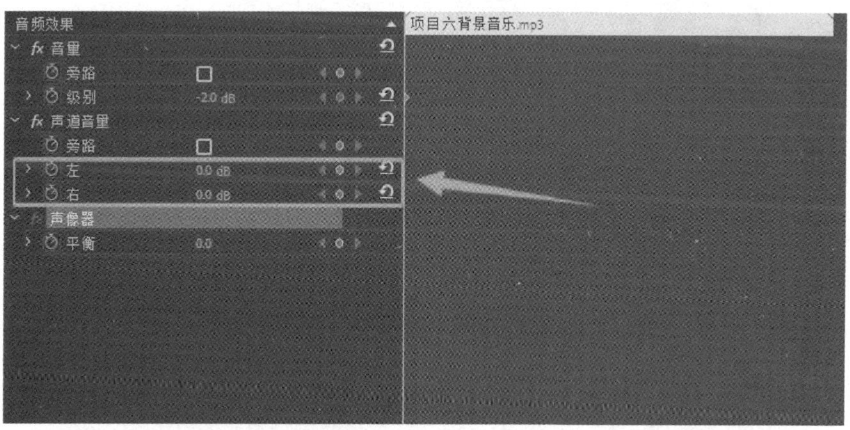

图 6－51　左右声道

另外，在音量调整中还有几种音频声道格式，如：

单声道：只有一个声音通道。

多声道：两个以上的声道。

立体声：轨道类型中的标准，就是一般音频的标准配置分为左声道和右声道。我们日常听的 mp3 或者 mav 音乐格式都属于标准左右声道的立体声。

5.1 环绕立体声：指中央声道、前置左声道、前置右声道、环绕左声道、环绕右声道及 0.1 声道重低音声道。5.1 声道广泛运用于各类传统影院和家庭影院中。

二、音频效果处理

音频过渡的基本设置如图 6－52 所示。

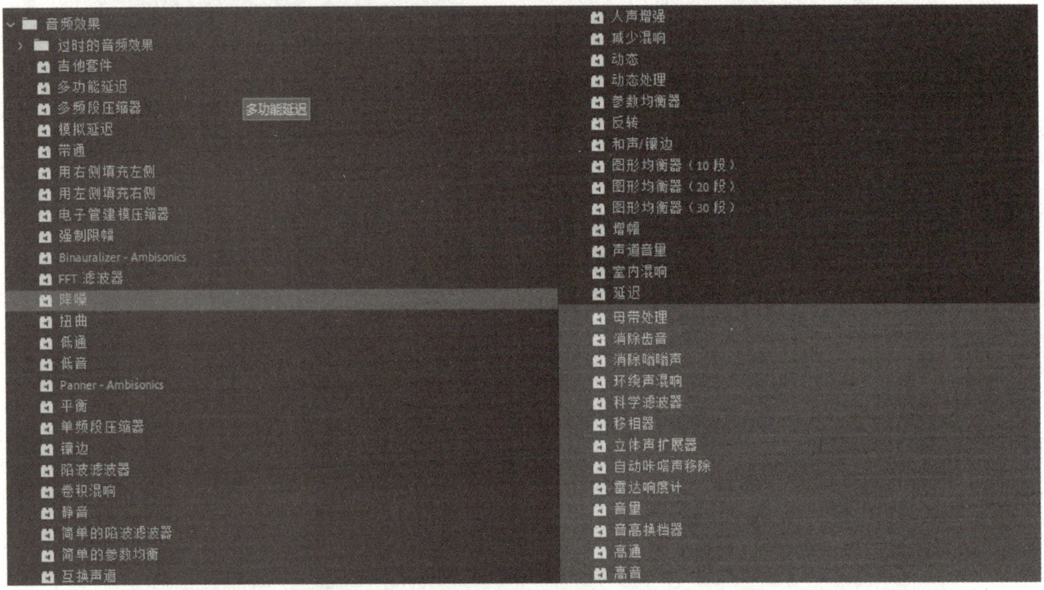

图 6－52　音频效果

《中一鲲出》项目中需要添加音频降噪效果，步骤如下：

（1）点击效果中的降噪效果，将控件拖动到音频轨道上。如图 6－53 所示。

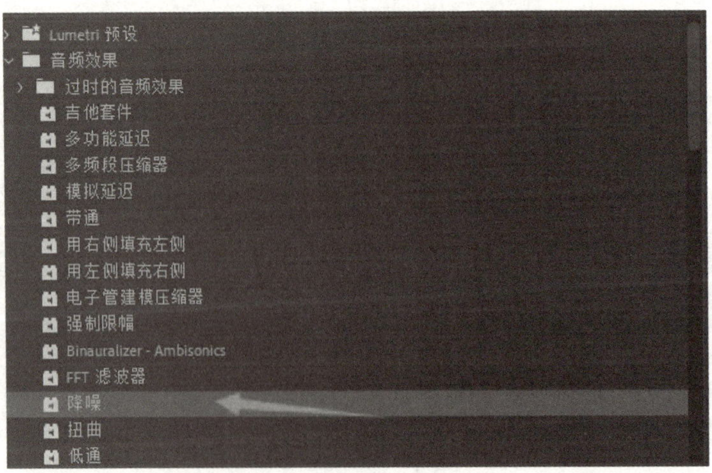

图 6－53　拖动降噪效果控件

（2）打开效果控件面板。如图 6－54 所示。

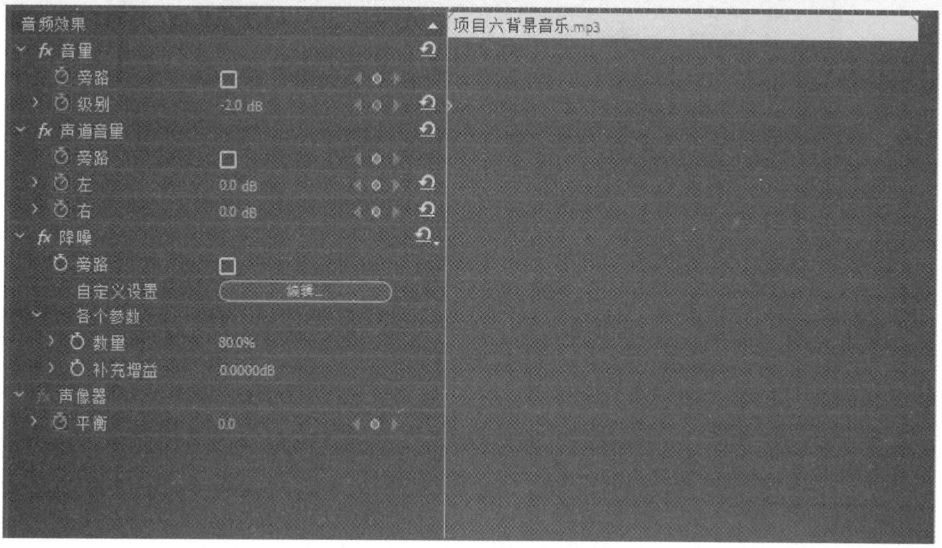

图 6－54　打开效果控件面板

（3）在效果控件中点击编辑命令。如图 6－55 所示。

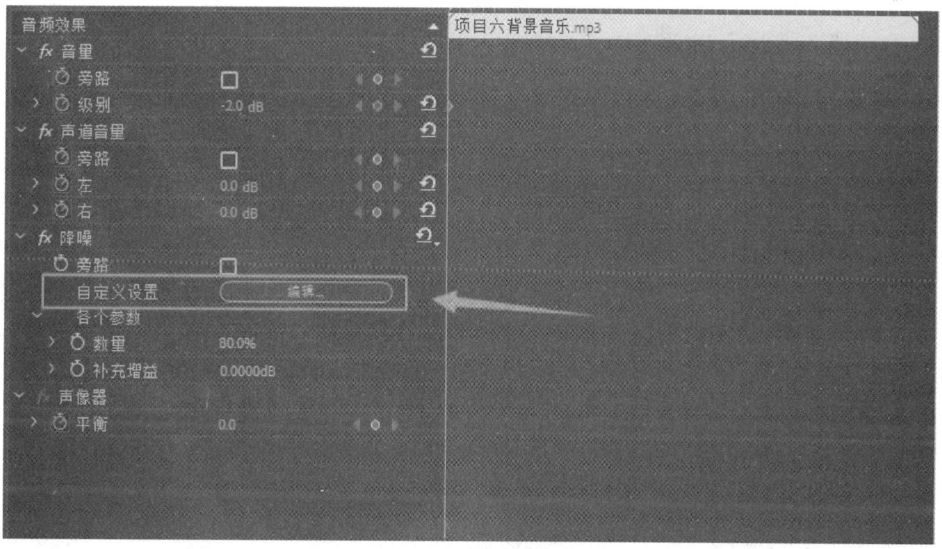

图 6－55　编辑命令

（4）选择强降噪预设，然后关闭控件即可生效。如图 6－56 所示。

PR 常用的音频效果还有：

①混响：模拟房间内的声音效果。

②高通滤波：用于去除声音中的低频部分。

③低通滤波：去除声音中的高频部分。

④均衡：用来控制声音的频率、波段和多重波段水平。

以上效果添加方式与添加降噪效果步骤一致。

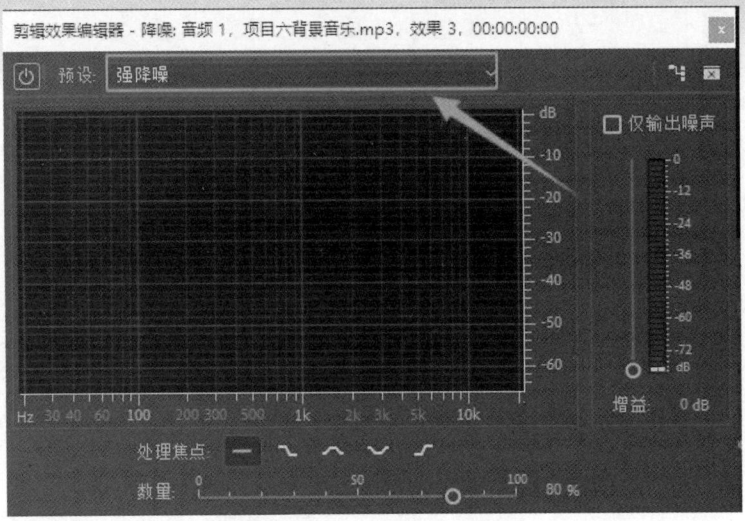

图 6-56　强降噪预设

三、音频特效处理

音频特效位于“项目—效果—音频效果”菜单中。“效果”中提供搜索功能。可通过关键词进行效果搜索。根据需要，将音频特效拖曳到音频上，实现音频特效添加。

(一)“淡入淡出”效果

音频的淡入淡出效果设置和视频淡入淡出的设置类似，可以在时间轴窗口中通过给素材设置关键帧进行调整。

1. 素材导入

将项目窗口中的一段音频素材拖放到音频轨道上，单击素材所在轨前面的缩小/扩张按钮，展开素材轨道。然后单击音频素材所在轨道前面属性面板中的显示关键帧按钮，并从弹出菜单中选择“显示轨道关键帧”命令，此时轨道中的声音素材会出现一条控制线，如图 6-57 所示。

图 6-57　素材导入

2. 添加并调整关键帧

将时间轴标尺移动到要添加关键帧的控制线位置处，单击“添加关键帧”按钮即可添加关键帧，用同样方法继续添加需要的关键帧。然后用选择工具或钢笔工具向下拖动关键帧即可实现声音的淡入淡出，如图 6-58 所示。

图 6-58　添加并调整关键帧

（二）“平衡”效果

“平衡”效果可用于控制左右声道的相对音量。正值增加右声道的比例，负值增加左声道的比例。此效果仅适用于立体声剪辑。

（三）“带通滤波”效果

“带通滤波”效果可以将指定范围以外的声音或波段的频率移除，在特效控制面板中可以进行相关的参数设置。

（1）中心：指定位于指定范围中心的频率值。

（2）Q：保持指定波段频率的宽度。也就是说，低设置可创建宽频率范围，而高设置可创建窄频段范围。

（四）“低音”效果

“低音”效果可用于增大或减小低频（200Hz 或更低）。“提升”指定增加低频的分贝数。此效果适用于 5.1 环绕声、立体声或单声道剪辑。

（五）“声道音量”效果

“声道音量”效果可用于独立控制立体声或 5.1 剪辑或轨道中的每条声道的音量。每条声道的音量级别以分贝衡量。若音量级别相同，则可能产生颤音效果。

（六）“消除嘀嗒声”效果

“消除嘀嗒声”效果用于消除来自音频信号的多余嘀嗒声。嘀嗒声通常由胶片剪辑拼接不良或音频素材编辑不良造成。通常，“消除嘀嗒声”对于因敲击麦克风而产生的小爆破声非常有用。在“效果控件”面板中，此效果的“自定义设置”会显示“输入”和“输出”监视器。第一个监视器显示已检测到任何嘀嗒声的输入信号。第二个监视器显示已消除滴嗒声的输出信号。

（1）阈值：确定检测阈值，进而确定受影响的信号范围。此控件的范围从 0 到 100%。

（2）消除扑通声：确定消除低频滴答声的范围，这些声音有时更像扑通声。此控件的范围从 0 到 100%。

（七）“消除爆破音”效果

“消除爆破音 ”效果可用于从声源中消除爆破音，也可以减轻以下情况引起的爆破音：窗户上的雨滴声、损坏的音频电缆、电子设备靠近麦克风电缆以及夹式麦克风摩擦衣物。在“效果控件”面板中，此效果的“自定义设置”会显示“检测到的爆破音”和“输出”监视器。第一个监视器显示已检测到任何爆破音的输入信号。第二个监视器显示已消除爆破音的输出信号。

（1）阈值：确定爆破音的检测级别。此控件的范围从 0 到 100%。

（2）降低：确定爆破音的降低量。此控件的范围从 0 到 100%。

（3）效率计：此效率计显示消除爆破音的效率。“阈值”表盘应扭到最大值。请注意，当阈值非常低时，也会达到最高值，但此时基本的音频信号将受损。

（4）试听：选择此控件时，可以只听要消除的声音。当音频的实际内容可在试听模式中听到时，这是阈值设置得太低的重要迹象。如果仍不调整阈值，音频信号将受损。

（八）“消除齿音”效果

“消除齿音”效果可消除齿音和其他高频“SSS”类型的声音，这类声音通常是在解说员或歌手发出字母“s”和“t”的读音时产生的。此效果适用于 5.1、立体声或单声道剪辑。

（1）增益：指定应用于“SSS”声音的减少量。测量计中会显示以分贝为单位的减少量。

（2）男性和女性：指定解说员或歌手的性别。此选项有助于效果适应性别之间的声调差异。

（九）“消除嗡嗡声”效果

“消除嗡嗡声”效果可用于从音频中消除不需要的 50Hz/60Hz 嗡嗡声。此效果适用于 5.1、立体声或单声道剪辑。

（1）降低：指定应用于嗡嗡声的降低量。较高的值也可能消减掉低端的必要音频信息。

（2）频率：指定嗡嗡声的中心频率。通常，此频率在欧洲和日本为 50Hz，而在美国和加拿大为 60Hz。通常，嗡嗡声的频率不是静态的，而会变化±5Hz。单击“50Hz”或“60Hz”按钮可设置相应的频率。

（3）滤镜：指定用于消除嗡嗡声的滤镜数。嗡嗡声不仅包含 50Hz 或 60Hz 的基频，而且包含具有多倍基频的谐波（100/110Hz、150/160Hz 等）。较高的值会增大 CPU 用量。调整此值可确定要过滤的谐波频率数。例如，如果选择 60Hz 作为“频率”值，然后选择 4＃作为“滤镜”值，“消除嗡嗡声”会过滤 60Hz 的频率以及三个谐波频率（120Hz、240Hz 和 480Hz），总共要过滤四个频率，因此值为 4＃。较高的值需要更高的处理能力。

【同步实战】

1. 实战目的

根据小组拍摄的视频内容和素材，在充分理解视频主题和核心内容的基础上，利用 Premiere Pro 等视频剪辑制作软件，对营销视频进行剪辑处理。

2. 实战项目内容

以组为单位，根据所拍摄的视频素材和内容，开展具体的视频剪辑处理，并进行汇报。

3. 实战考核要求

（1）团队对营销视频内容理解、把握到位。（20 分）

（2）团队剪辑视频所采用的技巧丰富。（30 分）

（3）团队剪辑视频的主题重点突出、有创新、有创意。（30 分）

（4）语言表达逻辑性强，表述清晰、准确。（20 分）

4. 实战项目反思

通过对小组的营销视频的剪辑处理，以个人为单位，举一反三，剪辑自己的营销视频。

项目七

短视频营销

项目目标

1. 知识目标

（1）了解短视频内容的形式和变现方式。

（2）熟悉抖音短视频平台规则、推荐机制及注册、设置方法。

（3）通过短视频营销案例分析，掌握短视频营销策略与技巧。

2. 能力目标

（1）能熟练地进行短视频平台的注册和账号设置。

（2）能根据目标人群、自身和内容定位，确定短视频内容和变现形式。

（3）能通过案例解析基本掌握短视频矩阵构建、跨平台营销和视频营销变现的基本技巧。

3. 素质目标

加强学习者短视频营销案例分析的能力，增强学习者进行短视频内容定位与制作的水平，提升学习者短视频营销的基本技能。

项目引例

2019年中国短视频行业发展趋势报告

截至2019年12月，用户日均启动短视频APP达26.1亿次，同比增长14.1%。用户短视频观看时长趋于稳定，日均观看时长稳定在3亿小时左右。短视频平台KOL聚集于一线及新一线城市，占比近六成，同时，短视频下沉市场获客进程已基本完成，三线及以下城市用户占比近七成。

1. 短视频正从“短视频＋X”向“X＋短视频”过渡，短视频正在成为APP标配功能

短视频应用作为工具阶段：短视频应用主要功能为制作GIF，视频拍摄制作，虽然有浏览、点赞、转发、评论和下载功能，但工具属性仍然为短视频应用的主要属性。“短视频＋X”阶段：短视频成为新的流量高地，围绕短视频的各类变现模式不断涌现，其中短视频＋电商发展迅猛。“X＋短视频”阶段：短视频成为大型互联网产品的标配功能，与当年视频直播、美颜相机的演进路径一致。

2. 抖音、快手短视频霸主之争龙争虎斗，抖音领先一个身位，快手用户持续稳步增长

抖音系五款短视频APP入围TOP20，霸主地位稳固，快手携极速版发力迅猛，好看视频用户规模进入亿级俱乐部，排名第四。抖音更善于构建中心化的播主，百强抖音账号平均拥有粉丝达 1753 万，粉丝向头部大号聚集，人民日报抖音粉丝超五千万，排名榜首。相比抖音，快手更关注普通播主的自我表达，粉丝分布更加扁平，TOP20 账号入围门槛为 1518 万粉丝。好看视频活跃用户增长气势如虹，2019 年 12 月，活跃用户规模超 1 亿。

此外，截至 2019 年末，中国互联网 MCN 机构近 6700 家，超六成入住短视频平台。MCN 已成为短视频平台高质量内容的最重要生产者。

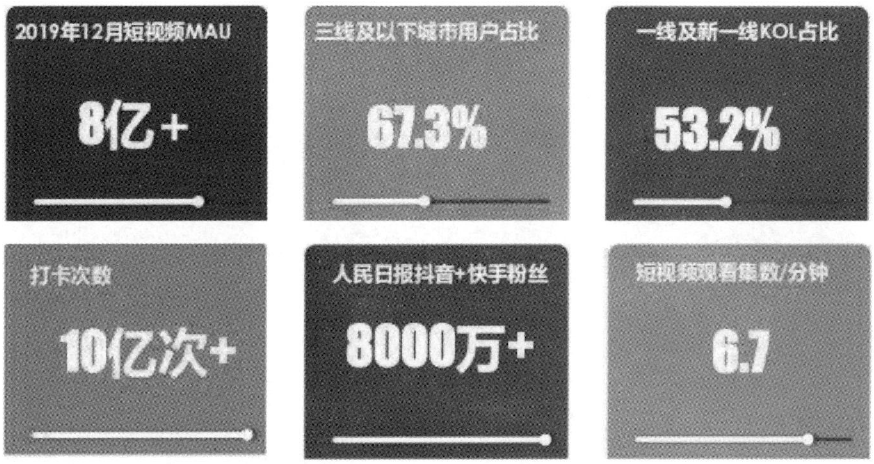

2019 年短视频行业关键数据

资料来源：Fastdata 极数．2019 年中国短视频行业发展趋势报告．(2020-02-17) [2020-03-31]. http://www.199it.com/archives/1007147.htm.

分析提示

短视频行业的发展已势不可挡，无论是用户的增长，各大平台的入场，内容生产机构的进入，商业化的成熟带来的资本积累，还是技术智能化的不断升级，都标志着短视频正成为移动互联网时代的重要入口。

项目分析

短视频已然成为年轻一代的流量收割地，为了抓住这个机遇，企业必须掌握短视频营销的方法和技巧。本项目从认识短视频内容形式（任务一）入手，详细讲解了抖音短视频平台规则（任务二），并以此为基础，仔细拆解分析了“李子柒”短视频营销案例分析（任务三），为企业开展短视频营销提供思路。

思维导图

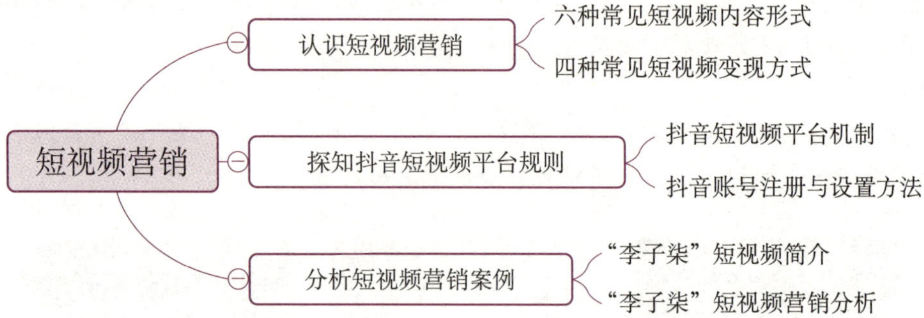

项目实施

任务一　认识短视频营销

随着抖音、火山、快手、西瓜等短视频平台的崛起，短视频内容形式和变现方式越来越丰富，下面介绍几种常见的内容形式和变现方式。

一、六种常见短视频内容形式

(一)“图文＋背景音乐”形式

图 7-1　“图文＋背景音乐”形式

“图文＋背景音乐”短视频内容展示形式，制作起来相对比较简单，算是初等级别，只要找到合适的图片，配上相应的文字，简单合成即可，很多“图文＋背景音乐”形式的视频甚至是直接用 PPT 进行制作。因此，这种内容形式极容易被模仿。总体来说，“图文＋背景音乐”形式视频内容要想被广大受众所关注，关键在于：内容是否有用。

这类形式的视频主要适用于干货视频、教育理论视频等内容领域。如：为都信息科技 Excel 宝典开展的自学网站推荐抖音视频内容，仅仅一天的点赞量就达到 31.1 万，转发 3.4 万，评论量也有 2787 条，说明此类型短视频内容需要有丰富的干货内容才能吸引用户点赞、转发和评论。如图 7-1 所示。

(二)“真人口述”形式

“真人口述”的短视频内容形式一般采用的

是真人出镜，通过对话的形式进行展示。由于真人出镜，视频创作者不仅要考虑视频前期准备的内容质量，还要考虑一个人说话的状态及上镜的效果。因此，这类视频内容制作难度相比于“图文＋背景音乐”形式，难度更大一些，但仍然很容易被模仿。

相对来说，这类短视频内容，只要演员表情到位，内容有吸引力，上热门的机会还是比较常见的。

这类形式的视频适用的领域较多，常见于搞笑、美妆、吃播、情感等内容领域。如浪胃仙美食推荐类抖音号上一条与牛肉面馆嬢嬢之间有趣互动的短视频（如图 7－2 所示），就能吸引 204.1 万点赞，3.9 万评论，同时为该牛肉面馆带来了大量的粉丝。能达到如此效果，与其背后的专业团队密不可分。

图 7－2 “真人口述”形式

（三）“视频＋配音”形式

“视频＋配音”形式的视频内容大多是教大家一个技能，比如教你怎么打篮球转身、怎么做视频等。可以真人出镜亲自演示，也可以用动画代替。只要你分享的技能非常有用，甚至效果足够震撼，点赞和关注的人数会自然增长。

这类短视频不管是拍摄上，还是内容要求上都比较高，所以要做原创，难度比较大，相应地别人也比较难模仿。

这类形式的视频主要适用于技能分享、“种草”视频等内容领域。如 KBT 篮球训练营在抖音分享的 2 种转身技巧有 4.8 万的点赞，Konsn 教你玩数码抖音号教大家使用剪映制作短视频技巧有 36.6 万点赞，充分说明此类形式非常受欢迎。如图 7－3 所示。

图 7－3　“视频＋配音”形式

（四）“情景剧”形式

“情景剧”形式短视频内容不仅要求真人出镜，而且还要求这个人必须具备表演能力，更重要的是，还需要有一个好剧本。

在拍摄过程中，具体的场景搭建、设备、拍摄角度、拍摄技术等要求也都是很高的。当然，付出和收获往往成正比，如果这个人不仅颜值高，也演得好，又有专门团队拍摄，火爆指数也能到达顶峰。

在抖音平台上，我们看到的很多优质视频创作者，背后往往都有自己的拍摄团队，很多拍摄这类视频的账号，基本都能达到百万级的点赞数。

这类形式的视频内容主要适用于有幕后包装团队的抖音红人、优质视频创作者等专业的短视频内容创作人群。如 MrYang 杨家成英语抖音号，每一个短视频都是一个小情景故事，讲述特定的句型、语法等知识，即生动又有趣，目前粉丝已经达到 6000 多万。如图 7－4 所示。

图 7－4　“情景剧”形式

（五）“Vlog”形式

在 2019 年特别火的“Vlog”短视频内容形式，如此广泛受粉丝欢迎的主要原因是：该类视频满足了人们精神层面上的某些需求。

目前，市场上受欢迎的高知名度“Vlog”短视频创作者，大多拥有和多数人不同的生活，他们或许频繁地旅行，或许有着不同的求学或工作经历。人们通过观看他们的 Vlog 来暂时逃离自己的平淡生活，以得到某种心理满足，也通过这种途径获知更多和外部世界有关的信息，间接体验自己未曾拥有的生活。

Vlog 的分享尤为生动和真实，视频载体能直观地表现当时的环境和事实细节，而镜头前自然的情绪表露也被记录得十分真切，这样的表达方式显然更具吸引力。

这类形式的视频内容主要适用于有意愿打造 IP 的个人，这种视频形式更多用于记录日常生活。如 Toly 学长抖音号就是通过发一系列的 Vlog 视频来吸引粉丝。如图 7-5 所示。

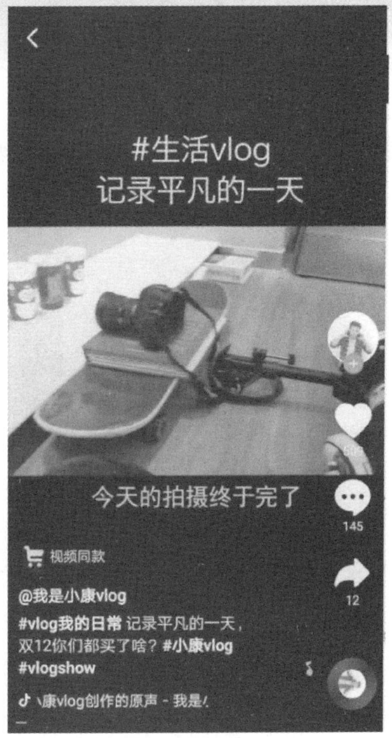

图 7-5　“Vlog”形式

(六)“知识培训”形式

事实上，知识类的短视频内容，早已不止一次印证了其在涨粉方面有着区别于泛娱乐类内容的优势。目前，常见的知识培训类短视频内容可分为下列两种类型。

1. 知识型大 V 类

易中天在抖音开设了自己的个人专属账号，30 天里凭借 11 条短视频内容，轻松收获了 113 万粉丝。而在《最强大脑》一举成名的“水哥”王昱珩，抖音账号开通 20 天时间，发布 17 条短视频，大多还都是 UGC 类型，收获了 71 万粉丝。

此外，2018 年底，因为一条《盛唐——浪漫得要死，狂得要命》的抖音短视频，华中师范大学文学院教授戴建业一夜成名，帮助“超星名师讲坛”抖音账号 20 天涨粉近百万。其抖音账号目前已有 200 多万粉丝。还有复旦大学的陈果，其抖音账号“陈果人生课”在 2019 年 2 月位于卡思数据商业版抖音新锐榜第三位，一周涨粉高达 180 万。

可见，无论是已成名的知识型大 V，还是本来就是素人，但是因为学识和讲课风格幽默有趣，成功“破圈”，都可以成为快速涨粉的类型。

2. 知识技能类

在 2019 年 6 月的卡思数据抖音新锐榜上，有一个叫“Ethan 清醒思考”的知识类账号，内容定位于心理学技巧的总结和传授，凭借 6 月 27 日的一条《几个有趣实用的心理学技巧，你中招了没?》的短视频，两天内就收获了 200 万+的点赞数，发布当天涨粉超过 75 万，如图 7-6 所示。再如垂直在运动健康领域的“每日瑜伽”，通过分享瑜伽姿势技巧和瑜伽练习的小知识点，曾经创下过 30 天涨粉超过 100 万的成绩。2019 年 3 月，曾连续三次登上抖音官方新锐榜的“神州老师”，通过非常垂直细分的摄影技巧知识分享的内容定位，周涨粉近 50 万，目前粉丝已经破千万。

图 7－6　知识技能类内容形式

这些涨粉迅速的知识类短视频，都是围绕着一个垂直细分领域的知识和技巧来进行内容策划和制作，同时还会结合动画、虚拟人设、短剧、幽默搞笑的叙述方式等形式，突出干货分享和实操性，杜绝了知识类内容天然带有说教性的问题，将知识类的短视频和泛娱乐类的内容形式做了有机的结合，成功赢取了粉丝的喜爱。

二、四种常见短视频变现方式

2019 年 10 月 29 日，QuestMobile 发布《2019 中国移动互联网秋季大报告》，其中关于短视频行业的数据表示：短视频行业渗透率超 70%，已完成前期流量积累，正在加速商业化变现步伐。约四成用户因观看短视频内容产生过消费行为，其中女性、下沉市场更容易受短视频内容影响产生购买行为。

（一）广告推广变现

在短视频中植入广告，即把短视频内容与广告结合起来。短视频广告效果一般有两种形式：一种是硬性植入，不加任何修饰地硬生生地植入视频；另一种是创意植入，即将短视频的内容、情节很好地与广告的理念融合在一起，不露痕迹，让观众不易察觉。相比较而言，很多人认为创意植入的方式效果更好，接受程度更高。

目前，短视频平台的很多视频，倾向于直接介绍产品，并在视频中展示购物车，用户如果对产品感兴趣，直接点击购物车跳转到成交页面完成交易。但根据抖商公社对带货视频的数据分析，发现点赞率更高的视频还是以剧情创意为主的情节性广告产品植入。例如，抖音平台上当前综合带货能力最强的“黄三斤”，就是通过创意剧情的方式，植入产品，达到卖货的目的。她当前的粉丝为 1082.7 万，每条视频也都有几十万甚至上百万点赞。

（二）知识培训变现

2019年，国家网信办等相关主管部门组织抖音、快手、火山小视频等短视频平台试点上线了青少年防沉迷系统，已于当年5月底在全国主要网络短视频平台中推广，意欲形成行业统一规范。家长登录后手动操作选择“青少年模式”，观看超过40分钟就需要家长输入密码解锁。“青少年模式”下，禁用打赏、充值、提现、直播等功能，每天22时至次日6时期间，用户不能登录使用。而此模式下，知识类短视频内容成为播放和传播的主要内容类型。

例如，猿辅导在线教育旗下的“斑马AI课”公众号，除了利用各种家庭教育的剧情内容和促销信息吸引家长关注、下单外，在其公众号中会定期推送相关学习内容，让家长及时了解课程内容的同时吸引其进一步购买更多课程。目前，其已有97.1万粉丝，点赞量295.5万。如图7－7所示。

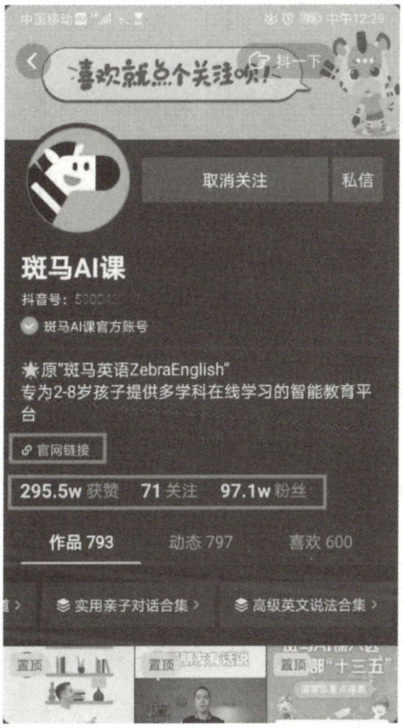

图7－7　“斑马AI课”知识培训变现

（三）电商带货变现

在抖音卖货，首先要改变的思维方式就是性价比逻辑，抖音用户消费不追求性价比，这也使得在抖音上存在商品价格高于淘宝的现象。无论是选品还是定价，只需要你做到“绝对价格低，相对价格高”这个原则，你就能利用价格，调动顾客的购买欲望。

想办法让那些难以展示的产品效果通过内容展示出来，就能吸引短视频用户观看并下单。一个好的效果对比可以增强真实感，将产品有效融入短视频拍摄过程。例如“温仙女”美妆博主的抖音号上，直接链接其短视频推荐的商品，受众在观看视频的同时，可以直接点击链接跳转到淘宝商品销售页面领券购买。仅一款售价 89.9 元的腮红，因其短视频推荐达到 1.32 万笔成交单数。如图 7－8 所示。

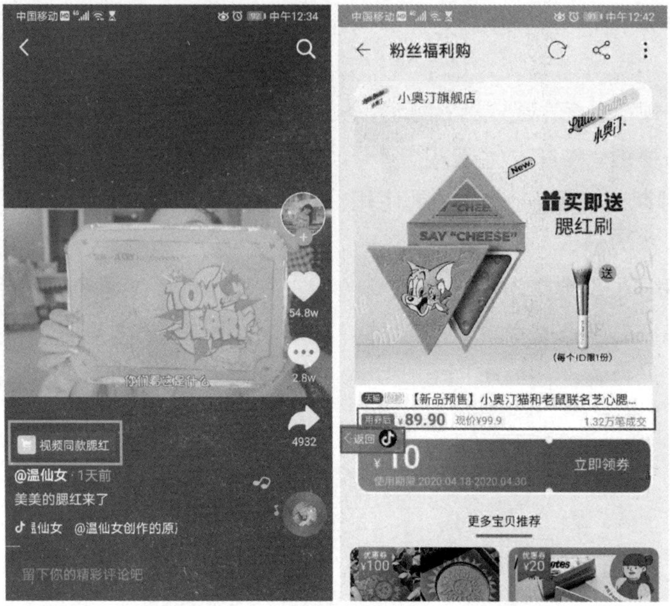

图 7－8　“温仙女”电商带货变现

（四）加盟代理变现

当前，在二三线城市的“小镇青年”普遍存在“有闲钱、有时间、缺少好的赚钱项目”的生活状态。有越来越多的人准备在老家创业。从调研数据可知，2018 年上半年新增创业人数环比增长 64%，同比增长 158%。24～39 岁是中国创业年龄段，占整体创业人群 50%，与此同时，快手、抖音等短视频平台用户中 24～40 岁人群占比为 66.8%，中国创业年龄段与短视频人群契合度高。基于此，加盟代理招商的企业通过短视频渠道能快速、低成本地获取优质客户资源。

图 7－9　“一点点”加盟代理变现

目前，加盟代理类的短视频变现形式，最常见于餐饮加盟。如一点点、益禾堂、书亦烧仙草、正新鸡排等，都通过短视频，展现加盟店销售情况，以吸引加盟商的关注。例如，“一点点”奶茶店加盟人群主要为 24～30 岁，所处地域为广东、福建、海南等华南、华西等沿海城市的创业女性群体，其在抖音上投放加盟招商及成功案例的短视频，已经有 5000 多位粉丝，获赞超 10 万。如图 7－9 所示。

任务二　探知抖音短视频平台规则

作为短视频运营者，要运营一个视频平台并取得成功，首先需要了解和掌握平台的短视频的推荐机制、注册与设置方法等，下面以抖音为例介绍。

一、抖音短视频平台机制

（一）推荐机制

抖音的短视频的流程、规则已经非常成熟和完善，推荐机制已经非常完备，我们只有了解这些推荐机制，才能更好地完成运营工作，下面我们详细了解抖音的基础推荐、叠加推荐和时间效应这三个推荐机制。

1. 基础推荐

类似于电商的“千人千面”的运营机制类似，抖音的短视频推荐也遵循这个原理。因此，抖音的基础推荐机制为：短视频运营者在将制作完成的视频发布到抖音平台时，抖音平台会对视频内容从视频时长、违规行为、清晰度、是否包含水印、是否有明显的广告痕迹以及通过标题获取视频内容关键词来进行识别。在甄别完成之后，会对上传的视频通过标题获取视频内容关键词进行内容的分类，即对视频打上标签，优先派发给关注者及附近的人，再根据视频标签及用户标签进行智能分发给可能对此内容感兴趣的用户。

例如，当你在抖音上上传的是一个打篮球的视频内容时，抖音会根据你撰写的标题获取视频内容，并标记为体育、篮球的类别，优先派发到关注你抖音号和你附近的人，提醒其观看，同时，当被标记为喜欢篮球的用户在使用抖音时，你的视频还会被推荐到该用户面前，以此为该抖音号引流。

2. 叠加推荐

抖音平台要想保证平台的活性，必须持续输出优质内容。故抖音的叠加推荐机制就是根据用户的完播率、转发量、点赞量以及评论量等一系列行为偏好的数据，为优质内容不断进行加权，为其提供更大的流量池，从而达到将低质量内容进行筛选出去的目的。

换句话说，在运营者发布第一条抖音时，抖音为所有人提供的流量池都是一样的，那么，运营者能不能获得更多的流量，最关键的因素在于内容是否受用户欢迎，当用户能够完整看完视频内容，并进行转发、点赞、评论等行为时，对抖音平台来说，这个视频内容就是一个优质的视频内容，当这些指标达到一定量级之后，会根据平台算法再次进行派发，使更多用户能够看到该视频，如此无限循环，实现叠加推荐。

3. 时间效应

一方面，当抖音用户出现高峰期，某类视频内容浏览量非常高时，会出现现有视频内容供应跟不上需求的情况，这时，抖音会通过算法，到视频库中进行筛选和提取，并对视频库中相关内容视频重新进行叠加推荐。

另一方面，在叠加推荐过程中，抖音的各项热度的权重依次为：转发量>评论量>点赞量>完播率。此外，热度权重也会根据时间择新去旧，一条爆火的视频的热度最多持续一周，除非有大量用户模仿跟拍，故对短视频运营者来说，需要有稳定的内容更新机制和持续输出爆款的能力。简单来说，要做到以下几点。

（1）提升完播率：发布的15秒视频看完的人数持续增高，推荐则会慢慢增长。

（2）提升点赞率：抖音官方公布的优质视频点赞率是3%，如果你的点赞率高于或者接近3%，抖音算法机制会给你更多推荐量。

（3）提升互动率：视频评论互动是账号活跃度检测的一个重要标准，跟抖音算法推荐机制直接挂钩。

（4）提升转发率：视频的转发数量越高，抖音算法推荐越高，推荐到首页的转发量都不低。

（5）提升复播率：视频重复播放代表着用户对视频的肯定，抖音推荐算法机制也会相应地增加推荐。

总之，短视频运营者需要珍惜基础推荐流量池，提高点赞率、评论率、转发率、完播率，争取进入叠加推荐。

（二）抖音内部用户划分

抖音短视频的内容目前大部分都是由抖音用户生产的，这类平台模式被称为UGC模式，即用户产出内容。基于此，根据用户月登录和发布视频的次数，抖音将用户进行四个层次的划分，并给予不同的权限。具体层级如表7-1所示。

红色层级：使用次数很少，偶尔看看，不输出或很少输出视频内容的用户。针对这类用户，抖音主要是传达产品价值，培养用户使用习惯。

橙色层级：使用次数较多，但很少输出视频内容的用户。针对这类用户，抖音要促使其提供优质内容。

绿色层级：使用次数较多，但较少输出视频内容的用户。针对这类用户，抖音平台需要促使其向核心用户转换。

深绿色层级：经常使用并且经常输出视频内容的用户。针对这类用户，抖音平台必须想办法保留，势必会为其提供更多的优惠政策。

表7-1　抖音用户层级划分

		月发布视频次数			
		10次以上	6～10次	1～5次	0次
月登录次数	20次以上				
	11～20次				
	6～10次				
	1～5次				
	0次				

注：空白处代表深绿色层级，浅灰色代表绿色层级，中灰色代表橙色层级，深灰色代表红色层级。

因此，作为短视频运营者，在前期进行养号过程中，需要多准备优质内容连续进行发送，并且多花时间浏览平台相关内容，提升自己的层级。

（三）抖音必推原理

根据抖音推荐机制，我们不难发现，要想抖音平台对运营者制作的视频进行推荐，就必须想办法提升点赞率、评论率、转发率、关注率和完播率等相关数据。

1. 提升完播率的方法

完播率是所有数据的前提，有了好的完播率，视频的点赞数、评论数、转发数、关注数会自然而然有所提升。

（1）制作优质内容，控制视频时长。制作优质内容，需要做到避免内容杂乱无序、冗长无聊。需要尽量在足够短的时间里面，把视频内核的主题内容表现出来，内容必须有亮点。可在视频展现过程中配上文字，加以说明，从封面标题到字幕音频，甚至视频结尾，都要做到全程无槽点。

（2）做好账号运营。要学会在推荐周期内持续有效地助推这条视频，比如与粉丝互动、聊天等手段来实现二次增长。此外，还需要让抖音账号内容发布的视频保持一定的关联性。如果能够让用户反复观看，某个视频甚至对账号其他视频内容产生兴趣，这也是对视频完播率的保障。

2. 提升点赞率、评论率、关注率的方法

在提升完播率的基础上，还需要不断提升点赞、评论、关注的数量，这些数据是相辅相成的，需要运营者在视频内容上、粉丝互动技巧上下功夫。

（1）视频内容中引导用户关注、点赞、评论。我们在观看抖音的过程中，很多时候可以听到一句话叫“双击 6666”，这就是一个引导用户点赞的话术，在设计视频内容脚本时，就需要通过各种话术，以润物细无声的方式，引导用户关注、点赞、评论。或者视频内容能为用户提供其所需的技能，粉丝会自然而然地通过关注账号成为忠实粉丝，会通过评论索取制作方法，从而提升点赞、关注、评论数。

（2）与粉丝进行互动。在视频内容吸引到一定的粉丝群后，需要开展粉丝运营活动，通过定期、不定期地开展抢红包、评论区盖楼等活动，引导粉丝始终关注、评论和点赞，并始终保持活跃度。

二、抖音账号注册与设置方法

（一）抖音企业蓝 V 账号注册

目前，在个人账号注册上，抖音支持 QQ、微信、微博等多种方式的注册和登录。但对于个人或企业来说，要想获得更多的权限，需要进行黄 V 或蓝 V 认证，那么流程会较为复杂一点。个人黄 V 与企业蓝 V 认证类似，我们以企业蓝 V 为例说明。

企业认证蓝 V 需要提供的资料有：营业执照、企业认证公函、电子邮箱。除此以外，还有一些行业需要额外提供一些资质。但是需要注意的是，并不是所有的行业都是可以认证抖音蓝 V 的。一些行业属于抖音官方规定的禁入行业，是不能进行认证的，一律做不予通过或者认证失败处理。同时，对酒类、食品类、化妆品类等风险行业，需要额外补充认证相关资质。短视频运营者在进行蓝 V 认证之前需要充分了解抖音的准入规则和内容规范，合法、合规地开展运营活动。

登录抖音蓝V认证官网（http：//renzheng.douyin.com)，如图7-10所示。手机端则进入“抖音—设置—账号与安全—申请官方认证—企业认证”即可进行认证申请。在填写认证资料过程中，需填写企业认证公函，并且要加盖公章；如果是个体工商户没有公章的，则需要签名加上按手印。之后填写认证相关信息，如果有邀请码的可以一并填写。然后提交抖音蓝V认证申请，支付认证审核费用600元，等待认证结果即可。

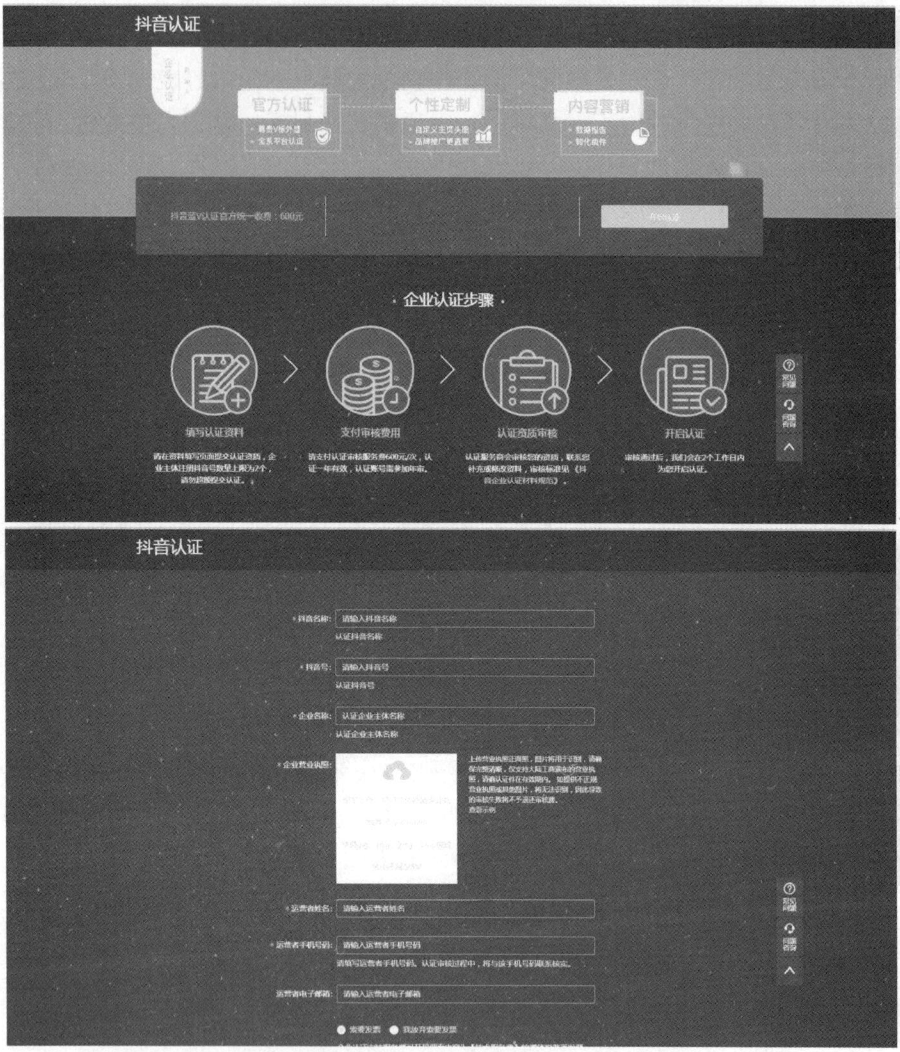

图7-10　抖音蓝V认证官网首页及认证页面

（二）抖音账号设置

1. 名字：看得懂、记得住

抖音的名字需要有特点，而且最好和定位相关，尽量做到通俗易懂。名字设置技巧：

（1）名字不能太长，太长的话用户不容易记忆，通常为3～5个字即可。

（2）最好能体现人设感，即看见名字就能联系到人设。人设是指人物设定，包括姓名、年龄、身高、性格等人物的基本设定，以及企业、职位和成就等背景设定。

例如，“好笑综艺君”这个账号，名字简洁明了，一看就知道是娱乐类的抖音账号，且“君”字有拟人化的特点，给人亲切感。如图 7－11 所示。

图 7－11　“好笑综艺君”账号名称

2. 简介：一句话解决

抖音的账号简介通常是简单明了，一句话解决，主要原则是“描述账号＋引导关注”。基本设置技巧如下：

（1）前半句描述账号特点或功能，后半句引导关注，一定要明确出现关键词“关注”。

（2）账号简介可以用多行文字，但一定要在多行文字的视觉中心出现“关注”两个字。

（3）用户也可以在简介中巧妙地推荐其他账号，但不建议直接引导加微信等。

例如“51 美术”账号的简介，第一句“我们是一群智勇双全的美术生”对账号特点做了简要介绍，第二句“点个关注”直接引导关注，三行用“宠粉”等增强用户对该账号的认知。而同样是做美术、艺考培训的“胖超说艺考”账号，则在简介中提到了其 QQ 群号，为吸粉引流奠定基础。如图 7－12 所示。

图 7－12　抖音账号简介

3. 封面：要做“标题党”

抖音封面能够决定用户对你的作品的第一印象，如果封面足够吸引人的话，还能够增加你的人气。建议用户结合要输出的内容展现特点，有设计性地去做一张封面图。抖音短视频封面要有主人公，要做一个“标题党”，可以参考电影海报的感觉。封面设置技巧：

(1) 能发封面图的一定要做封面图，比如剧情类、实用知识类视频。

(2) 能在封面图上做标题的，一定要加上标题，用字体、颜色或字号的变化来突出主题，一方面可以吸引用户阅读，另一方面还能方便用户点击。

(3) 封面图最少 24 帧，一般时间留够 1 秒即可，也可以专门针对那一秒的视频做一些效果处理，让它适合作为封面图。

(4) 封面图背景要干净，颜色尽量单一，并有一定的视觉冲击力。

例如，湖南卫视抖音号的封面背景，切合其“青春向上”的主题，色调温暖，内容贴合其账号定位，给人印象深刻，如图 7－13 所示。

图 7－13　“湖南卫视”抖音账号封面背景

任务三　分析短视频营销案例

为了更好地说明抖音短视频营销内容的创作和推广技巧，下面以美食类视频大 V 账号“李子柒”做具体分析。

一、“李子柒”短视频简介

“90 后”李子柒在四川绵阳北川的一个小山村，编织自己的“归园田居”梦，用一段段充满田园诗意的视频，在治愈了很多中国人的同时，还火到国外视频网站，播放量赶超全球知名媒体账号。

槐花开满枝头，做一盘色泽鲜艳的槐花煎蛋；樱桃成熟酿一坛樱桃酒；清明节到了，田间地头摘一把鲜嫩野菜，做一笼清明粑粑；川贝成熟熬一锅川贝膏；野生鲫鱼肥而大，用石锅炖一锅鲜嫩鱼汤；夏天鸡纵菌繁茂，蒸一碗火腿鸡纵；八月十五做一盘老月饼；桂花开了，酿一坛桂花酒；梅菜干晒好了，蒸一碗鲜香梅菜扣肉……李子柒视频的背景是青葱绿山、田野、溪流、果园和古朴的农家小院，作为视频中除了鸟儿、狗猫之外的主角，她日出而作、日落而息，春耕秋收，使美食与季节交融。

因她的视频作品中传达出积极向上、热爱生活的态度，以及独立自强的奋斗精神，她曾被共青团中央官方微博等众多主流媒体转发表扬，曾被评为成都非物质文化遗产推广大使。2019 年 12 月 14 日，她荣登 2019“年度影响力人物”榜单，获“年度文化传播人物”称号。2019 年 12 月 23 日，中国农村青年致富带头人协会第三届会员代表大会上，李子柒参与“闪耀田野·益路同行”乡村振兴分享会，并获得“中国农村青年致富带头人推广大使”荣誉称号。

截至 2020 年 4 月 15 日，李子柒在美拍平台的粉丝数为 261.7 万，抖音平台的粉丝数为 3519.7 万，B 站粉丝也有 523.6 万。在其众多粉丝中，海外粉丝共计 740 多万。根据卡思数据 PGC 榜单对其各平台数据统计显示，截至 2019 年 12 月，视频累计总播放量 59.3 亿，评论条数 829.3 万条，点赞数 3887.5 万，历史集均播放量 6976.9 万。如图 7－14 所示。

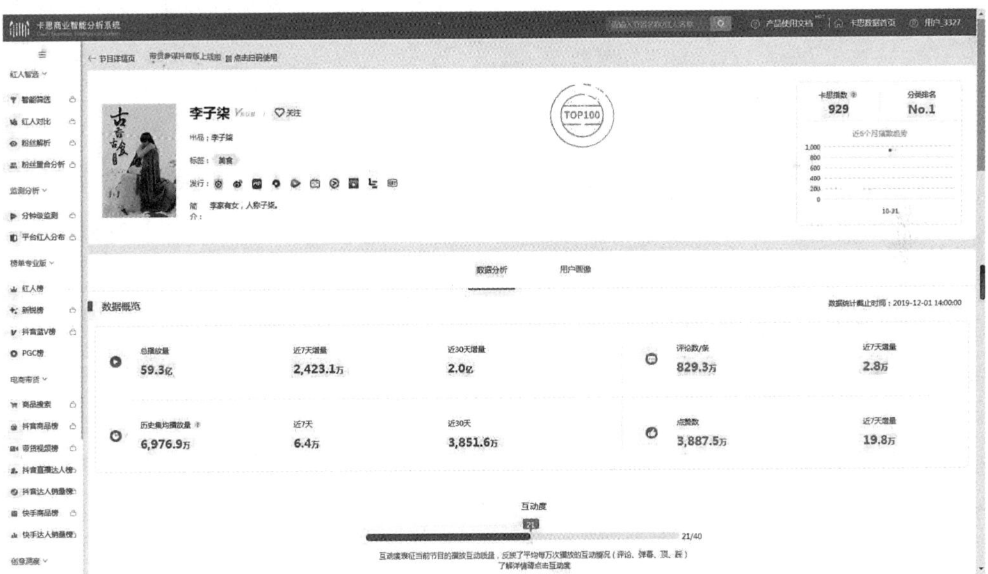

图 7－14 “李子柒”卡思数据 PGC 榜单

二、“李子柒”短视频营销分析

（一）定位分析

1. 用户定位

通过卡思数据 PGC 榜单的用户画像数据发现：李子柒视频的主要受众为 18～24 岁

居住在成都、广州、深圳等大城市的女性群体。如图 7-15 所示。

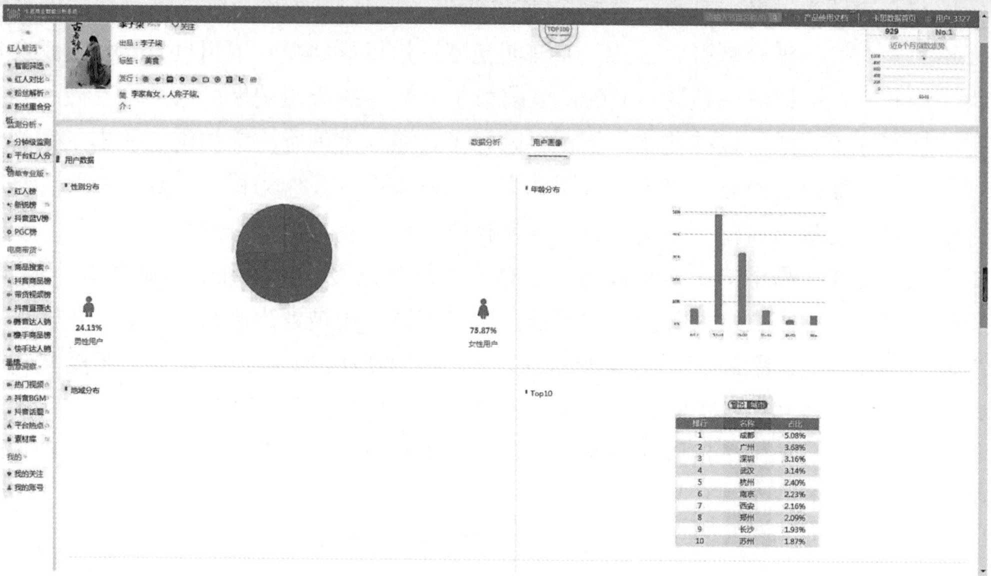

图 7-15 “李子柒”卡思数据 PGC 用户画像

这类群体共同的特点：

第一，热爱美食，对美食有强烈的好感，喜欢自己动手制作。

第二，热爱古风，对于中国传统文化有着浓厚的兴趣，容易接纳新事物，创造新事物。

第三，内心渴望宁静的、恬静怡情的、梦想中的田园生活。

在李子柒的短视频中，蕴含着浓厚的传统文化的色彩，并且将更加流行化、亲民化的元素展现在年轻用户面前。同时，李子柒对美食、美物、田园居家的呈现，表达出对生活的热爱，给予观众梦寐以求的治愈感。她抓住了当下都市人内心渴望宁静田园生活的“痛点”与共鸣，从而找到在短视频内容创业中的突围之路。

2. 内容定位

内容定位是视频内容生产的关键一步，只有明确的定位，视频内容生产才会有目标，有针对性。李子柒的视频主要是两大类内容：一类是与吃相关的古风美食；一类是传统文化相关，即中国传统技艺的制作。精确而独特的内容定位，对其塑造视频内容差异性具有促进作用。其视频内容个性化定位体现在展现带有古风色彩的田园式生活。

“古风”是指现代社会流行的古代潮流，美食带有强烈的古风色彩，例如桃花酱、桃花酒、秋梨膏等，拍摄的场景在田野乡间，展现了食物的自然风貌，使用的炊具也带有古风色彩。

“田园式生活”是指“日出而作，日落而息”慢节奏的生活方式，也包括中国的传统技艺。例如造纸术、木活字印刷术等非遗文化传承的视频内容。如图 7-16 所示。

3. 自身定位

自身定位就是塑造个人形象，打造符合用户审美习惯的“人设”。个人形象的塑造

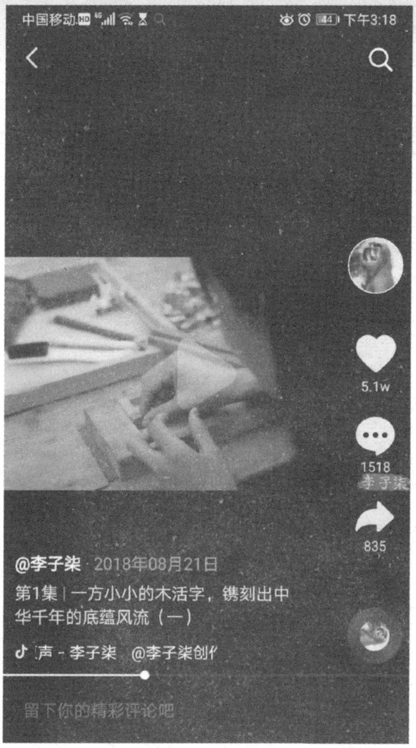

图 7－16　“李子柒”抖音非遗传承视频作品

对建立个性化品牌有着重要的影响，优质以及平易近人的形象会拉近与受众的距离，增加粉丝的黏合度。

李子柒在田园想象与自身真实中，找到了一个很好的结合点和平衡点。随手点开李子柒的视频，你不禁会惊叹这是一个无所不能的奇女子。她就像从古代穿越来的飘逸的仙子，在大自然的怡情山水中寻找着古色古香的美食。酿花酒、磨豆腐、做果酱、用葡萄皮染衣服，她实践着现代人逃离喧嚣都市的梦想。看到她，你就会联想到避世出凡的武林高手，她用心和大自然和谐相处，一动一静都是一幅绝美的风景图。

李子柒打造的古风古韵、仙气飘飘、一尘不染的人物形象都是一种“人设”，但同时，其能上山、下田、入厨房、个人识别度高，外形婉约、恬静，着装文艺清新，生活方式简约、质朴、淡雅，具有独特的个人魅力。再加上李子柒的性格大方，经常与粉丝聊天互动，拉近消费者与品牌之间的距离，增加对品牌的忠诚度。

（二）内容制作分析

1. 内容题材选择

李子柒的短视频内容题材，都是遵循自然规律，根据二十四节气和季节的变化，顺应时令来制作适合人们食用的蔬菜、水果等绿色健康的食物。在 3 月，桃花盛开的季节，制作桃花糕、桃花茶等；在秋风起的时候，熬制秋梨膏，如图 7－17 所示。

此外，还有实用性的物品制作，例如竹沙发、洗漱台等物品，这些物品制作的工序极为复杂，却是人们日常生活中经常用到的。还有很多传统的技艺，例如胭脂水粉的制作，造纸术、木活字印刷术等。

图 7 - 17 “李子柒”熬制秋梨膏视频

同时，“李子柒”的旗舰店在淘宝开业，售卖的五款商品中，针对每个商品都有短视频的内容营销，主要包括它们的制作原料以及制作过程，例如宫廷苏造酱、人参蜜、逍遥茶等。

2. 内容拍摄制作

在短视频的拍摄过程中，注重画面的唯美意境。构图以特写近景居多，清楚地展现自然食材。拍摄手法以俯拍为主，完整展现食材的种类以及食物制作的过程。剪辑上，画面过渡自然流畅，注重景别切换。配乐选择上，以古典纯音乐为主。画面和配乐相得益彰，展现了田园式生活的美好状态。

3. 团队合作制作优质内容

随着拍摄团队的加入，除了做饭，李子柒开始当裁缝、做木匠、绣手绣、染布、造纸、养家禽等，展现更多乡村生活技能，视频内容更加丰富多彩，营造了更加唯美的田园诗意。

与此同时，磨豆腐、制作酱油等传统技艺得以呈现，吃不再是简单地做一盘菜，而是用饱满、质感的镜头事无巨细地呈现春耕秋收、植物生长的过程。比如对“姜”的呈现，则从立夏前后埋下姜种开始，历经炎夏，霜雪将至挖姜窖藏，然后再做姜相关的食物如姜枣膏、姜仔鸭等。其视频越来越类似美食剧集。

（三）营销策略分析

1. 多媒体平台投放，建立传播矩阵

“李子柒”的视频内容投放平台有微信、微博、抖音、B 站、美拍、秒拍等多个媒体平台，其中社交媒体平台运用得最多。

在微信上，“李子柒”以公众号的形式进行营销，营销内容包括短视频、软文、图片等原创内容。相对于其他平台，微信公众号的营销内容更加详细，能够让用户更加细致全面地了解内容生产的过程，提高用户黏性。

微博作为“李子柒”营销的主要平台，截止到2020年4月15日，粉丝达到2418.7万。品牌在微博上的营销包括短视频的发布、IP与粉丝的互动、抽奖等，以此来建立用户对品牌的忠诚度。

美拍是李子柒最早开始内容投放的平台，它是一款受年轻人喜欢的软件，注重内容生产。在美拍上，李子柒保持着一周一更的频率。

抖音、B站、秒拍平台的特点是受年轻人喜欢，跟“李子柒”的垂直用户的年龄特征相符。

最后，在视频内容营销的过程中，各个平台互相关联，打破信息孤岛，通过不断的分享，形成了传播矩阵，以微博、微信为主导，其他媒体平台做辅助，进行营销传播，达到最终的促销目的。

2. 与跨界IP合作，实现品牌社会价值

2019年5月24日，李子柒与“朕的心意·故宫”食品在北京进行了签约仪式，推出宫廷苏造酱，开始正式的合作，如图7-18所示。故宫本身蕴藏着千年文化沉淀以及百万件珍品，可开发利用的文化内容有目共睹，“李子柒”发布的视频内容也有着极高的文化价值，在年轻群体中有着很大的影响力。因此，双方合作是互利共赢的，更重要的是让年轻用户产生对传统文化价值观念的转变。“李子柒”品牌与跨界IP合作，在达到商业目的的同时，更加能够实现品牌的社会价值。

图7-18　“李子柒”与故宫联合推出的宫廷苏造酱

3. 实现商业变现，达到营销目的

2019年8月17日，李子柒旗舰店在淘宝开业，实现商业变现。上线3天，5款产品的店铺销售量破15万，销售额破千万，真正达到了营销的目的。

“李子柒”品牌的商业变现可以说成是流量或者IP变现，实现流量变现要有足够的粉丝基础。

“李子柒”现有的粉丝量和视频浏览量是一个好的基础，为实现商业变现打下好的基石。

【同步实战】

1. 实战目的

根据对“李子柒”短视频营销案例解析，在充分理解视频主题和核心内容的基础上，在抖音等短视频平台进行短视频制作，开展短视频营销矩阵的搭建和推广活动。

2. 实战项目内容

以组为单位，注册抖音等短视频账号，上传所拍摄的短视频内容，开展具体的视频营销推广活动，搭建短视频营销矩阵，并进行汇报。

3. 实战考核要求

（1）团队注册的短视频账号符合用户偏好。（20 分）

（2）团队对短视频的内容定位理解、把握到位。（30 分）

（3）团队开展短视频营销矩阵的搭建和推广活动有创新、有创意。（30 分）

（4）语言表达逻辑性强，表述清晰、准确。（20 分）

4. 实战项目反思

通过对小组短视频的营销推广活动开展，以个人为单位，举一反三，策划并实施个人短视频的上传、营销推广等活动。

项目八
直播营销

项目目标

1. 知识目标

(1) 了解直播营销的主要参与者和硬件选购。

(2) 理解淘宝直播规范及技巧、变现模式。

(3) 通过学习短视频营销案例，掌握直播营销策略与技巧。

2. 能力目标

(1) 能熟练地根据直播平台规范，进行直播的标题、封面等内容设置。

(2) 能通过案例解析基本掌握淘宝直播话术以及预热、实施和复盘的基本技巧。

3. 素质目标

培养学习者的直播营销思维，加强学习者直播营销案例分析的能力，提高学习者进行直播营销推广的技巧。

项目引例

湖北潜江市委书记直播带货潜江龙虾

“潜江如此安全，小龙虾如此清甜，一朝遇见，终生爱恋。”2020 年 4 月 13 日上午，应“粤过千里吃援鄂货”南方都市报直播带货潜江龙虾活动之邀，吴祖云现身潜江中国小龙虾交易中心，面对镜头落座，现场抓起一只鲜活的“清水虾”，金句不断，起劲地吆喝。这是他第一次走进直播间给潜江龙虾“带货”。

“今天，我非常高兴能够坐在这里，为各位网友推介潜江龙虾这一款绿色、健康、环保、知名且非常可口的食品，也是我们的中国美味。”

“它不仅形状很漂亮，非常好看，很多知名作家也特别喜欢，把它描写为一个来自外星球的大自然恩赐。”

生活在小龙虾野生种质资源保护区和小龙虾苗种繁育研发基地里，享受着“虾稻共作”的生态绿色种养模式，潜江“清水虾”成了名副其实的绿色生态食品，出口欧盟 135 项检测指标无一项超标，被列为中欧互认免检农产品地理标志产品。

“现在潜江龙虾送到全国各地家门口不超过 48 小时，同时通过了全国的质量认证，全国供货，所以大家可以相信，我们一定把最环保、最健康、最放心的产品奉献给我们的各位网友。”

小米 CEO 雷军也是潜江龙虾的“粉丝”。“前两天他在北京吃夜宵，11 点钟，喝着啤酒、吃着潜江龙虾给我打电话，说为潜江龙虾在网上推了一把，一百多万的阅读量，而且品尝以后，确实与众不同”。

在南都云演播室中，吴祖云化身“段子手”，脱稿“带货”，从介绍潜江龙虾的品质，到养殖、供货保证，还顺带拉上雷军一起站台，金句不断。

据统计，当日10：00—11：30，一个半小时直播共吸引超180万名网友围观。据官方统计，广东中荔集团、国联、点筹网、盒马等多家企业认购超6000吨小龙虾，其中成品2000吨，生鲜4000吨，价值超过2.2亿元。

当前，直播销售的货品也多种多样。鸭脖、热干面、汉口二厂汽水、花菇、红薯粉等小商品和农副产品，还有水果生鲜、方便速食、休闲零食、数码产品、儿童玩具、棋牌娱乐、健身器材等类目的商品也是当下的热点。

资料来源：今日头条．南方都市报．湖北潜江市委书记直播带货潜江龙虾．（2020-04-14）[2020-04-17]．https：//www.toutiao.com/a6815534975492817416.

分析提示

“6100万”是欧阳夏丹搭档王祖蓝两小时直播带货额；“4014万”是李佳琦和朱广权两小时直播带货额。直播带货的参与人员从明星大腕、网红等开始向各行各业扩散。多种迹象表明一场波澜壮阔的“直播经济”正在到来。

项目分析

不少商家看重“直播经济”这一风口，纷纷开始寻求转型。企业微信、钉钉、抖音、头条号、快手、淘宝直播等为各行各业开展直播营销提供了广阔的平台。本项目从认识直播营销（任务一）入手，通过“薇娅”的淘宝直播营销案例分析（任务二）的讲解，学习者将了解软件的主要功能和制作技巧。

思维导图

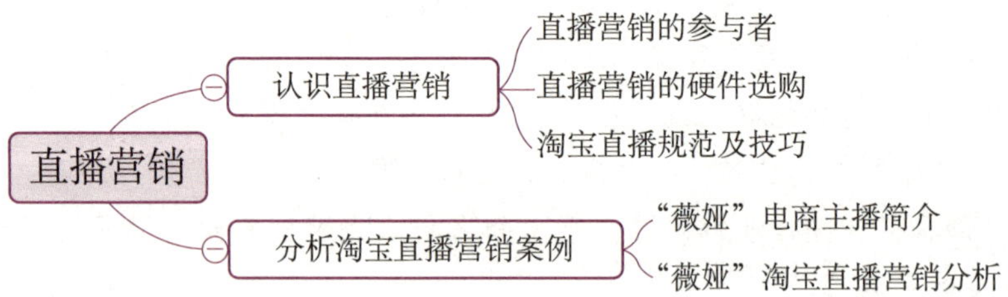

项目实施

任务一　认识直播营销

2019年作为电商直播的元年，直播与其他行业进行了恰到好处的结合，出现了

"直播+"经济；直播+电商、直播+造星、直播+旅游、直播+体育、直播+社交、直播+综艺、直播+电竞等成为众多直播平台尝试的方向，其中直播+电商的渗透率正在迅速提升，直播已成为商家越来越重要的销售渠道。

一、直播营销的参与者

当前，直播营销的主要参与者包括主播和 MCN 机构，主播包括素人、网红和明星，MCN 机构包括内容 MCN 和电商 MCN。

（一）主播

网络主播是指在互联网节目或活动中，负责参与一系列策划、编辑、录制、制作、观众互动等工作，并由本人担当主持工作的人或职业。网络主播是一个综合能力很强的职业，一个优秀的网络主播一个人常常要面对线上数万人、几十万人甚至上百万人的观众，并且实时与线上观众交流互动。

主播需要有良好的综合素质，或能说会唱，或能够活跃现场气氛，性格活泼开朗，抗压能力强，面对镜头不羞涩，善于表现自我，同时，需要从自身擅长的技能中，找准定位。比如才艺主播，以唱歌、跳舞为主，唱歌主播每小时 8～10 首歌曲，需要准备歌单；聊天主播，以聊天为主，需要准备话题、段子、故事等内容，话题包括社会公众关注的开放性话题、主播日常见闻等；娱乐主播，以 PK 玩游戏为主，需要对热门游戏很擅长。

本任务重点讲述带货主播的营销技巧，通过行业观察，我们把带货主播主要分为以下两个大类：

1. 专业卖货 KOL

KOL 即关键意见领袖，通常被定义为：拥有更多、更准确的产品信息，且为相关群体所接受或信任，并对该群体的购买行为有较大影响力的人。

专业卖货 KOL 特指的是销售导向型的意见领袖。此类主播必须具备一定的粉丝黏性，除了顶级的李佳琦、薇娅 viya 等外，有别于娱乐主播强人设属性，粉丝给与货品较高关注权重。

达人直播带货不仅保障强互动性和实时反馈性，而且缩短了用户的决策时间，提升效率，凭借网红极强的形象化能力，能使更全面地了解产品与服务，丰富了维度，解决了直观体验的信息差，所看即所得；同时，随着生活节奏的加快，用户比货意识逐渐减弱，达人直播带货模式因其高用户黏性成为新的经济增长点。

2. 店铺主播

店铺主播，顾名思义，是店铺或企业聘请或培养的，专为该店铺进行带货的主播。其核心是线下导购线上化的效果，因此，店铺货品的质量是该主播能否成功的关键。

简而言之，店铺主播是能进行及时、全面、立体化沟通的导购。故店铺直播的内容建设应以产品为中心，这是此类主播与专业卖货 KOL 最大的区别。

（二）MCN 机构

MCN 全称为多频道网络，源于国外成熟的网红经济运作，在美国，MCN 机构相当于内容生产者和YouTube之间的中介。MCN不生产内容，只是将众多力量薄弱的内容创作者聚合起来建立频道，帮助他们解决推广和变现的问题，最后再以一定的比例与创作者分成。

我国国内的MCN机构在本质上是一个多频道网络的产品形态，基本组织架构包含运营、商业变现，将PGC、UGC、PUGC内容联合起来，在制作、交互推广、合作管理、资本等方面的有力支持下，保障内容的持续输出，从而最终实现商业的稳定变现。

由于直播电商、网红经济行业红利诱人，门槛低，数量众多的MCN机构涌入市场，但大部分MCN能力尚处于初级阶段。

电商MCN相较广告MCN，提出了更高的能力要求，集中在流量运营和供应链管理两个方面：流量运营涉及直播场观众增长、粉丝运营、直播策划等各个方面；供应链管理表现为招商能力、选品能力、源头定制等各个方面。

电商MCN对运营提出了更高的要求，伴随行业竞争加剧，会形成进入门槛低，但成为“头部”“肩部”概率逐渐变低的趋势。

要评判一家电商MCN机构是否足够优质，考核指标除了网红影响力、粉丝转化率之外，更后端的指标是变现端考量，如店铺成交额、退换货管理、供应商管理、仓储物流管理等。直播电商供应链管理具备去中心化的特征，向上可以掌握网红数据，向下可以对接品牌资源，作为中间方撮合机构其本质可以实现利益共享，实现直播电商产业链各方利益的最大化，同时采购上可以避免主观化的价格博弈问题。

二、直播营销的硬件选购

“工欲善其事，必先利其器”，要想开展好直播活动，首先硬件设备必须能够满足基本的直播需求。

（一）电脑或手机

想要直播流畅无卡顿，最关键的设备就是电脑或手机。如果用手机直播，最需要关注的是手机的摄像头摄像效果要好。一般来说，需要两部手机、一个外置声卡、一个麦克风，这是最基本的装备。一部手机做直播，一部手机做伴奏导入，中间通过外置声卡的伴奏接口接入。手机直播也可以用电脑内置声卡加伴奏，然后需要一个外置声卡转换器，导出音乐到直播手机里，这种模式也是很多网红用的方法。

对于用电脑直播来说，需要一台电脑，一个内置独立声卡，一个麦克风，以及各平台的直播软件。电脑的配置要求定位中高端，CPU可以选择瑞龙AMD Ryzen处理器，显卡一般选择GTX1060或者RX580，当然也可以直接选择整机，省时省力，还可以开多联屏，驱动中心开启宽域。

电脑直播看起来比较简单，但是实际使用起来，在软硬件的调试方面，相比外置声卡要难一些，新手小白上手比较有难度。

（二）带宽

平常我们上网浏览网页、看电影大片、聊微信，主要消耗的是下行带宽。比如，看电影大片，先找到相关的网页，然后点击播放，这一过程上行仅消耗了几兆的流量，而下行则消耗了几十兆甚至上百兆的流量。

与其他互联网应用不同的是，直播主要占用的是上行带宽。普通手机都是 720P，大概需要 10Mbps 的上行带宽用户才能够观看到流畅的直播。平时我们所说的多少兆宽带，指的是下行带宽。

为此，如果经常需要直播，安装宽带的时候一定要问清楚上行带宽是多少。按照工信部的规定，目前 100M 宽带的上行速率是 20Mbps，200M 宽带的上行速率是 30Mbps。因此，百兆宽带足够直播使用。

当需要直播的人数众多时，则需要使用企业专线。企业专线的上行带宽和下行带宽是对等的，百兆专线的上行速率也是百兆。当然，专线的费用也较高。

（三）摄像头

用电脑直播来说，如果摄像头清晰度不高，摄像的画面非常模糊，会严重影响直播效果，所以，一定要选用高清的摄像头。一款性能良好的摄像头，能让主播变得更加自然、动人，下面推荐两款主流摄像头。

1. 罗技 C920

罗技 C920 摄像头基本能够满足一般使用电脑直播的效果，是当下主流摄像头。该摄像头拥有 1500 万像素，1920×1080 的分辨率，78°可视角，性价比非常高，价格为五六百元。

2. 罗技 C922Pro

罗技 C922Pro 支持 1080P 全高清画面录制，支持背景更换和精确调节的自动对焦功能，能够时刻保证画面的清晰，能够自动校正光线不足的情况。其双麦克风的设计，拥有更好的收音效果，支持立体声音效。

此外，还有一款是罗技 BCC950，但价格较高。

（四）独立声卡

因为大部分电脑声卡只是一个基本的声卡输出和输入，并不会对于声音做修饰。但是在直播的时候并不是单纯的发声，而是需要更好听的声音，因此，一个优质声卡必不可少。

声卡分内置声卡和外置声卡。内置声卡只能用在台式电脑上，而且电脑主板必须有空位置的 PCI 插槽；外置声卡主要用于 USB 接口插入。

1. 内置声卡

传统电脑内置声卡，主要适用于录歌、录音，内置声卡做完机架精调以后的效果比普通外置声卡略好，相对来说性价比高一些，对电脑直播而言，是一个不错的选择。但是如果用户是以声音为基准的电脑直播，或是需要采用音频输出接口较少的笔记本连接多声道音箱，那么内置声卡通常无法满足要求。创新 5.1 或创新 7.1 声音效果均能满足一般电脑直播的需求。

2. 外置声卡

随着手机直播的盛行，现在市面上已经出现了针对性强的手机直播外置声卡，手机直播的主播们通常不受时间地点限制，随时随地进行直播，这就对外置声卡要求较高。在手机直播过程中，主播往往是需要一些音效来帮助活跃气氛的，外置声卡能够很好地满足音效需求，很多外置声卡在设计时便配备了哄笑声、嘘声、机关枪等特色音效，可以让整个直播不那么沉闷。不过，在选择手机直播外置声卡的时候，用户最好选择输入输出都是3.5mm的音频口的声卡，因为这种声卡与手机使用的场景非常匹配。此外，外置声卡最好选择品牌，如ISK、魅声、客所思、艾肯都是比较不错的品牌。

（五）麦克风

麦克风在主播设备中属于很难选择的那种，除了没有统一的行业标准的原因外，技术的进步、黑科技设备不断涌现、功能的增多，还有市场上品牌众多等导致难以选择合适的麦克风。

麦克风只是真实记录声音的工具，不具有修饰声音功能，这是不同于音响和声卡的最大区别，所有不真实记录声音的元素都叫做失真，但是有些时候完全真实的记录并不是人们想要的声音，也不一定好听。一些失真反而会有很好的润色效果。

三、淘宝直播规范及技巧

任何直播平台为方便管理，都有一套规范和要求，本任务重点讲解淘宝直播平台规范。

（一）淘宝主播准入规范

淘宝直播的主播分为达人主播和商家主播。

1. 达人主播

达人主播必须是已入驻阿里创作平台成为达人，账户状态正常的主播，且具备一定的主播素质和能力。

2. 商家主播

要想成为商家主播，必须是淘宝网卖家或天猫商家，且店铺状态正常，具有一定的微淘粉丝量、客户运营能力和主播素质的主播。

若是企业店铺外的其他淘宝网卖家，还须符合以下五个条件：

（1）店铺信用等级为1钻及以上；

（2）主营类目在线商品数≥5，且近30天店铺销量≥3，近90天店铺成交金额≥1000元；

（3）符合《淘宝网营销活动管理规则》；

（4）本自然年度内不存在出售假冒商品违规的行为；

（5）本自然年度内未因发布违禁信息或假冒材质成分的严重违规行为扣分满6分及以上。

（二）淘宝主播行为规范

主播在直播过程中，需遵守下列行为规范：

（1）不得违规推广，如推广的商品涉嫌出售假冒商品、主播违反平台相关推广规则等；

（2）不得存在易导致交易风险的行为，如引导用户进行线下交易、发布外部网站的商品或信息等；

（3）不得侵犯他人权益，如泄露他人信息、不当使用他人权利、骚扰他人等；

（4）不得扰乱平台秩序，如进行造假或作弊、提供虚假信息等；

（5）不得违背承诺；

（6）直播信息不得与入驻信息不符；

（7）不得违反淘宝直播平台主播要求。

此外，主播在发布内容时需注意，不得发布危害信息、不实信息、伪造活动信息、垃圾广告等内容，并具体出台了禁播类目，主要包括有：保险分销、天猫点券、教育培训等各类虚拟物品；农机、农具、农膜等农业工具；家庭保健、隐形眼镜/护理液等药品；装修设计/施工/监理；外卖/外送/订餐；婚庆/摄影/摄像服务；资产；阿里通信专属类目；服务市场。

而且出台了详细的《淘宝直播平台管理规则》违规处理一览表，若违反规则，淘宝直播平台可采取警告并下线直播、删除直播内容、冻结直播权限、清退账户等措施。具体扣分规则如下：

（1）扣分累计达 5 分，冻结直播权限 7 天。

（2）扣分累计达 10 分，账户降级并冻结 30 天，且冻结直播权限 30 天。

（3）扣分累计达 20 分，账户降级并冻结 60 天，且冻结直播权限 60 天。

（4）扣分累计达 30 分，账户降级并冻结 180 天，且冻结直播权限 180 天。

（5）扣分累计达 40 分，清退账户且不允许再入驻。

（6）上一年度的违规扣分在每年的 1 月 1 日 0 时清零。

（三）淘宝直播内容规范

1. 封面图规范

直播封面图不管是在直播频道还是在手淘首页，其基本要求是在保证图人相符的前提下追求美观，一般情况下，两处的封面图内容必须统一和一致。

在淘宝直播频道页面，封面图是 750 像素×750 像素的正方形。封面图不得出现任何文字，当然，客户端提供的贴纸除外。不能出现拼接图、边框图。封面图的画面应该完整，主体突出不可花哨，不可有细碎的物体。如果封面图内另有主播外的人物，需要有相关版权声明。

在手淘首页，封面图是 16∶9 的长方形。同样，封面图不得出现任何文字，包括拍照背景中也不要出现任何文字，不得出现 logo，不得出现大面积黑色图。

此外，不同的类目下封面图有具体的要求，比如护肤美妆类、潮流搭配类的封面图必须为主播人物照片，且需是妆后或搭配后的美照，不能仅仅是商品作为封面图；母婴类只能是主播或商品图片；美食类可以是主播或主播＋美食照片；品牌类可以是代言人、主播或者商品；PGC 类的封面图可在右上角加上 logo。但任何类目的直播封面图需和直播主题保持一致。

2. 标题规范

直播标题在12个汉字以内，标题中的空格、标点符号算半个汉字。标题的目的是第一时间让用户在“茫茫直播”中，对你的直播内容感兴趣，因此，标题需要用一句话形容内容亮点，写出个人风格。杜绝无病呻吟、口水词等。具体的要求有以下几点：

（1）不要放利益折扣信息，如秒杀、满就减、满就送等，以及“#”符号。这些信息可以放在内容简介中。

（2）切中粉丝工作生活中的最常见场景。

（3）标题要能引起受众共鸣，让粉丝觉得你说的内容和他有关。

（4）文字要干净，不啰唆。

（5）把粉丝最关心的“痛点信息”放到标题上。

（6）实事求是，不能弄虚作假。

3. 内容简介规范

内容简介可以分为两段完成。

第一段：要求字数控制在18～26字，标点和空格算半个字符。该段内容简介主要是对标题作进一步解释的第一句话，因此需要做到：简明扼要，不拖沓，有吸引力和可读性。可以是本场直播的嘉宾、流程、特色场景文案、主播的自我介绍，或主打商品背后的故事等。

第二段：主要说明粉丝福利和有行动点的文案。直播脚本越细化越有说服力。

4. 地点规范

直播的地点必须真实，如果是全球现场类直播内容，则地点必须是非大陆地点。

5. 预告视频规范

直播预告视频可以放到淘宝直播频道页面和手淘首页，以吸引用户观看直播。

淘宝直播频道页面，预告视频尺寸比例为16∶9。最好不要有水印，画面整洁不凌乱，有重点。不要全是无实际含义的微笑打招呼式的内容。

手淘首页，预告视频尺寸比例为16∶9，视频长度3～5秒，且小于2分钟。以浅色背景视频为主，严禁出现纯黑色背景视频，避免过于复杂的背景内容。同时，也要求画面完整，主体突出，视频中严禁出现各种文字文案及水印按钮等信息。视频不得出现包边等设计效果，不得出现异形视频。不得出现画面零散、细碎物体过多。

一般来说，预告视频时间不要都集中在晚上，有时候，在非黄金时间段自己霸屏效果会更好。此外，加速版的化妆、室内换衣、美美的室外造型秀等有创意有能力的预告内容更能吸引用户。

入选手淘首页的预告视频没有固定标准，主要是在入选的预告视频中择优展现，封面图和直播间的主播形象统一、画面赏心悦目、视频内容有创意、展现形式有代表性的预告视频更容易入选。

6. 直播间布置规范

在背景方面，以浅色纯色的背景墙为主，简洁、大方、明亮为基础，不能花哨。比如，潮搭类内容，不能一眼望去一堆衣服在衣架上，可以学习商场的摆放策略。具体来说，有以下几方面：

（1）衣架、衣柜可以放，但是要摆放整齐，否则就尽量不要出现。

（2）假模特可以摆放 1～2 个，不能摆放太多，避免喧宾夺主。

（3）主播信息建议用小黑板展现，不要直接用白纸贴在墙上。

（4）为增加效果，小灯串可以放，但是灯光不要太亮，不要分散观众对直播间的注意力。

（5）可以适当播放一些背景音乐，渲染气氛。

（6）换衣或有需要离开镜头前时，建议以画外音的形式，不断和粉丝保持沟通互动。若需要助手和模特等搭档出镜时，主播需要和其同时出现在直播间。

【扫一扫】

“MG 小象欧美街拍时尚女装”直播设置

（四）淘宝直播卖货的销售技巧

1. 突出专业性

“内行看门道，外行看热闹”，不同的产品有不同的营销推广方式，对于许多专业性强的产品，在推广的过程中就要讲求其专业性。

对于生活之中不熟悉的事务，消费者总是充满了陌生感，刚开始接触的时候，总是会试着通过专家来给予自己恰当的指导。因此，对于许多专业性比较强的产品，可以选择利用专业型的主播来进行讲解，用专业性较强的包装，来让用户形成潜意识：在同一品类产品中，只有这款产品是最好最专业的。

2. 产品与场景相融合

融入环境的产品更好销售，和生活相关的类目的产品都可以靠场景化的引导，得到更好的销售量。比如，作为口红销售主播，当某电视剧女主带火了某个口红色号，那么，在直播推荐口红的时候，可以和观众聊这个电视剧和女主角，将观众代入场景。

3. 语言表达有意义

在跟粉丝的互动中，有些主播总在不自觉地重复无意义的话。比如，前面说到“今天想推荐一款超级时尚的衣服给大家”，后面又说“站在这里是想给大家推荐时尚的衣服”。久而久之，受众会产生疲劳感。

为解决这个问题，可以预先准备几个带普遍意义的话题，比如“毛衣起球怎么办”“春季这样系丝巾回头率 100%”“夏天要来了怎么挑选适合自己的花裙子”等，然后逐一解答介绍，这样既可以逐步打消观众的疑虑，也能将产品介绍完，不会出现重复说的情况。

（五）“直播＋电商”变现模式

电商直播，无疑是当下最火的购物方式之一。从 2019 年的 618 购物节，淘宝直播带动成交超 130 亿元；“双 11”购物节当天，成交额更是达到约 200 亿元……看直播购物，已成为当下流行的生活方式。

据艾媒咨询预计，2020 年，直播电商市场规模达 9610 亿，同比增长 111%，接近万亿水平。2019 年直播电商之于电商大盘的渗透率为 4.1%，预计 2020 年渗透率为 7%～9%，直播电商赛道红利基于低渗透因素将继续显现。直播缩短了品牌到消费者的分销层级，将消费者的注意力集中，提升转换率，通过规模带来价格优势，优质的商业模式实现多方共赢并成为良性成长的基础。

目前，包括快手、抖音、淘宝等平台，“直播＋电商卖货”的形式如火如荼，尤其是在“双 11”即将来临时，各大平台的“直播＋电商”大战简直是争分夺秒。从 2019 年“双 11”期间，近一周抖音、快手榜单带货数据，也可窥见一二。

快手带货榜前 20 名中，一个主播带货超过千万，销售总额达 1295.4 万，直播 1 次，带货能力达到 S 级。紧跟其后的 19 名带货播主平均销售额均超过百万，带货能力为 A 级。

抖音带货榜单上，尤为突出的要数 10 月 20 日抖音红人李佳琦。在 2019 年“双 11”预售直播时，其中一个产品的库存是 13 万件，李佳琦对观众开玩笑表示“如果这个抢不到，就可以直接睡了，其他应该也抢不到”；雅顿粉胶售空时，李佳琦告诉观众“粉胶已经告别‘双 11’了”，还唱了一首《再见》送给它。在这些话术的攻势下，2019 年 10 月 20 日，李佳琦直播间观看数达到 3112.55 万，并一度跃居“巅峰主播”榜单实时第一。快手与抖音带货榜如图 8－1 所示。

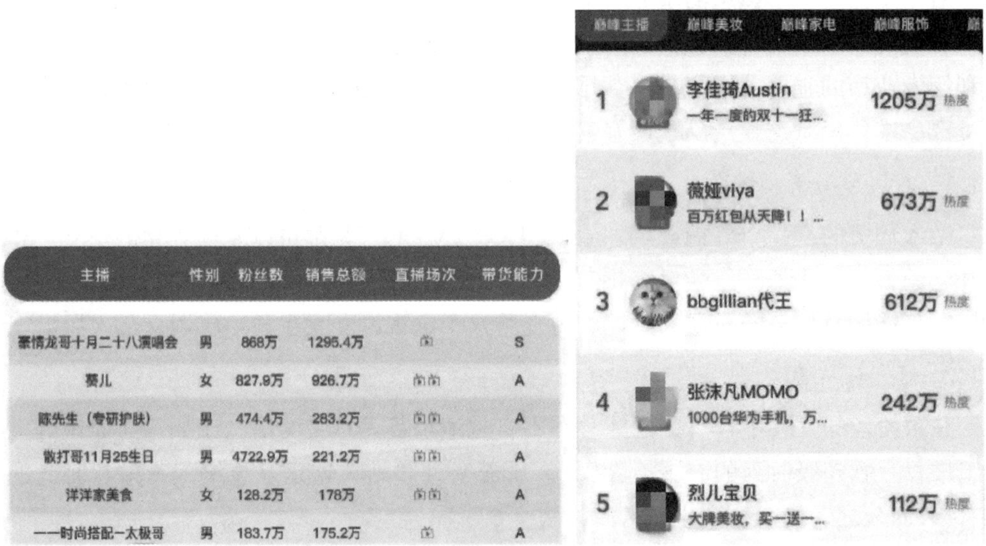

图 8－1 快手与抖音带货榜

1. 主流直播变现模式

（1）秒杀模式：主播凭流量优势获得对品牌商的议价能力，以低价回馈粉丝，从而吸引大批忠实粉丝的模式。

（2）达人模式：在某个领域积累专业知识，成为消费 KOL，以个人魅力和信誉背书的模式。如李佳琦凭借其在美妆领域的专业性，吸引大批忠实粉丝。

（3）网店直播：主播对店铺在售产品逐一介绍，依靠商品引起观众互动的模式。

2. 特定地点直播模式

（1）基地走播模式：在供应链构建直播基地，主播在基地直接开直播的模式。这种模式能提升消费者信任感。

（2）产地直播模式：以农产品为主，主播直接到产地直播，去掉中间商的环节，给消费者高性价比的产品。

（3）海外代购模式：主播在海外给粉丝导购的模式，商品随镜头变化。

3. 垂直类型直播模式

（1）砍价模式：主播针对高价商品向卖家砍价，协商一致后由粉丝购买。

（2）博彩模式：如直播赌石、珍珠开蚌等，这类模式的内容趣味性较强，能引起消费者的好奇心。

任务二　分析淘宝直播营销案例

淘宝直播是阿里推出的直播平台，定位于“消费类直播”，用户可“边看边买”，涵盖的范畴包括母婴、美妆、潮搭、美食、运动健身等众多领域。我们选择了淘宝直播第一主播“薇娅 viya”进行具体分析。

一、“薇娅”电商主播简介

薇娅真名黄薇，“薇娅 viya”是其直播间的名字，粉丝也喜欢叫她 viya。其 17 岁开始开服装店，多年的销售经历，使其积累了做直播时所需的深厚的推销能力。同时，她参加过选秀、当过歌手、拍过广告片、做过淘女郎，因此，她有着丰富的舞台和表演经验，懂得如何在镜头前更完美、更特别地展示自己。

2016 年 5 月，薇娅正式成为淘宝直播的一名主播，四个月后引导成交额便达到了 1 亿元，当年包揽了淘宝直播盛典最受粉丝追捧主播、最具商业价值主播等 6 项大奖。2017 年 10 月，薇娅在一场直播中，为一家零粉丝的皮草店引导销售额达到 7000 万。从此，薇娅与淘宝直播结下不解之缘。

2018 年“双 11”开始后的两小时内，薇娅的直播间引导销售额达到 2.67 亿元，全天直播间销售金额超过 3 亿元，全年收获 27 亿元的销售额，在 2018 年淘宝发布达人收入排行榜“淘布斯”上位居榜首，创造了直播行业销售神话。如图 8-2 所示。

2019 年 1 月，其与阿里鱼尝试直播带货新模式，牛仔裤上线 5000 套 1 秒被抢断，首批直播 13 500 件售罄，累计销售额达 200 万元。2019 年的“双 11”当天，薇娅在线时长达 8 小时，在线观看用户 4315.36 万人次，商品链接共 78 条，仅一场零食节直播，其直播间在线观看人数便超过 1000 万，成交单数超过 180 万元，成交额超 8600 万元，荣获巅峰主播第一名。12 月共直播 27 场，引导成交额 7.7 亿元，单场 GMV 2850 万人次，场均独立访客（UV）均 250 万人次左右。

截止到 2020 年 4 月 20 日，薇娅微博粉丝 782 万人，抖音粉丝 540.3 万人，淘宝直播间粉丝 1914.14 万人。目前，其日常直播场均观看人数 80 万人次。

	达人名称	预计收入	年龄	内容类型	总粉丝数
1	薇娅viya	3000万	32	淘宝直播	233万
2	Heika-Z	2000万	25	淘宝直播	101万
3	李佳琦Austin	1500万	25	淘宝直播	52万
4	fashion美美搭	1300万	24	直播+图文	83万
5	烈儿宝贝	960万	31	淘宝直播	136万
6	陈洁kiki	950万	31	短视频+直播	136万
7	闻小哈joanne	910万	32	淘宝直播	18万
8	楚菲楚然twins	860万	27	淘宝直播	81万
9	淘女郎demi	740万	31	直播+图文	126万
10	小丫MOMO	680万	27	直播+图文	47万

图 8－2 淘宝"淘布斯"排行榜

2018 年起，薇娅开始投身公益直播，助力电商脱贫，累计带动贫困地区农产品销量近 3000 万。2019 年 5 月 18 日，薇娅粉丝节期间举行"爱无界"公益直播活动，将安徽、贵州、重庆、河北的 5 位贫困县县长请到了直播间，共同推荐当地的农产品。2020 年 4 月 13 日，人民日报联手薇娅推出为＃湖北冲鸭＃直播专场，主要销售周黑鸭的鸭脖、鸭翅、鸭掌、鸭舌、鸭锁，均一上架秒售罄。

二、"薇娅"淘宝直播营销分析

直播带货重构了电商、产品和消费者的关系。对于商家来说，直播通过商品和服务的直观呈现更能打动顾客，商家可以通过直播直接跨过"不会讲话"的商品，在直播间与消费者沟通。下面我们从薇娅直播间的定位分析、营销分析的角度，深入解析直播营销技巧。

（一）定位分析

1. 用户定位

通过淘榜单提供的数据可知，截至 2019 年底，淘宝直播的日均观看用户数同比增长超过 150%，重度用户的规模持续扩大，每天观看时长超过 1 小时的用户同比增长达到 40%，活跃时间段主要集中在晚上 6 点之后，在 9～10 点钟达到高峰。如图 8－3 所示。

从淘榜单对淘宝直播用户画像分析的角度，性别结构上，虽然越来越多的男性开始在直播间边看边剁手，2019 年淘宝直播男性消费者比例已近 40%，但女性仍然是主要群体。年龄分布上，集中在"80 后""90 后"，其次是"70 后""00 后"。城市线级上，

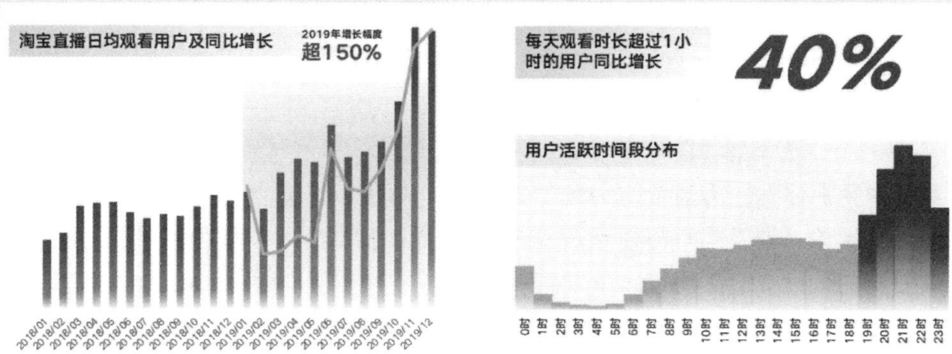

图 8-3 淘榜单淘宝直播数据

淘宝直播主要用户群体，既有“十八线”小镇青年，也有二三线职场精英。城市分布上，在一线城市北上广深的人数最多，东莞跻身前十名。如图 8-4 所示。

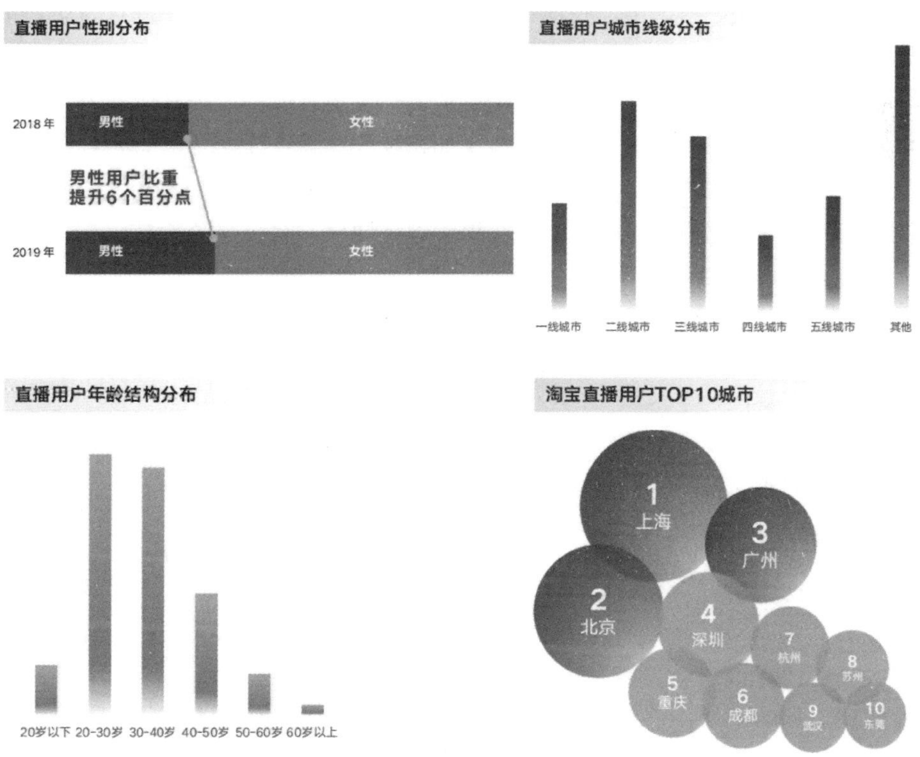

图 8-4 淘榜单对淘宝直播用户画像

从淘宝直播的用户群体中，薇娅定位在身处一二线城市的“80 后”“90 后”的成熟女性消费者群体，并将其称为“薇娅的女人”，给粉丝一种从属关系的心理暗示，体现了粉丝对薇娅的依赖与依靠。这类群体的消费特征表现在两方面：一是这类女性的消费能力强，但选择商品的时间成本较高；二是这类消费者有较强的社交和分享的需要。

因此，她们通过薇娅的直播，在了解商品特点同时，更关注他人的评价和议论，直播中会通过提问、弹幕等方式，与薇娅进行积极互动。通过直播获取的信息也能够在其他场合中参与相关话题的交流，在完成购物后也可以和朋友分享经验。她们关注商品的性价比、话题度、适用性等属性，同时，也享受着与薇娅"在一起"的愉悦和场景体验，是一种内在同理心驱动。

2. 自身定位

薇娅紧紧抓住女性为消费主力的"她经济"时代，打造自身"精明漂亮的家庭主妇"的人设形象，带货同时与粉丝聊家常，亲和力强，给用户很强的信任感。具体来说，其自身的人设打造体现在以下方面。

(1) 专业过硬。

一是对商品讲解专业，产品卖点清晰。薇娅的专业积累，一方面来自早期经营线下服装店和淘宝店的经验，另一方面是其每天坚持熟悉所有要直播的商品的相关知识，做到对产品的各项卖点了然于胸。薇娅对选品有绝对控制权，故能够给人一种她推荐的产品一定可靠的感觉。

二是口播能力强，洞察用户心理。在整场直播中，薇娅都始终保持着高昂、饱满的精神状态，带动全场粉丝的购买热情。薇娅在直播中讲得最多的词是"老公""女儿""婆婆"，给人"唠家常"的感觉。同时，语言表达清晰，语言风格有煽动力。薇娅说的每一句话都是真正地站在粉丝角度考虑，比如在推荐一款"牙线"产品时，薇娅从家里的小孩会模仿大人使用牙签，从而导致牙齿出血和受伤谈起，引入使用牙线不会受伤，而且很健康的概念，使粉丝感同身受，获得粉丝认同感。

(2) 高质量的互动。

一是高参与度。薇娅直播过程中，看似随意地提到新加入直播间、在直播间互动提问的粉丝，实则是非常有心的，从而激发粉丝主动发言和参与，满足大家的"被看到、被关注到"的需求。

二是高体验感。比如在＃湖北冲鸭＃直播专场中，薇娅与吴倩在直播间边吃边聊，不断传递周黑鸭产品的特点，这种高体验感，快速建立与消费者之间的链接和信任。

(3) 控场能力。

在直播时，需要边演示边讲解，还要盯着手机看直播人数的变化，以判断现在的产品是否受欢迎，同时，还需要随机应变，考虑是不是要更快地播下一款产品。一边要盯着实时的销售数据，提醒上链接、补货、再补货，一边看海量弹幕及时回应一些问题和质疑，同时还要不停地预告后面的产品。因此，好的控场能力是直播主播必备技能。

(二) 营销分析

1. 直播前准备

薇娅每次直播前，最关键的两个事情就是选品和预热。

(1) 选品准备。

薇娅直播间更像是一个大型的"线上百货商超"，在其公司专门用一层楼来放优质供应商的仓库。在这个仓库中，不仅有服装、鞋帽、美妆、零食、家居，还有电影票、书，甚至是金银玉石，非常多元化。如图 8－5 所示。

一是选品管控非常严格。在充分保证商品质量的前提下，挑选性价比最高的商品销售，是薇娅团队选品的基本原则。一般薇娅的选品流程是：第一轮选品由团队的人负责筛选，然后薇娅亲自试过、用过、吃过，再最终确定是否在直播间推荐。

图 8－5　薇娅的产品仓库

二是站在粉丝角度选品。消费者需要什么就去寻找什么，尽自己最大可能满足粉丝需求。比如薇娅曾在直播间卖过豪车，并不受欢迎，直播过程中，有粉丝说："薇娅，你这豪车我不需要，我想要买电动车方便我妈妈买菜。"就为这一句话，薇娅带领团队跑市场，谈价格。电动车一上直播就被秒光。

（2）预热准备。

在确定直播的产品后，薇娅会马上进入直播活动前的预热。如果当天晚上 8 点的直播，最晚下午 2 点薇娅就已经开始在抖音、微博、头条以及淘宝直播等平台联动推广预热活动，同时，每次的直播过程中，也会为下一次的直播主题做铺垫，并联合明星、网红等以图文、视频等形式，吸引粉丝关注。

例如，2020 年 4 月 21 日，人民日报联合薇娅的＃为鄂下单＃系列直播的小龙虾专场直播，早在第一场周黑鸭的直播中就开始做宣传，21 日当天，薇娅在直播开始前 5 小时，就在微博中发起＃人民日报薇娅直播＃话题，同时提到下次的直播主题"薇娅魅力中国行"；同时，在直播前 3 小时，再次在微博的薇娅超话中发起＃薇娅直播预告＃话题，并@人民日报、淘宝直播和此次参与直播活动的明星潘粤明，还提前一天在淘宝直播中设置了直播预告，进行前期预热。如图 8－6 所示。

2. 直播具体实施

（1）直播开场。

一是开场抽奖吸引粉丝聚集。"话不多说，我们先来抽波奖"是薇娅直播开场常用语，奖品一般不低于百元，都是比较热门的产品，比如 YSL 口红、华为手机等，甚至还会有一些 GUCCI、爱马仕等奢侈品包。简单直接又稳定的开场容易增进好感，奖品的配置又给人一种"不抽错过一个亿"的感觉。

二是开场对直播商品进行详细说明，节奏紧密。在开场时，薇娅会先预告整场直播的货品，详细介绍其中受关注度较高的产品，告知观众具体的上架时间段，方便一些不能一直坚守在直播间的粉丝购买。

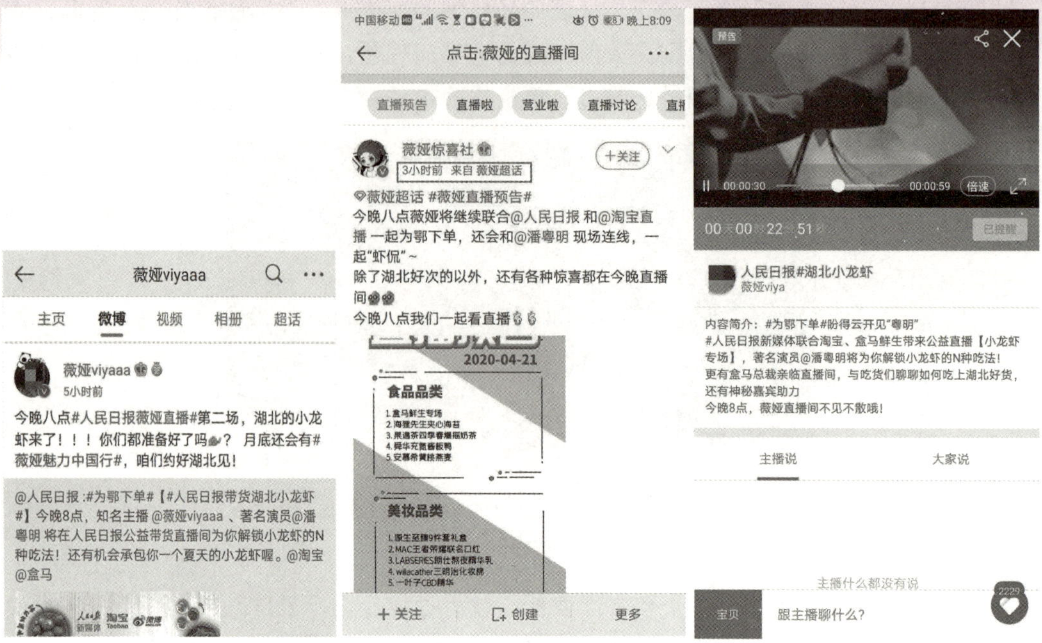

图 8-6 薇娅的前期预热

（2）直播过程中的互动。

一是团队配合默契。直播中，薇娅介绍产品，助理在旁边补充产品信息、回复粉丝问题、为观众演示领券或下单方式。需要什么产品，马上有人拿给她；提出问题，也立刻会收到回复。基本没有等待的时间，观众也不会感觉无聊和冷场。

二是全方位展示商品，增进用户对产品的理解。直播讲解产品时，薇娅背后的大屏幕会播放相应的图片或视频。同时，她和助理会穿着近期售卖的产品，使产品标识自然露出，以吸引观众持续关注。例如，2019 年 10 月 23 日，她全身出镜展示背背佳使用方式，当时有观众问她穿的鞋子时，她立马告知鞋子将在明天上链接，同时价格已经从 500 多元谈到了 200 多元。助理也会告诉观众，她们身上穿的衣服在几号链接。

三是强调价格优势。薇娅推荐一款产品的逻辑通常是"产品自身优点＋全网超低价＋赠品"，如果购买数量多，再送赠品。用一轮轮惊喜轰炸的方式，让用户产生"不买要吃亏"的心理。

四是促销活动丰富。薇娅直播间的最大特点就是：每隔一段时间，安排抽大奖活动。通过"抽奖抽到手抽筋""送手机！送现金""红包雨"等活动，吸引粉丝长时间驻留直播间。同时，邀请沈梦辰、小 S、林依轮等有主持经验的明星做客她的直播间，不仅增加了话题性，也丰富了直播间的内容。

（3）直播结束。

直播结束时，薇娅会再次提示粉丝关注下一次直播的主题活动，简单介绍下次直播的活动内容。例如，在 2020 年 4 月 13 日，人民日报联合薇娅的＃湖北冲鸭＃直播专场结束时，再次提到"我们的人民日报、薇娅直播间湖北活动结束，但是在这个月的 21 号会给大家继续卖小龙虾，今天没拍到的宝宝们，可以关注我们下次的直播，会有更多好货等着你哦”。

3. 直播后复盘

直播结束后，薇娅马上召开复盘会，对直播过程中的用户反馈进行统计归纳，整理粉丝的产品需求，对下次直播的产品进行定位、分析。对每次直播的优劣都会进行梳理，不断总结经验。

（1）数据分析。直播结束后一定要进行数据统计和数据分析，和之前的直播数据做横向纵向对比，并找出数据背后代表的具体类目，是直播间停留时长、是转粉率还是其他。

（2）老用户的活跃度。即已关注的用户在直播间的活跃度，他们的活跃度在一定程度上决定了这场直播的成交。

（3）直播间的转粉率。直播间的转粉率就是进入直播间观看的新用户，在结束后有多少人转为粉丝，即从公域流量到私域流量的转化。

（4）调整改进。在所有数据分别进行对比后，一定要记下可以改进的地方，在下一次直播时进行时实施。

【同步实战】

1. 实战目的

根据对“薇娅”直播营销案例的解析，在充分理解直播主题和核心产品的基础上，在淘宝直播等平台进行一次直播活动。

2. 实战项目内容

以组为单位，注册淘宝直播等直播账号，进行直播选品，开展具体的直播营销预热、实施和复盘活动，并进行汇报。

3. 实战考核要求

（1）团队注册的直播账号符合用户偏好。（20 分）

（2）团队对直播的产品定位理解、把握到位。（30 分）

（3）团队开展直播营销预热、实施和复盘活动有创新、有创意。（30 分）

（4）语言表达逻辑性强，表述清晰、准确。（20 分）

4. 实战项目反思

通过对小组直播营销活动的开展，以个人为单位，举一反三，策划并实施个人直播营销推广等活动。

参考文献

1. 全域影视传媒．视频宣传片推广平台选择：明确各大短视频平台规则［R/OL］．(2019－03－28)［2020－03－04］．http：//www. chnvcr. com/xingyejiedu/2426. html.

2. 潘彩云，徐萌晟．2018 年中国移动短视频行业发展概述［R/OL］．(2019－08－15)［2020－03－04］．http：//media. people. com. cn/n1/2019/0815/c429251－31297514. html.

3. 火星文化．抖音 VS 快手红人电商数据深度研究［R/OL］．(2019－09－10)［2020－03－04］．http：//www. cnit－research. com/content/201909/36838. html.

4. 卡思数据．2020 短视频内容营销趋势白皮书［R/OL］．(2020－03－03)［2020－03－10］．http：//www. woshipm. com/marketing/3462722. html.

5. 艾瑞咨询．2019 年短视频营销白皮书［R/OL］．(2019－11－07)［2020－03－04］．http：//www. 360doc. com/content/19/0120/22/43460550_810259223. shtml.

6. 吴航行．短视频编辑与制作（视频指导版）［M］．北京：人民邮电出版社，2019.

7. 新媒体商学院．短视频运营一本通［M］．北京：化学工业出版社，2019.

8. 向登付．短视频：内容设计＋营销推广＋流量变现［M］．北京：电子工业出版社，2018.

9. 郑昊，米鹿．短视频：策划、制作与运营［M］．北京：人民邮电出版社，2019.

10. 徐亮．视频红利［M］．北京：机械工业出版社，2017.

11. 杨飞．玩赚抖音短视频：入门定位＋内容创作＋品牌营销＋引流变现［M］．北京：清华大学出版社，2019.

12. 林新伟．短视频运营：从 0 到 1 玩转抖音和快手［M］．北京：电子工业出版社，2019.

13. 魏艳．零基础学短视频直播营销与运营（实战案例版）［M］．北京：化学工业出版社，2019.

14. 刘东明．新媒体短视频全攻略［M］．北京：人民邮电出版社，2018.

图书在版编目（CIP）数据

视频营销/李辉熠，施薇主编．-- 北京：中国人民大学出版社，2020.10
ISBN 978-7-300-28554-2

Ⅰ．①视… Ⅱ．①李… ②施… Ⅲ．①网络营销 Ⅳ．①F713.365.2

中国版本图书馆 CIP 数据核字（2020）第 172193 号

视频营销
主　审　肖　凭
主　编　李辉熠　施　薇
副主编　李灿辉　张　敬　张　洁
Shipin Yingxiao

出版发行　中国人民大学出版社
社　　址　北京中关村大街 31 号　　　邮政编码　100080
电　　话　010－62511242（总编室）　　010－62511770（质管部）
　　　　　010－82501766（邮购部）　　010－62514148（门市部）
　　　　　010－62515195（发行公司）　010－62515275（盗版举报）
网　　址　http://www.crup.com.cn
经　　销　新华书店
印　　刷　北京鑫丰华彩印有限公司
规　　格　185 mm×260 mm　16 开本　　版　　次　2020 年 10 月第 1 版
印　　张　13　　　　　　　　　　　　印　　次　2020 年 10 月第 1 次印刷
字　　数　295 000　　　　　　　　　　定　　价　36.00 元